中国人民大学中共党史党建研究院　主办

中国人民大学马克思主义学院中共党史系　编辑

中共历史与理论研究

2017年第2辑

〔总第6辑〕

主编／杨凤城　　执行主编／王海军

社会科学文献出版社
SOCIAL SCIENCES ACADEMIC PRESS (CHINA)

《中共历史与理论研究》编委会

编委会主任 顾海良　靳　诺

编　　　委（按姓氏笔画排列）
　　　　　　　丁俊萍　王炳林　齐卫平　齐鹏飞　李　捷
　　　　　　　杨凤城　杨金海　杨奎松　沈志华　张树军
　　　　　　　陈　晋　陈金龙　武　力　欧阳淞　郝立新
　　　　　　　秦　宣　顾海良　章百家　谢春涛　靳　诺

主　　　编 杨凤城

副 主 编 辛　逸　耿化敏

编 辑 部 耿化敏（主任）

本辑执行主编 王海军

目　录

本刊特稿

民主革命时期马克思主义中国化历史进程的再探究 …………… 田克勤 / 1

马克思主义中国化研究

毛泽东与马克思主义革命思想中国化的理论创新 …………… 汪青松 / 19
马克思主义党建思想的中国化实践及其理论贡献 …………… 齐卫平 / 46
中共"五老"对马克思主义的学术贡献 ………………………… 周良书 / 67
李达与马克思主义哲学的中国化 ……………………………… 丁晓强 / 82
论马克思主义中国化早期三大形态对中国化命题
　　提出的推动 …………………………………………………… 王　刚 / 91
马克思主义与中国传统文化的契合性研究 ………… 李安增　王梅琳 / 116

专题研究

1966～1967年全国性"流脑"的暴发与防治 ……… 张晓丽　陈东林 / 134
"赤脚天堂"里的劳动叙事
　　——多重紧张情境下的延安大生产运动 ………………… 王建华 / 148
国际革命背景下的中共东北党务
　　——以满洲省委时期为例（1927～1936） ……………… 何志明 / 169

试论毛泽东正确处理人民内部矛盾思想
　　与当代启示 ·················· 王新刚　郝思佳 / 182

研究述评

中国共产党意识形态问题研究述评 ·················· 陈佳奇 / 193

学科口述

我与中国人民大学国际共产主义运动史
　　学科建设（续篇） ·············· 高　放 撰　耿化敏　吴起民 整理 / 212

史料研究

美国馆藏中国抗战史料中的美国与战时国共关系 ············ 董　佳 / 237

史料选登

关于马克思主义中国化重要文献史料二则 ······ 郝思佳　王新刚 整理 / 248

Contents ·················· / 262

稿　约 ·················· / 273

本刊特稿

民主革命时期马克思主义中国化历史进程的再探究[*]

田克勤[**]

摘　要　学界目前对民主革命时期马克思主义中国化历史分期的认识尚不一致，主要分歧集中在对马克思主义中国化的历史起点问题的认识，有多种不同起点说。马克思主义中国化的关键在"化"上，其起点应该是从中国共产党已经开始认识到要将马克思主义的理论与中国革命的实际结合起来，并在实践的基础上把马克思主义创造性地转化为中国化马克思主义。大革命失败以后，党独立领导中国革命、创建人民军队及毛泽东农村包围城市道路理论的基本形成，标志着党已经开始了把马克思主义创造性地转化为中国化马克思主义的伟大探索；而中共六届四中全会以后，以教条主义为主要特征的"左"倾错误对全党的统治，则导致了对以毛泽东为代表的把马克思主义与中国实际相结合正确方向及其所取得成果的否定，使马克思主义中国化的探索遭受严重挫折；红军长征途中召开的遵义会议，扭转了中国革命的危局，挽救了党和红军，也重新开启了马克思主义中国化的历史进程。党在领导中国革命实现由国内革命战争向抗日民族战争伟大转变的同时，实现了马克思主义中国化的重大突破，并进而在指导全民族抗日战争的实践中成功推进了这一事业的不断发展。

关键词　民主革命　马克思主义　马克思主义中国化

目前，学界对民主革命时期马克思主义中国化历史分期的认识尚不尽

---

[*] 本文系教育部人文社会科学研究专项任务项目"马克思主义中国化、时代化、大众化当代特点研究"（项目号：10JD710002）的阶段性成果。
[**] 田克勤，东北师范大学荣誉教授。

一致，主要分歧集中在对马克思主义中国化的历史起点问题的认识上，有"传入之日说""中共成立说""李大钊说""中共二大说""八七会议说""《反对本本主义》说"等多种不同的观点。① 几年前，笔者曾在《马克思主义中国化的历史进程、主题转换及其基本经验》② 一文中，提出马克思主义中国化经历了两个历史时期。第一个历史时期，是把马克思主义基本原理同中国革命和建设实际相结合的时期，或称"第一次结合"时期。这一时期党的理论创新经历了早期探索、实现突破、成功推进三个阶段，但未做展开阐述。本文拟在此基础上对民主革命时期马克思主义中国化的历史分期做出深入的再探究。笔者认为，马克思主义中国化与马克思主义在中国的传播乃至运用是具有不同内涵的命题，不能把马克思主义中国化、中国化的马克思主义等命题相混淆。深刻揭示马克思主义中国化的历史进程及其内在规律，首先必须对"马克思主义""中国化""马克思主义的中国化""中国化的马克思主义"等概念和命题的内涵，进行深入研究和准确界定。不能把党认识到应该以马克思主义为指导，认识到应该将马克思主义运用于中国革命的实际等同于马克思主义的中国化。马克思主义中国化的关键在"化"上，其起点应该是从中国共产党已经开始认识到要将马克思主义的理论与中国革命的实际结合起来，并在实践的基础上把马克思主义创造性地转化为中国化的马克思主义。这就需要党对马克思主义的理论、中国国情和中国革命的特点，特别是二者之间的关系具备深刻的理解和把握，或者说不仅需要党具有充分的理论准备，而且需要有比较高的理论自觉。这应该成为判定马克思主义中国化的一个重要标志，而所有这些又是与党自身及党对中国革命指导的独立性思考分不开的。众所周知，由于党在幼年时期与共产国际、苏联共产党之间存在从属关系，以及同孙中山领导的国民党之间存在以党内合作为形式的统一战线关系，党在这一阶段不可能具有上面所说的那种独立性。因此，笔者主张马克思主义中国化，应该将1927年大革命失败后党独立领导中国革命，创造性地运用马克思主义解决中国革命的基本问题，寻找适合中国国情和实际的革命发展道路作为其真正的起点，此前党所做出的一切努力则可作为马克思主义中国化的准备阶段。马克思主义中国化是一个动态发展的过程，因为马克思主义中国化主体对马克思主义、中国国情乃至马克思主义中国化主题、主线等的认

---

① 参见李安增主编《马克思主义中国化研究》，中央编译出版社，2009，第57~60页。
② 参见《36位著名学者纵论中国共产党建党90周年》，中国社会科学出版社，2011，第424页。

识是曲折发展的。民主革命时期马克思主义的中国化，或曰马克思主义与中国实际的第一次结合的过程，经历了初步探索、取得突破、成功推进这样三个比较大的发展阶段。

一　马克思主义与中国实际第一次结合的初步探索

党从成立那一天起就明确了要以马克思列宁主义作为自己的指导思想，但党真正懂得马克思主义并使之中国化，却经历了一个比较长的过程。农村包围城市、武装夺取政权道路理论的初步形成，特别是毛泽东《反对本本主义》一文中提出马克思主义的本本是要学习的，但一定要与中国的实际相结合的思想，是探索阶段的标志性成果。

1927年大革命的失败，是中国共产党成立以后遭受的最严重的一次挫折。八一南昌起义，打响了武装反抗国民党反动派的第一枪，标志着中国共产党独立地领导革命战争、创建人民军队和武装夺取政权的开始。党的"八七"紧急会议总结了大革命失败的教训，纠正了陈独秀的右倾错误，确定了土地革命和武装反抗国民党反动派的总方针。随后，党相继领导了湘赣边界秋收起义、广州起义及其他武装起义。虽然这些起义中的大多数最终遭到了失败，但共产党人围绕要不要继续进行革命、怎样进行革命的问题所进行的新探索，不仅集中反映了广大工农群众追求自身解放的迫切要求，而且充分表现了中国共产党人不怕牺牲、英勇奋斗的革命创新精神。当时，党内的右倾机会主义者认为资产阶级民主革命已经成功了，无产阶级只能等待中国资本主义发展了以后再去进行第二次革命，因而对革命采取了"取消主义"的态度；"左"倾机会主义者则把共产国际的决议和指示奉为圣旨，认为中国的民族资产阶级已经全部地反革命了，无产阶级只能急转直下地直接进入社会主义革命，在实际上奉行"一次革命论"，并照搬苏联十月革命的做法，即通过中心城市的武装起义的模式来夺取革命胜利。在上述错误思想的影响下，党在艰难条件下保持和积累起来的微弱的革命力量继续不断地遭受损失。而以毛泽东为代表的中国共产党人则在实践上通过建立井冈山革命根据地、赣南闽西革命根据地和中央革命根据地，走出了一条农村包围城市、武装夺取政权的道路，并在理论上初步论证了中国革命走这条道路的可能性和必要性，形成了与之相关的建党、建军、建政原则和战略战术等重要思想。

第一，中国革命新道路理论的基本形成。从1928年10月至1930年1月，以毛泽东为代表的中国共产党人在创建农村革命根据地、开创农村包围城市道路的实践中，针对当时党内一些领导人仍然照搬俄国十月革命经验，坚持"城市中心论"，以及在红军和根据地内一些人产生的"红旗到底打得多久"的疑问，先后发表《中国的红色政权为什么能够存在？》《井冈山斗争》《星星之火，可以燎原》等文章，集中回答了红色政权能否存在和发展，怎样坚持和发展这一重大问题。1928年10月，毛泽东在为湘赣边界党的第二次代表大会起草的《政治问题和边界党的任务》的决议（《中国的红色政权为什么能够存在？》是该决议的第一部分）中，从理论上论证了在四周白色政权的包围中，小块红色政权区域能够长期存在和发展的原因和条件。他强调指出："一国之内，在四围白色政权的包围中，有一小块或若干小块红色政权的区域长期地存在，这是世界各国从来没有的事。这种奇事的发生，有其独特的原因。而其存在和发展，亦必有相当的条件。"① 一是，它的发生必然是在帝国主义间接统治的经济落后的半殖民地的中国。因为这种奇怪现象必定伴着另外一种奇怪现象，那就是白色政权之间的战争。地方的农业经济（不是统一的资本主义经济）和帝国主义划分势力范围的分裂剥削政策，造成了白色政权间长期的分裂和战争，使一小块或若干小块的共产党领导的红色区域，能够在四围白色政权包围的中间发生和坚持下来。二是，中国红色政权首先发生和能够长期地存在的地方，不是那种并未经过民主革命影响的地方，而是和大革命过程中工农群众曾经发动起来过的地方。三是，小地方民众政权能否长期地存在，还取决于全国革命形势是否向前发展。中国革命形势是向前发展的，因此不但小块红色区域的长期存在没有疑义，而且这些红色区域将继续发展，日渐接近于全国政权的取得。四是，相当力量的正式红军的存在，是红色政权存在的必要条件。五是，红色政权的长期存在并且发展，还须有一个要紧的条件，就是共产党组织的有力量和它的政策的不错误。同年11月，毛泽东在《井冈山的斗争》一文中，又进一步分析了小块红色政权发生的原因和条件，强调指出，小块红色政权"发生的原因之一，在于中国有买办豪绅阶级间的不断的分裂和战争。只要买办豪绅阶级间的分裂和战争是继续的，则工农武装割据的存在和发展也将是能够继续的"。他认为工农武装割据的存在

---

① 《毛泽东选集》第1卷，人民出版社，1991，第48页。

和发展，还需要具备下列的条件："（1）有很好的群众；（2）有很好的党；（3）有相当力量的红军；（4）有便利于作战的地势；（5）有足够给养的经济力。"① 并阐明了边界党的一系列正确的政策，进而系统地形成了"工农武装割据"的思想。1930年1月，毛泽东在《星星之火，可以燎原》这封著名通信中，则较为深入地阐述了以农村为革命的重心，先占乡村后取城市的思想，标志着中国革命道路理论的基本形成。毛泽东认为，中国革命与十月革命不同，中国革命的发展规律，是将党的工作重点从城市转入农村，在农村开展游击战争，深入进行土地革命，建立红色政权，把落后的农村变成先进的根据地，以农村包围城市，最后夺取中国革命的胜利。毛泽东关于中国革命道路理论的形成，是马克思主义与中国实际第一次结合开启的主要标志。

第二，土地革命路线的形成。解决农民的土地问题是中国革命的一项基本任务，也是农村革命根据地建设的中心内容。党的土地革命路线的形成经历了一个发展过程。1928年12月，毛泽东主持制定了井冈山《土地法》，第一次用法律形式肯定了中国农民占有土地的神圣权利。这个《土地法》的缺点是：规定没收一切土地，而不是只没收地主阶级的土地；规定土地所有权属工农民主政府，而不是归农民个人所有。1929年4月，毛泽东主持制定了兴国《土地法》，规定"没收一切公共土地及地主阶级土地"，分配给无地少地的农民。这是对井冈山《土地法》的一项原则性的改正。7月，在毛泽东指导下，闽西召开的第一次党的代表大会通过了《土地问题决议案》，规定在土地革命中，要依靠贫雇农，团结中农，区别对待大小地主与富农，不打击富农，集中攻击目标于地主，保护大小商店。土地分配的方法，应以乡为单位，以原耕地为基础，"抽多补少"，按人口平均分配，对在乡的地主"将酌量分与田地"。1930年6月，红四军前委和闽西特委在福建长汀县的南阳召开会议，通过了《富农问题》决议，规定在分配土地时，应在"抽多补少"之外加上"抽肥补瘦"的原则。1931年2月，毛泽东写信给江西省苏维埃政府，要求各地各级工农民主政府就土地分配以后农民的土地所有权问题做出明确规定，安定农民。随着土地革命的深入开展，逐步形成了党的土地革命路线和分配土地的政策，即依靠贫雇农，联合中农，限制富农，保护中小工商业者，消灭地主阶级，变封建半封建的

---

① 《毛泽东选集》第1卷，第57页。

土地所有制为农民的土地所有制。土地分配的办法是以乡为单位，按人口平均分配，在原耕地的基础上，实行抽多补少，抽肥补瘦。党的正确的土地革命路线和政策，提供了中国土地革命理论的基本框架。

第三，建党建军纲领的制定和红军作战原则的提出。党在领导创建红军和农村革命根据地的斗争中，由于长期处于分散的农村游击战争环境中，红军的主要成分是农民和其他小资产阶级，各种非无产阶级思想不可避免地反映到红军和党内来，因此，如何在农村环境中建设党和军队的问题就日益凸显。1929年12月，根据中共中央给红四军前委指示信的精神，中共红四军第九次代表大会在福建省上杭县古田村召开。大会一致通过了毛泽东起草的《古田会议决议》。这一决议规定了红军的性质、宗旨和任务，坚持了红军必须置于党的绝对领导之下的根本原则，肯定了政治工作的地位和作用，规定了政治工作的制度和措施，提出了对官兵进行马克思列宁主义理论和党的正确路线教育的任务。决议总结了军队建设的经验，分析了红四军党内各种非无产阶级思想的表现和来源，解决了在长期分散的农村游击战争环境中如何保持党的先锋队性质和建设新型人民军队的根本问题。与此同时，适合中国革命战争实际的红军作战原则也逐步形成。在创建井冈山革命根据地时期，适应红军和农村革命根据地初创时期的需要，毛泽东和朱德提出了"分兵以发动群众，集中以应付敌人""敌进我退，敌驻我扰，敌疲我打，敌退我追"等红军游击战争的作战原则。这些原则在后来的反"围剿"战争中得到了运用和发展。到1931年秋，形成了红军的作战原则。主要内容是：以游击战和带游击性的运动战为主要作战形式，实行积极防御的方针，诱敌深入，慎重初战，着眼于消灭敌人有生力量，集中优势兵力，打速决战、歼灭战。这些作战原则和人民军队建设的理论构成了党的军事路线的基本内容。

第四，实事求是、群众路线与独立自主思想的初步形成。1930年5月，毛泽东发表《反对本本主义》（原名《农村调查》）一文，运用马克思主义的认识论和辩证法，对党的斗争经验进行了科学的总结。毛泽东历来注重调查研究。他在《反对本本主义》一文中，第一次明确提出了全党的思想路线问题。他强调指出："马克思主义的'本本'是要学习的，但是必须同我国的实际情况相结合。我们需要'本本'，但是一定要纠正脱离实际情况的本本主义。"并认为"中国革命斗争的胜利要靠中国同志了解中国情况"，"共产党的正确而不动摇的斗争策略，决不是少数人坐在房子里能够产生的，它是要在群众的斗争过程中才能产生的，这就是说要在实际经验中才能产生"。① 这就明确否定了党内把马克思主义教条化、把共产国际经验神圣化的错误倾向，对于促进马克思主义与中国实际的结合，影响深远、意义重大。此后，毛泽东还结合党的各方面工作，特别是结合党的群众工作，在《关心群众生活，注意工作方法》等文章中相继提出了"一切群众的实际生活问题，都是我们应当注意的问题";② 真正的铜墙铁壁"是群众，是千百万真心实意地拥护革命的群众"，"我们不但要提出任务，而且要解决完成任务的方法问题"等一系列重要思想，③ 既表明了毛泽东在群众工作问题重要性上的深刻认识，也表明他实际上已经把群众路线作为党在革命活动中应当普遍实行的工作方式和方法。在此期间，周恩来、刘少奇、瞿秋白、张闻天、陈云等党的领导人，也对群众路线问题做了一些重要论述，这就为毛泽东思想的三个基本点——实事求是、群众路线和独立自主的形成奠定了基础。

这一阶段"由于有了第一阶段的经验，由于对于中国的历史状况和社会状况、中国革命的特点、中国革命的规律的进一步的了解，由于我们的干部更多地领会了马克思列宁主义的理论，更多地学会了将马克思列宁主义的理论和中国革命的实践相结合"，因而"大批干部重新在党内涌出，而且变成了党的中心骨干。党开辟了人民政权的道路，因此也就学会了治国安民的艺术。党创造了坚强的武装部队，因此也就学会了战争的艺术。所有这些，都是党的重大进步和重大成功"。④ 毛泽东在中国革命由大革命失败到土地革命兴起的历史转折关头，在全党探索中国革命新道路的艰难历程中所做出的艰巨努力和重要贡献，标志着马克思列宁主义与中国实际第一次结合已经取得了重要的新成果。

二 马克思主义与中国实际第一次结合的受挫与伟大转折

马克思主义与中国实际第一次结合所取得的重要成果，对中国革命的

---

① 《毛泽东选集》第 1 卷，第 115 页。
② 《毛泽东选集》第 1 卷，第 137 页。
③ 《毛泽东选集》第 1 卷，第 139 页。
④ 《毛泽东选集》第 2 卷，人民出版社，1991，第 611 页。

发展，特别是对从大革命失败到土地革命战争兴起伟大历史性转变的实现，发挥了重大指导作用。但是，由于当时毛泽东在全党的领导地位还没有确定，毛泽东思想还没有被全党所认识，特别是"左"倾教条主义者对毛泽东一系列正确主张的指责和反对，使这些创新成果的指导作用受到限制，并使马克思主义与中国实际第一次结合遇到严重的阻碍，并最终导致中国革命的严重危局。

早在李立三"左"倾错误统治中央前后，毛泽东的理论和实践就遭到过指责和反对。他们指责毛泽东"想以乡村包围城市，单凭红军来夺取中心城市，都只是一种幻想，一种绝对错误的观念"，[1] 并批评红四军前委是"站在农民观点上来作土地革命"，说"你们认为农村工作是第一步，城市工作是第二步的理论，反映了农民意识"，"你们的割据观点，同样是农民观点"。[2]

王明"左"倾教条主义在中央占据统治地位以后，更以不折不扣地全面执行"国际路线"为号召，打着"百分之百的布尔什维克"的旗号，反对毛泽东所代表的把马克思列宁主义普遍原理与中国革命具体实践相结合的正确方向，反对毛泽东制定和实行的符合中国国情的路线、方针和政策。在政治上，他们混淆了民主革命和社会主义革命的一定界限，并主观地急于超过民主革命，主张整个地反对资产阶级以至上层小资产阶级，否认中间营垒和第三派的存在，奉行关门主义和冒险主义的斗争策略；在军事上，他们把红军的三项任务缩小为单纯的打仗一项，忽略正确的军民、军政、官兵关系的教育，要求不适当的正规化，又发展了政治工作中的形式主义，他们否认了敌强我弱的前提，要求阵地战和单纯依靠主力军队的所谓"正规"战，否定了游击战和带游击性的运动战，不了解正确的人民战争；在组织上，他们不但形成了脱离党外群众的宗派主义，也形成了脱离党内群众的宗派主义，在党内对持不同意见的同志，进行"残酷斗争"和"无情打击"，甚至以对罪犯和敌人做斗争的方式来进行这种"党内斗争"；在思想上，他们把马克思主义教条化，把共产主义指示和苏联经验神圣化，突出地表现为不从实际情况出发而从书本上的个别词句出发的教条主义倾向。以王明为代表的"左"倾机会主义错误在中央的统治，不仅直接造成了党在第五次反"围剿"中的惨重失败和红军被迫长征实行战略大转移，而且

---

[1] 李立三：《怎样准备夺取一省与几省政权的胜利》，《布尔塞维克》1930年4月2日。
[2] 《建党以来重要文献选编》第7册，中央文献出版社，2011，第276~277页。

导致了马克思主义与中国实际第一次结合遭遇重大挫折。

毛泽东思想作为马克思主义与中国实际第一次结合的伟大成果,是在坚持实事求是的过程中逐步形成、发展起来的。毛泽东即使在受到王明"左"倾教条主义排斥的情况下,仍然在其力所能及的范围内,不断提出符合实际的主张和建议。早在第五次反"围剿"时,毛泽东等同志就对"左"领导者的错误指挥提出过意见。正如陈云所指出的:"错误的军事上的指挥,是经过了一个很长时期的,在这一时期中,党内军委内部不是没有争论的,毛张王曾经提出过许多意见……但是没有胜利的克服这种错误。至于各军团——尤其是一、三军团的首长不知有多少次的建议和电报,以及每个战役的'战斗详报',提出他们的作战意见,可惜完全没有采纳。"[①] 长征开始后,随着我军的失利,"部队中明显地滋长了怀疑不满和积极要求改变领导的情绪","湘江战役,达到了顶点",[②] "过了湘江后,毛主席提出讨论失败问题,从老三界一直争论到黎平"。[③] 当时争论的中心是关于红军的战略方针问题。面对敌人重兵,"左"倾领导者"不知按照已经变化了的情况来改变自己的行动方针"只知死拼硬打,[④] 把希望寄托在与红二、六军团的会合上。毛泽东则根据实际情况提出建议,力主放弃原定与红二、六军团会合的计划,改向敌人力量薄弱的贵州前进。在党中央先后召开的通道、黎平、猴场会议上,毛泽东的意见已经逐渐得到多数同志的拥护,"很多的中央同志都站在主席方面"。[⑤] 遵义会议的召开,本身就是毛泽东正确主张的一大胜利,是毛泽东思想的胜利。由于长征中所处战争环境的限制,遵义会议主要是集中全力纠正当时具有决定意义的军事上的错误,并在组织上做了一些调整,还没有指出"左"倾领导者在政治上和其他方面的错误,但是,它的作用和影响却远远超过这两方面,它"是中国党内最有历史意义的转变"。[⑥]

第一,遵义会议在批判、纠正"左"倾冒险主义军事指挥错误的同时,肯定了毛泽东从中国革命战争特点出发提出并行之有效的正确战略战术原

---

① 《建党以来重要文献选编》第12册,中央文献出版社,2011,第120页。
② 《刘伯承回忆录》,上海文艺出版社,1981,第4页。
③ 周恩来1943年在中央政治局会议上的发言,转引自《中共党史资料》第6辑,中共党史资料出版社,1983,第22页。
④ 《建党以来重要文献选编》第12册,第62页。
⑤ 周恩来1972年6月10日讲话,转引自《中共党史资料》第6辑,第23页。
⑥ 《毛泽东选集》第3卷,人民出版社,1991,第969页。

则。会议指出,"军事上的单纯防御路线,是我们不能粉碎敌人五次'围剿'的主要原因"。① 由于"左"倾冒险主义"以单纯防御路线(或专守防御)代替了决战防御,以阵地战堡垒战代替了运动战,并以所谓'短促突击'的战术原则来支持这种单纯防御的战略路线。这就使敌人持久战与堡垒主义的战略战术,达到了他的目的"。"这一路线,同我们红军取得胜利的战略战术的基本原则,是完全相反的。"会议还明确指出毛泽东的"决战防御(攻势防御),集中优势兵力,选择敌人的弱点,在运动战中,有把握的去消灭敌人的一部或大部,以各个击破敌人,彻底粉碎敌人的'围剿'"的路线的正确性。② 遵义会议以党中央政治局的名义肯定毛泽东军事思想、军事路线的正确性,这在马克思主义中国化发展史上具有极为重要的意义。由于武装斗争在中国革命中具有极端的重要性,也由于党当时正处于严酷的战争环境下,"战争的指挥问题关系于战争胜负的全局",③ 遵义会议对严重危害党和革命的"左"倾军事错误的纠正,以及对毛泽东所代表的正确军事思想的肯定,就成为当时最重要的拨乱反正。它实际上表明,党已经在很大程度上开始摆脱了把马克思主义教条化、把共产国际决议和苏联经验神圣化的错误倾向,确立了作为中国化马克思主义理论基础和毛泽东思想根本点及出发点的实事求是原则,从而把党的路线逐步转移到马克思列宁主义的轨道上来,有力地推动了马克思主义与中国实际的结合。

第二,遵义会议取消了"左"倾错误领导者的军事指挥权,确立了毛泽东在党中央的领导地位,开始形成以毛泽东为代表的新的正确的中央领导核心。遵义会议选举毛泽东为政治局常委,决定"仍由最高军事首长朱周为军事指挥者,而恩来同志是党内委托的对于指挥军事上下最后决心的负责者"。随后,在常委分工上,决定"以泽东同志为恩来同志的军事指挥上的帮助者","以洛甫同志代替博古同志负总的责任"。④ 不久,又根据当时红军处于强敌围困之中,情况瞬息万变,亟须成立一个具有权威的军事指挥机构以保证毛泽东进行正确的军事指挥的情况,成立了由毛泽东、周恩来、王稼祥三人组成的军事指挥小组。三人军事指挥小组全权指挥军事,在当时是全党全军最重要的机构。它的成立,表明了以毛泽东为代表的有

---

① 《建党以来重要文献选编》第 12 册,第 62 页。
② 《建党以来重要文献选编》第 12 册,第 51 页。
③ 《建党以来重要文献选编》第 12 册,第 63 页。
④ 《建党以来重要文献选编》第 12 册,第 121 页。

周恩来、张闻天、王稼祥等参加的新的党中央的领导地位在全党得到了进一步的巩固。正如博古后来所说:"因有遵义会议毛主席挽救了党、挽救了军队。教条宗派统治开始完结,基本上解决问题。"① 毛泽东在全党领导地位的确定不是偶然的。它是党在遭受严重挫折之后,经过正反两方面经验的反复比较终于认识到的,是全党,首先是党的高级干部,包括一些犯过"左"倾错误的同志思想觉悟提高的结果。毛泽东在全党领导地位的确定,"是中国共产党在这一时期的最大成就,是中国人民获得解放的最大保证"。② 毛泽东在全党领导地位的确定,对以马克思主义与中国实际相结合为基本特征的毛泽东思想的形成发展具有重大的意义。它可以使毛泽东立足全党、综观全局,更系统、全面地总结中国革命的经验,更好地掌握中国革命的客观规律,更有效地发挥毛泽东思想的指导作用。同时,也有利于党对毛泽东思想的认识、掌握和在实践中的发展。遵义会议前,由于毛泽东还没有为全党所认识,他在全党的领导地位还没有确定,特别是由于"左"倾教条主义的排斥和打击,毛泽东在党中央几乎被完全剥夺了发言权,这种状况,就使得毛泽东所代表的新鲜活泼的创造性的马克思主义作风受到极大压抑,使马克思主义与中国实际的结合遭遇严重的阻碍。在"左"倾教条主义统治下,人们的思想处于僵化半僵化的状态,这也严重地影响了马克思主义与中国实际结合的发展。遵义会议后,由于批判了教条主义,人们的思想得到很大解放,毛泽东所代表的马克思主义与中国实际相结合的正确方向为越来越多的人所接受并逐步成为人们的共识,进而使过去长期以来形成的以教条主义为主要特征的"国际化"的错误逐步得到抵制,更多的人开始注意从实际出发运用马克思列宁主义立场、观点、方法解决中国革命问题,这就为马克思主义与中国实际的结合提供了重要的条件。

第三,遵义会议又是中国共产党独立自主地运用马克思列宁主义基本原理正确解决中国革命问题的第一次会议。中国共产党是在共产国际的帮助下成立的。从党的成立到遵义会议,中共中央召开的所有会议都要完全按照共产国际的指示和决议办事,而且往往又是在共产国际代表出席指导下来解决问题的。当时,在中国共产党内对于如何贯彻共产国际指示事实

---

① 据秦邦宪同志1943年11月13日在政治局会议上的讲话,转引自中央档案馆1975年9月5日复遵义会议纪念馆函。
② 《毛泽东选集》第3卷,第955页。

上存在两种根本对立的态度。一种是不顾客观的实际情况,照搬照抄马克思主义的本本,把共产国际的指示和苏联经验教条化、神圣化,这就是以王明为代表的教条主义的态度。另一种是从中国革命的具体实际出发,灵活恰当地运用共产国际的指示,创造性地制定适合中国革命实际的路线、方针和政策,以指导中国革命,这就是以毛泽东为代表的马克思主义的态度。毛泽东所代表的这种独立自主的创造精神,是在同教条主义的方针和作风的斗争中发展起来的。早在20世纪30年代初,毛泽东就提出了"中国革命斗争的胜利要靠中国同志了解中国情况"的正确观点,[①]但由于"左"倾教条主义的影响而未能被全党所接受。由于广大党员、干部从实践中认识到了教条主义的危害和毛泽东思想的正确,且长征初期中共中央同共产国际中断了电讯联系,共产国际派来的军事顾问李德又因在第五次反"围剿"中犯了军事指挥上的严重错误而成为遵义会议批评的主要对象,再也无法发号施令了,中国共产党得到了一个条件,就是在没有共产国际及其代表干预的情况下,独立自主地运用马克思主义基本原理,总结中国革命经验,解决中国革命问题,从而使毛泽东为代表的马克思主义的科学态度在全党开始确立起来。遵义会议以后,以毛泽东为代表的党中央,对共产国际和斯大林的指示,采取了正确的就执行、错误的则抵制的态度,实际上停止了共产国际和斯大林对中国革命的错误指导。这样就使党开始摆脱了以往对共产国际的依赖,摆脱了幼年时期的盲目性。认识到要按照中国的实际情况决定党的斗争策略,这是中国共产党在政治上、思想上走向成熟的重要标志,为后来提出"马克思主义中国化"科学命题奠定了重要的基础。

从遵义会议开始的伟大历史转折,不仅扭转了中国革命的危局,挽救了红军挽救了党,而且重新开启了马克思主义与中国革命实际结合的历史进程,为马克思主义与中国实际"第一次结合"的深化创造了极其重要的条件。

三 马克思主义与中国实际第一次结合的突破与继续推进

遵义会议以后,在毛泽东等的领导下,红一方面军逐步改变了长征初

[①] 《毛泽东选集》第1卷,第115页。

期红军被动挨打的局面，实现了在军事战略上由被动到主动的转变，并实现了与红四方面军的会师。从中央提出北上抗日方针并率红一方面军主力先行北上与陕北红军会师，到党正式确立抗日民族统一战线的策略；从红军三大主力会师，到西安事变的和平解决；从全国抗战爆发、第二次国共合作形成，到党的全面抗战路线和持久抗战方针的制定和贯彻，中国共产党坚持从中国实际出发，坚持马克思主义与中国实际相结合的正确方向，形成了一系列正确的路线方针和政策，在实现由国内革命战争向抗日民族战争伟大转变的同时，实现了马克思主义与中国实际第一次结合的重大突破。这种突破不仅表现为党确立了抗日民族统一战线的策略，并促进了统一战线的建立，实现了中国革命由国内革命战争向抗日民族战争的伟大转变，表现为党通过对中国革命经验的系统总结，为马克思主义理论与中国革命实际的结合奠定了思想路线的理论基础，更表现为党通过全民族抗日战争所提供的历史条件，深刻揭示了中国革命发展的客观规律，进而提出了既符合马克思主义又符合中国革命特点的理论、路线、方针和政策。正如毛泽东指出："在抗日时期，我们才制定了合乎情况的党的总路线和一整套具体政策。这时候，中国民主革命这个必然王国才被我们认识，我们才有了自由。"①

作为马克思主义与中国实际第一次结合伟大成果的毛泽东思想，是马克思主义在"殖民地、半殖民地、半封建国家民族民主革命中的继续发展"，是"马克思主义民族化的优秀典型"，②它是从中华民族和中国人民长期革命斗争中生长和发展起来的，是对抗日战争所提供的历史条件和历史经验的深刻认识和总结。

第一，抗日战争是一个大而弱的半殖民地中国反对一个小而强的帝国主义日本的民族解放战争。全面抗战开始后，毛泽东先后发表《抗日游击战争的战略问题》《论持久战》，针对当时中国共产党内和党外许多人轻视游击战争重大战略作用，而只把希望寄托于正规战争特别是国民党军队的作战的倾向，阐述了抗日游击战争的战略地位，并依据中日双方相互对立的基本特点，深刻阐述了抗日战争是持久战、最后胜利是中国的战略指导方针，驳斥了"中国必亡论"和"中国速胜论"两种错误倾向，揭示了抗日战争发展的客观规律。

---

① 《毛泽东文集》第8卷，人民出版社，1999，第300页。
② 《刘少奇选集》上卷，人民出版社，1981，第333页。

第二，抗日战争是在以国共两党再次合作为基础的抗日民族统一战线的旗帜下进行的民族解放战争。1938年10月毛泽东在中共六届六中全会上所做的《论新阶段》政治报告及《统一战线中的独立自主问题》的结论，阐明了中国共产党在抗日民族战争中的重要地位及其肩负的领导抗日战争的重大历史重任，批评了王明1937年底回国后一度推行的"一切经过统一战线""一切服从统一战线"的右倾投降主义，阐明了统一战线中的独立自主原则。特别是在总结党对马克思主义与中国实际相结合历史经验的基础上，并明确提出了"马克思主义中国化"的科学命题，实现了党对马克思主义与中国实际第一次结合认识上的突破。

第三，抗日战争是中国共产党自身发展的重要历史时期。抗日战争要求党密切联系抗日战争的实践，特别是联系统一战线、武装斗争这两个中国革命的基本特点，进一步总结党的建设的历史经验，认识和掌握中国共产党的建设的特点和规律，完成建设一个全国范围的广大群众性的思想上、政治上、组织上都完全巩固的马克思主义政党的艰巨任务，使党在作为中国工人阶级先锋队的同时，成为中国人民和中华民族的先锋队，领导全国各族人民完成民族解放和社会解放的伟大历史使命，而这样一个党的建设任务，又必然会推动党在思想上、理论上的成熟。1939年10月，毛泽东为党内刊物《共产党人》所写的发刊词，在六届六中全会提出"马克思主义中国化"科学命题的基础上，不但明确提出并阐明了马克思主义的理论必须与中国革命实践相结合的原则，而且根据这一原则的基本要求，系统地总结了党成立以来在统一战线、武装斗争和党的建设三个方面的基本经验，这就为推进马克思主义与中国实际第一次结合奠定了重要的思想理论基础。

第四，抗日战争是中国共产党领导的整个新民主主义革命的一个特殊阶段。深刻认识抗日战争的历史地位，就必须认清整个中国革命的历史进程、历史特点和规律，认清中国革命两个阶段之间的正确关系，特别是要对新民主主义的一系列基本问题做出马克思主义的回答。抗战以后，党坚持把工作重心放在战区和敌后，继续走农村包围城市的道路，建立了许多块抗日民主根据地，并按照新民主主义的要求，建立了抗日民主政权，这个政权实际上是新民主主义共和国的雏形；与此同时，国民党为配合其军事上的反共高潮，又妄图用所谓"一个党、一个领袖、一个主义"的叫嚣取消共产党，取消共产主义，因而造成了人们思想上的混乱。所有这些，都要求我们党把马克思主义关于社会革命的一般原理同中国的社会历史条件、中国革命的特点结合起来，对整个中国民主革命的历史经验进行系统的总结。1940年1月，毛泽东发表《新民主主义论》一文，以实事求是的科学态度，分析抗战以来特别是抗战进入相持阶段以来中国政治和文化的动向，阐述了中国革命的历史特点和时代特征，揭示了中国革命民主主义与社会主义两个阶段发展的内在逻辑，强调新民主主义革命与社会主义革命既有性质上的区别，又有内在的联系，前者是后者的必要准备，后者是前者的必然趋势，二者既不能互相混淆，又不允许在其中横插一个资产阶级专政的阶段，并据此制定了既区别于旧民主主义又区别于社会主义的新民主主义革命的总路线及其政治、经济、文化纲领，进而使党对中国革命基本问题的认识形成了比较完整的理论，并制定了一条正确的路线，实行了一系列符合当时情况和特点正确方针政策。

总之，从遵义会议到毛泽东发表《新民主主义论》，由于坚持了以毛泽东为代表的把马克思主义与中国实际相结合的正确方向，中国共产党不仅逐步纠正了以教条主义为主要特征的"左"、右倾机会主义在军事、政治、组织和思想上的错误，实现了中国革命从国内战争到抗日民族解放战争的战略转变，而且系统阐述了自己对于抗日战争、对于中国革命和新中国建设的全部见解和主张，形成了新民主主义理论体系，以此为标志，从而实现了马克思主义与中国实际第一次结合的重大突破。

一种正确的理论被人们所认识和掌握，与这一理论的形成发展往往并不完全同步。作为马克思主义与中国实际第一次结合标志性成果的毛泽东思想被确立为党的指导思想，不但在于它本身已发展为完整的科学体系和被实践证明是正确的理论，而且在于全党对它达成了统一的认识。中国共产党对毛泽东思想的认识也经历了一个长期的过程。在这个过程中，延安整风运动起了关键性作用。从1941年5月到1942年2月，毛泽东先后发表《改造我们的学习》《整顿党的作风》《反对党八股》三篇文章，这是毛泽东关于开展整风运动的基本著述。在这些文章里，毛泽东进一步地从思想问题上总结了过去中国共产党内路线的分歧，分析了广泛存在于党内的非马克思列宁主义思想作风，主要是主观主义的倾向、宗派主义的倾向和作为这两种倾向的表现形式的党八股。毛泽东号召开展全党范围的马克思列宁主义的教育运动，即按照马克思列宁主义的思想原则整顿作风的运动。毛泽东的这一号召，很快在中国共产党内和党外引发了怎样以从实际出发的观点而不是以教条主义的观点来对待马克思列宁主义原理，怎样使马克思列宁主义的基本原理和中国革命的实际相结合,以及怎样对待1931年初至1934年底这段时期党内两条路线的斗争这样一些重大问题的大讨论。全党整风运动,是一次马克思主义的思想教育运动,是一次党内思想的大解放。通过这次整风运动,广大党员干部真正认识和掌握了马克思列宁主义与中国革命实践相结合的原则,使全党对毛泽东思想的认识达到了高度的一致,为党的七大确立毛泽东思想的指导地位做了重要的思想理论准备。正如毛泽东后来所说,"对于在中国如何进行民主革命的问题,从一九二一年党的建立直到一九四五年党的第七次代表大会,一共二十四年,我们全党的认识才完全统一起来。中间经过一次全党范围的整风","那次整风帮助全党同志统一了认识。对于当时的民主革命应当怎么办,党的总路线和各项具体政策应当怎么定,这些问题,都是在那个时期,特别是在整风之后,才得到完全解决的"。[①]

第一,整风运动的主要任务是反对主观主义,特别是教条主义思想,掌握马克思列宁主义普遍原理同中国革命相结合的基本原则。毛泽东在整风运动期间,进一步阐述了这一思想原则。《改造我们的学习》一文开篇即指出:"中国共产党的二十年,就是马克思列宁主义的普遍真理和中国革命的具体实践日益结合的二十年。"[②] 他在解释这个原则时说:"'实事'就是客观存在着的一切事物,'是'就是客观事物的内部联系,即规律性,'求'就是我们去研究。"[③] 毛泽东尖锐地批判了教条主义,指出教条主义者"把马克思列宁主义书本上的某些个别字句看作现成的灵丹圣药,似乎只要得了它,就可以不费气力地包医百病"。[④] 教条主义脱离实际,是反对马克思列宁主义的,是和共产党不能并存的。他号召全党起来打倒教条主义。通过这次整风运动对教条主义的批判,划清了马克思主义和教条主义的界限,把广大党员和干部从教条主义的束缚中解放出来,搞清了什么是真正的知识、什么是真正的理论、怎样才能真正做到"理论和实际相联系"等一系列基本问题,澄清了主观主义特别是教条主义所造成的一些糊涂观念,为树立马克思主义的学风、党风和文风,克服主观主义的学风、党风和文风奠定了重要的基础,使实事求是即马克思列宁主义普遍原理同中国革命相

---

① 《毛泽东文集》第8卷,第298~299页。
② 《毛泽东选集》第3卷,第795页。
③ 《毛泽东选集》第3卷,第801页。
④ 《毛泽东选集》第3卷,第820页。

结合的思想成为党的思想路线的核心。

第二，整风运动期间，高级干部学习党的历史，总结党的历史经验，为全党在指导思想上的统一提供了重要的基础。中央政治局于1941年9月召开扩大会议，讨论了党的历史上特别是土地革命战争时期的政治路线问题，开展了批评与自我批评。经过多次讨论，党的高级干部对于中国革命中的一些重大问题，取得了初步的一致认识。1943年在经过整风的基础上，中央政治局又多次召开会议，对党的历史特别是1931~1934年的历史进行了讨论。经过学习和比较，认识了毛泽东领导的正确和毛泽东思想的科学性。

第三，在整风运动期间，不少中央领导人和理论工作者开始发表阐述毛泽东思想的文章，提出并阐述"毛泽东思想"这一科学概念。1942年2月，张如心发表文章提出"毛泽东同志的思想"的概念，并指出："毛泽东同志的理论和策略正是马列主义理论和策略在殖民地半殖民地半封建社会中的运用和发展"，"是中国的马克思主义"。[①] 1943年7月5日，王稼祥发表文章，对毛泽东思想又做了进一步阐述。他认为，毛泽东思想是创造性的马克思主义，它是马克思主义在中国的发展，毛泽东思想是"马列主义与中国革命相结合的中国共产主义"。[②] 1943年7月11日，中共中央在一个通知中，第一次以中央名义号召全党学习毛泽东思想。1944年5月召开党的六届七中全会，科学地评价了毛泽东的历史地位和毛泽东思想，会议通过的中共中央《关于若干历史问题的决议》指出，毛泽东把马克思列宁主义普遍原理同中国革命相结合，创造地发展了马克思列宁主义，并结合对"左"倾教条主义错误的批判，从政治、军事、组织和思想四个方面阐发了毛泽东思想的内容。决议还强调指出："到了今天，全党已经空前一致地认识了毛泽东同志的路线的正确性，空前自觉地团结在毛泽东的旗帜下了。以毛泽东同志为代表的马克思列宁主义的思想更普遍地更深入地掌握干部、党员和人民群众的结果，必将给党和中国革命带来伟大的进步和不可战胜的力量。"[③] 这就表明，将马克思主义与中国实际第一次结合标志性成果——毛泽东思想作为中国革命指导思想已经成为全党的共识。

在中国这样一个半殖民地半封建的东方大国进行革命，面临许多特殊

[①] 张如心：《学习和掌握毛泽东的理论和策略》，《解放日报》1942年2月18~19日。
[②] 《王稼祥选集》，人民出版社，1989，第352页。
[③] 《毛泽东选集》第3卷，第998~999页。

的情况和问题。选择一条什么样的道路才能把革命引向胜利，这是推进马克思主义中国化面临的首要问题，也是实现马克思主义与中国实际"第一次结合"的核心与关键。在抗日战争和世界反法西斯战争即将取得胜利的情况下召开的党的第七次全国代表大会，制定了战胜日本侵略者和建设新中国的正确的政治路线和组织路线，将马克思主义与中国实际之统一的思想——毛泽东思想确立为党的指导思想，并将"理论和实践相结合的作风，和人民群众紧密地联系在一起的作风以及自我批评的作风"概括为党在长期奋斗中形成的三大优良传统作风，① 这就为党领导人民争取抗日战争的胜利和新民主主义革命在全国的胜利奠定了重要的政治、思想和组织基础。抗战胜利后，中国共产党又通过争取和平民主、反对国民党发动的全面内战、胜利进行人民解放战争等一系列伟大斗争的实践，将马克思主义与中国革命实际进一步结合起来，使中国化的马克思主义得到继续丰富和发展，最终实现了新民主主义革命在全国的胜利，建立了新中国。

中国人民革命的实践充分证明，正是由于"中国人从马克思列宁主义学了科学的宇宙观和社会革命理论，并使之和中国的特点相结合，发动了中国的人民解放战争和人民大革命"，不但实现了中国的民族解放和社会解放，而且使中国人民获得了精神上的解放。正如毛泽东所指出的："自从中国人学会了马克思列宁主义以后，中国人在精神上就由被动转入主动。从这时起，近代世界历史上那种看不起中国人，看不起中国文化的时代应当完结了。伟大的胜利的中国人民解放战争和人民大革命，已经复兴了并正在复兴着伟大的中国人民的文化。这种中国人民的文化，就其精神方面来说，已经超过了整个资本主义的世界。"②

总之，马克思主义与中国实际第一次结合基本共识的形成及其成功推进，有力地促进了马克思主义中国化的实践创新和理论创新，拓展了中国新民主主义和社会主义革命的道路，丰富和发展了以马克思主义基本原理与中国革命和建设实践相结合为基本特征的毛泽东思想，确立了社会主义基本制度，为马克思主义与中国实际第二次结合的开启奠定了重要的思想政治前提和基础。

---

① 《毛泽东选集》第 3 卷，第 1094 页。
② 《毛泽东选集》第 4 卷，人民出版社，1991，第 1516 页。

马克思主义中国化研究

毛泽东与马克思主义革命思想中国化的理论创新[*]

汪青松[**]

摘 要 新民主主义革命理论是马克思主义革命思想与中国革命实践相结合的产物。中国共产党人把马克思主义革命思想与中国革命实际相结合,创立了新民主主义革命理论。新民主主义革命理论回答了新民主主义革命总依据、总路线和总纲领。新民主主义革命总依据即半殖民地半封建社会理论,解决了为什么要进行新民主主义革命的问题,实现了对马克思主义革命思想中国化的继承创新;新民主主义革命总路线,在回答中国革命领导、对象、动力、道路等问题上阐释一系列新观点,解决了什么是中国新民主主义革命问题,实现了对马克思主义革命思想中国化的集成创新;新民主主义革命基本纲领解决了怎样进行新民主主义革命问题,实施新民主主义革命基本纲领建立新民主主义社会并向社会主义转变,实现了对马克思主义革命思想中国化的原始创新。

关键词 马克思主义 革命思想 中国化 理论创新

马克思主义中国化首先是马克思主义革命思想的中国化。在新民主主义革命时期,以毛泽东为代表的中国共产党人把马克思列宁主义革命思想与中国革命实际相结合,创立了新民主主义革命理论,对什么是中国新民

---

[*] 本文为国家社会科学基金重点项目"中国梦与中国道路、中国精神、中国力量研究"(项目号:14AKS005)、教育部哲学社会科学研究重大课题攻关项目"社会主义核心价值观与法治文化建设研究"(项目号:15JZD005)的阶段性成果。
[**] 汪青松,上海师范大学马克思主义学院教授。

主主义革命、为什么进行新民主主义革命以及怎样进行新民主主义革命的回答,生动地体现了马克思主义革命思想的中国化和中国新民主主义革命经验马克思主义化的理论创新。

一

新民主主义革命理论是马克思主义革命思想与中国国情实际相结合的产物。正是以马克思主义革命思想为指导并从中国国情实际出发,以毛泽东为代表的中国共产党人提出了新民主主义革命总依据即半殖民地半封建社会理论,解决了为什么要进行新民主主义革命的问题,实现了对马克思主义革命思想中国化的继承创新。

(一) 中国共产党人在建党前后,依据马克思主义革命思想,从中国实际出发,回答了中国为什么要进行无产阶级革命的问题

马克思主义革命思想建立在唯物史观基础上。历史唯物主义认为,人类社会发展遵循生产力与生产关系矛盾运动的规律。生产力是推动社会进步的最活跃、最革命的要素,生产关系一定要适合生产力状况。无论哪一个社会形态,在它所能容纳的全部生产力发挥出来以前是决不会灭亡的;而新的更高的生产关系,在它的物质存在条件在旧社会的胎胞里成熟以前是决不会出现的。[①] 经济基础与上层建筑矛盾运动的规律,是人类社会发展的另一个基本规律。在阶级社会中,生产力和生产关系、经济基础和上层建筑的矛盾通过阶级斗争表现出来。社会发展的经济动因与阶级斗争动力联系在一起。恩格斯指出:历史唯物主义观点认为,一切重要历史事件的终极原因和伟大动力是社会的经济发展,是生产方式和交换方式的改变,是由此产生的社会之划分为不同的阶级,是这些阶级彼此之间的斗争。[②] 社会革命根源于对抗性社会基本矛盾,阶级斗争是阶级社会发展的直接动力,革命是历史的火车头。[③] 根据生产关系不同性质,社会历史划分为原始社会、奴隶社会、封建社会、资本主义社会、共产主义社会五种社会形态。社会革命类型一般与社会形态相对应,改变奴隶社会的是推翻奴隶制的地

[①] 《马克思恩格斯选集》第 2 卷,人民出版社,2012,第 3 页。
[②] 《马克思恩格斯选集》第 3 卷,人民出版社,2012,第 760 页。
[③] 《马克思恩格斯选集》第 1 卷,人民出版社,2012,第 527、595 页。

主阶级革命，封建社会发生的是推翻封建制的资产阶级革命，促使资本主义向社会主义转变的是无产阶级革命。马克思主义革命思想的这些观点直接指导了中国的新民主主义革命。

革命是近代中国的重要历史主题。从1840年反对英国侵略到太平天国起义，从义和团运动到辛亥革命，中国的反帝斗争虽然屡遭失利，但民族革命斗争始终没有停止过。有人贬低中国革命史甚至鼓吹告别革命，实际上中国革命并非无缘无故发生的。孙中山曾希望通过和平方式促使清廷改革，但上书请愿等活动处处碰壁"方知和平方法，无可复施"，"积渐而知和平之手段不得不稍易以强迫"。① 毛泽东在1949年驳斥美国国务卿艾奇逊时说得更明确，美国华盛顿杰斐逊们之所以举行反英革命是因为英国人压迫和剥削美国人，俄国人所以举行二月革命和十月革命是因为俄皇和俄国资产阶级的压迫和剥削，中国人民历次推翻自己的封建朝廷是因为这些封建朝廷压迫和剥削人民。辛亥革命没有成功，是因为辛亥革命只推翻一个清朝政府，而没有推翻帝国主义和封建主义的压迫和剥削。②

辛亥革命的失败标志着资产阶级领导的旧民主主义革命终结，表明资本主义建国方案在中国行不通，中国需要新的革命。正是在这一背景下，十月革命一声炮响，给我们送来了马克思列宁主义。十月革命开辟了人类历史的新纪元，给中国革命提供了重要启示。

首先，马克思列宁主义革命思想可以成为无产阶级和劳动群众争取解放的思想武器。李大钊说，1917年的俄国革命，是20世纪中世界革命的先声。试看将来的环球，必是赤旗的世界！③ 马克思主义是"世界改造原动的学说"，马克思的唯物史观、剩余价值学说和阶级斗争理论这三部理论都有不可分的关系，而阶级竞争说恰如一条金线，把这三大原理从根本上连起来。④

其次，经济文化落后国家可以走俄国式社会主义解放之路。十月革命发生在情况同中国相同（封建压迫严重）和近似（经济文化落后）的俄国，它证明，"物质文明不高，不足阻社会主义之进行"（彭璜语）。它确实使陷

---

① 《孙中山全集》第1卷，中华书局，1981，第52页。
② 《毛泽东选集》第4卷，人民出版社，1991，第1510~1511页。
③ 《李大钊全集》第2卷，人民出版社，2013，第359、367页。
④ 《李大钊全集》第3卷，人民出版社，2013，第2~5页。

于彷徨和苦闷之中的中国人民产生了民族解放的新希望。① 毛泽东说："俄国式的革命，是无可如何的山穷水尽诸路皆走不通了的一个变计，并不是有更好的方法弃而不采，单要采这个恐怖的方法。"② 蔡和森1921年2月致陈独秀的信中明确表示，"和森为极端马克思派"。③

再次，不能走第二国际民主社会主义之路，中国必须坚持马克思列宁主义革命原则。陈独秀1920年9月在《谈政治》中说，马克思修正派的学说，不主张直接行动，不主张革那资产阶级据以造作罪恶的国家、政治、法律的命，反而想利用这些来施行社会主义政策。"是我大不赞成的"，"像这样与虎谋皮，为虎所噬，还要来替虎噬人的方法，我们应该当作前车之鉴"。④ 李达1920年在《新青年》第8卷第5号撰文指出："被修正派弄堕落了的马克思社会主义，到今日却能因列宁等的发扬光大，恢复了马克思的真面目了，这是一件很重要的事实。所以我要大声疾呼地说，马克思还原！"⑤ 毛泽东1921年1月在长沙新民学会年会上发言说，社会民主主义，借议会为改造工具，但事实上议会的立法总是保护有产阶级的。只有"激烈方法的共产主义，即所谓劳农主义，用阶级专政的方法，是可以预计效果的，故最宜采用"。⑥ 尽管中国早期马克思主义者还不懂得半殖民地半封建社会的革命第一步应是民主主义，第二步才能是社会主义，但他们从一开始就强调资本主义道路在中国走不通，中国的出路只能是实行社会主义，强调中国必须建立工人阶级政党来领导中国人民进行革命，这是完全正确的。⑦

中国近现代史是选择马克思主义、选择中国共产党、选择社会主义、选择改革开放的历史。中国人民在新民主主义革命时期之所以选择马克思主义、选择中国共产党、选择社会主义，是因为中国的先进分子在反复比较中认识到，唯有社会主义才能救中国，唯有以马克思主义为指导进行社会主义革命，才能实现国家独立、人民解放和民族复兴。

---

① 沙健孙：《社会主义：中国的历史性选择》，《人民日报》1990年11月19日。
② 《毛泽东书信选集》，人民出版社，1983，第5~8页。
③ 《蔡和森文集》，人民出版社，1980，第64页。
④ 陈独秀：《谈政治》，《新青年》第8卷第1号，1920年9月1日。
⑤ 《李达文集》第1卷，人民出版社，1980，第34~39页。
⑥ 《毛泽东文集》第1卷，人民出版社，1993，第2页。
⑦ 中共中央党史研究室编《中国共产党的九十年》，中共党史出版社、党建读物出版社，2016，第32页。

（二）中国共产党成立后，依据马克思主义社会形态思想，从当时的中国实际出发，进一步认识到半殖民地半封建社会的中国新民主主义革命性质

马克思恩格斯认为，生产力与生产关系、经济基础与上层建筑矛盾运动作为人类社会发展一般规律，决定五种社会形态的依次更替表现了社会形态更替的一般性与统一性；社会发展的复杂性和曲折性，又决定社会形态更替的特殊性与多样性。有些国家经历社会形态依次更替的典型过程，有些国家在发展中超越了一个甚至几个社会形态而跨越式地向前发展，有些国家一定阶段上社会形态性质不够典型。1851年，恩格斯在《德国的革命与反革命》中使用"半封建半官僚"说明普鲁士邦"君主专制"制度。列宁1912年在《中国的民主主义和民粹主义》中指出中国是一个"落后的、半封建的农业国家"；1915年在《社会主义与战争》中提出"'半殖民地'国家"指称"被压迫的、附属的、主权不完整的国家"，并将中国列为半殖民地国家。这些论断对中国革命者认识中国国情即社会性质具有指导作用。

有学者指出，恩格斯、列宁使用"半封建"概念是用来说明由纯封建社会向资本主义社会过渡的社会制度性质的，而列宁提出"半殖民地"概念是用来说明近代中国在国际关系中所处的地位，而不是指近代中国的社会性质。1922年7月，中共"二大"决议中出现了"半殖民地"概念，并指明中国是"国际资本帝国主义势力所支配的半独立国家"。1926年以前，尚未有人将"两半"概念联在一起概括近代中国的社会性质，是蔡和森1926年在《中国共产党史的发展（提纲）》中最早将"半封建""半殖民地"这两个概念联系起来，说明近代中国的社会性质及其党要完成的革命使命。[①] 他指出："中国共产党的政治环境……是半殖民地和半封建的中国。共产党不仅负有解放无产阶级的责任，并且负有民族革命的责任。"他不仅强调近代中国的社会性质，是一个"半封建半殖民地的国家"，而且分析了"政治独立日渐丧失而完全依附帝国主义"、社会虽"仍留在农业经济里"但其"旧的生产已经崩坏"等特征。

有专家则认为，1922年1月共产国际远东各国共产党及民族革命团体第一次代表大会已明确远东和中国等各被压迫民族当时的革命是反帝反封建的民族民主革命。1922年6月20日陈独秀执笔起草的《中共中央第一次

---

① 周兴樑：《关于近代中国"两半"社会性质总理论的由来》，《历史教学》2005年第2期。

对于时局的主张》提出：近代以来，中国已变成了一个"半独立的封建国家"，深受"国际帝国主义及本国军阀压迫"，因此，反对"列强和军阀两重压迫的战争，是中国目前必要的不可免的战争"。"中国共产党是无产阶级的前锋军，为无产阶级奋斗为无产阶级革命的党。但是在无产阶级未能获得政权以前，依中国政治经济的现状，依历史进化的过程，无产阶级在目前最切要的工作，还应该联络民主派共同对封建式的军阀革命，以达到军阀覆灭能够建设民主政治为止。"1922年7月，中共"二大"正式制定了中国反帝反封建的民主革命纲领。1922年8月10日，陈独秀发表了《对于现在中国政治问题的我见》，第一次把中国社会性质概括为"半殖民地""半封建半民主"。①

2016年出版的《中国共产党的九十年》指出，中共"二大"已在实际上揭示了中国社会的半殖民地半封建性质。1922年7月召开的中共"二大"正式制定了中国反帝反封建的民主革命纲领。大会宣言指出，一方面，中国在政治上、经济上无不受帝国主义列强的控制，实际上已经成为"国际资本帝国主义势力所支配的半独立国家"；另一方面，中国"在政治方面还是处于军阀官僚的封建制度把持之下"，这也"使中国方兴的资产阶级的发达遭着非常的阻碍"。"各种事实证明，加给中国人民（无论是资产阶级、工人或农人）最大的痛苦的是资本帝国主义和军阀官僚的封建势力。"因此，反对帝国主义和封建势力的"民主主义的革命运动是极有意义的"。②

历史地考察中国共产党人对国情的认识，至少可以看到以下三点。第一，马克思主义社会形态理论是中国共产党人认识国情的重大指导。马克思主义经典作家提出的"半封建""半殖民地"概念给了中国共产党人认识中国社会特殊性重要启示。

第二，以马克思主义社会形态理论为指导，中国共产党人对中国国情有着深刻的、根本的认识。鼓吹"多研究些问题少谈些主义"的胡适把中国的问题说成"五鬼闹中华"，1929年他在《我们走哪条路》一文中说："我们要打倒五个大仇敌：第一大敌是贫穷。第二大敌是疾病。第三大敌是愚昧。第四大敌是贪污。第五大敌是扰乱。这五大仇敌之中，资本主义不在内，因为我们还没有资格谈资本主义。资产阶级也不在内，因为我们至多有几个小富人，哪有资产阶级？封建势力也不在内，因为封建制度早在

---

① 马连儒：《陈独秀思想论稿》，人民出版社，2010，第58~59页。
② 中共中央党史研究室编《中国共产党的九十年》，第43页。

两千年前崩坏了。帝国主义也不在内,因为帝国主义不能侵害那五鬼不入之国。"① 这里他是以所谓"五鬼"之类现象性问题掩盖中国问题的本质。只有中国共产党人以马克思主义为指导,透过现象性问题,看到帝国主义侵略和封建主义压迫是造成半殖民地半封建中国社会贫穷落后的总根源。

第三,正是以马克思主义社会形态理论为指导,中国共产党人才能发现近代中国社会主要矛盾及其革命任务。虽然中国共产党人一开始的确是从不同层面上使用"半封建""半殖民地"概念的,但逐步认识到"半殖民地"与"半封建"作为表征近代中国社会性质要素的内在联系。陈独秀、蔡和森等为此做出了努力。中共"二大"实际上已认识到中国社会的半殖民地半封建性质。1928 年 6~7 月,党的"六大"更加明确地指出,中国仍然是一个半殖民地半封建的国家,中国革命现在阶段的性质是资产阶级民主革命,② 从而第一次以党的文件形式肯定了近代中国社会形态是半殖民地半封建社会,进而确认了现阶段中国革命的民主主义性质。

(三) 毛泽东对中国革命的半殖民地半封建社会国情基础有着深刻的认识,其重大贡献是将"两半"社会论作为总依据考察中国新民主主义革命问题

半殖民地半封建社会理论是中国共产党人以马克思主义社会形态理论为指导认识国情的重大理论成果。毛泽东对近代中国半殖民地半封建社会有着深刻的认识,其"两半"社会理论的阐释历经四个阶段,提升到新民主主义革命总依据的高度。

第一阶段是大革命时期,毛泽东从半殖民地实际出发阐明中国反帝反封建的历史任务。1923 年 7 月,他在《北京政变与商人》一文中就指出:"半殖民地的中国政治,是军阀外力互相勾结箝制全体国民的二重压迫政治",广大国民只有"建立严密的联合战线,这个革命才可以成功"。③ 1925 年冬,他在《国民党右派分离的原因及其对于革命前途的影响》一文中说,现代殖民地半殖民地的革命,乃小资产阶级、半无产阶级、无产阶级这三个阶级合作的革命,大资产阶级是附属于帝国主义成了反革命势力,中产阶级是介于革命与反革命之间动摇不定,实际革命的乃小资产、半无产、无产这三个阶级成立

---

① 《胡适文集》第 3 卷,花城出版社,2013,第 69~79 页。
② 中共中央党史研究室编《中国共产党的九十年》,第 110~111 页。
③ 《毛泽东著作专题摘编》上册,中央文献出版社,2003,第 550 页。

的一个革命的联合。1925年12月,他在分析中国社会各阶级的政治态度时说:"在经济落后的半殖民地的中国,地主阶级和买办阶级完全是国际资产阶级的附庸,其生存和发展,是附属于帝国主义的。这些阶级代表中国最落后的和最反动的生产关系,阻碍中国生产力的发展。他们和中国革命的目的完全不相容。特别是大地主阶级和大买办阶级,他们始终站在帝国主义一边,是极端的反革命派。"①1926年9月,他发表的《国民革命与农民运动》认为,中国半殖民地革命的最大对象是"乡村宗法封建阶级(地主阶级)"。②

第二阶段是土地革命时期,毛泽东立足半殖民地国情阐明中国红色政权为什么能存在。1928年10月,他在《中国的红色政权为什么能够存在?》中指出:中国红色根据地能存在于"帝国主义间接统治的经济落后的半殖民地的中国","这种现象产生的原因有两种,即地方的农业经济(不是统一的资本主义经济)和帝国主义划分势力范围的分裂剥削政策"。③1935年12月,他在《论反对日本帝国主义的策略》中说:"差不多一百年以来,中国是好几个帝国主义国家共同支配的半殖民地的国家。由于中国人民对帝国主义的斗争和帝国主义国家相互间的斗争,中国还保存了一种半独立的地位。""现在是日本帝国主义要把整个中国从几个帝国主义国家都有份的半殖民地状态改变为日本独占的殖民地状态。"④

第三阶段是全面抗战爆发前后,毛泽东开始完整地把握近代中国半殖民地半封建社会国情,分析制定党在抗日战争中的战略与策略。1936年12月,他在《中国革命战争的战略问题》中指出:"我们的革命战争是在中国这个半殖民地的半封建的国度里进行的。因此,我们不但要研究一般战争的规律,还要研究特殊的革命战争的规律,还要研究更加特殊的中国革命战争的规律。"⑤1938年初,毛泽东读梁漱溟《乡村建设理论》时做出批语,不认同梁漱溟所谓中国问题是"文化改造"的说法,指出中国的出路"是民族民主革命。不承认此点一切皆非"。"此点是从社会是半殖民地半封建社会的估计而来。"⑥1938年11月,他在六届六中全会的总结报告中指出:"中国的特点是:不是一个独立的民主的国家,而是一个半殖民地的半

---

① 《毛泽东选集》第1卷,人民出版社,1991,第3~4页。
② 《毛泽东文集》第1卷,第37页。
③ 《毛泽东选集》第1卷,第49页。
④ 《毛泽东选集》第1卷,第142~143页。
⑤ 《毛泽东选集》第1卷,第171页。
⑥ 陈晋:《毛泽东读书笔记解析》上册,广东人民出版社,1996,第412页。

封建的国家；在内部没有民主制度，而受封建制度压迫；在外部没有民族独立，而受帝国主义压迫。"这一国情就决定了"在中国，主要的斗争形式是战争，而主要的组织形式是军队"，"中国的问题离开武装就不能解决"。①

第四阶段是1939~1940年，毛泽东立足半殖民地半封建社会实际全面阐论新民主主义革命一系列问题。1939年12月他与几个同志合作撰写的《中国革命和中国共产党》指出，认清中国社会的性质，就是说，认清中国的国情，乃是认清一切革命问题的基本的依据。针对胡适借口帝国主义不能侵害五鬼不入之国、封建制度早在两千年前已崩坏而拒绝反帝反封建的说辞，这部著作第一章以马克思主义社会形态理论为指导专门分析了中国社会，指出，中国古代封建社会的制度构成是：自给自足的自然经济占主要地位，地主、贵族和皇帝拥有最大部分的土地，农民则很少土地或者完全没有土地，保护封建剥削制度的权力机关是地主阶级封建国家。秦以前的一个时代是诸侯割据称雄的封建国家，自秦始皇统一中国后建立了专制主义中央集权的封建国家。直到19世纪中叶由于外国资本主义的侵入，这个社会的内部才发生了重大变化。帝国主义列强侵入中国的目的，绝不是把封建的中国变成资本主义的中国，而是把中国变成它们的半殖民地和殖民地。半殖民地半封建中国社会的主要矛盾是帝国主义和中华民族的矛盾、封建主义和人民大众的矛盾，而帝国主义和中华民族的矛盾是最主要的矛盾；近代中国民族民主革命的基本任务是推翻帝国主义和封建主义在中国的反动统治。②《中国革命和中国共产党》是毛泽东半殖民地半封建社会理论形成的重要标志。1940年1月毛泽东的《新民主主义论》则以半殖民地半封建社会理论为总依据，深刻论述了中国新民主主义革命发展规律，描绘了新民主主义社会的蓝图，回答了"中国向何处去"这一重大问题。③

以毛泽东为代表的中国共产党人提出的新民主主义革命总依据即半殖民地半封建社会理论，从根本上解决了中国为什么要进行新民主主义革命的问题，实现了对马克思主义革命思想中国化的继承性创新，标志着毛泽东新民主主义革命理论达到了新境界。

---

① 《毛泽东选集》第2卷，人民出版社，1991，第542~544页。
② 《毛泽东选集》第2卷，第623~631页。
③ 《毛泽东选集》第2卷，第662~665页。

二

有专家认为，毛泽东在《新民主主义论》中讲的许多话，是马克思主义文献中已经讲过的，毛泽东关于新民主主义革命理论的内容并没有超出马克思、恩格斯特别是加上列宁和斯大林所阐述过的原理的范围之外。《新民主主义论》中的"新民主主义革命论"不能完全说是毛泽东创造的，"新民主主义社会论"应该说是完全属于毛泽东的。[①] 这一判断高度评价毛泽东新民主主义社会论，但对毛泽东新民主主义革命论的评价不够客观。历史地考察新民主主义革命进程可以看到，以毛泽东为代表的中国共产党人把马克思主义革命思想与中国革命实际相结合，提出了新民主主义革命总路线，在回答中国革命领导、对象、动力、道路等问题上提出了一系列新观点、新思想、新论断，生动地体现着马克思主义革命思想中国化的集成创新。

（一）在对中国新民主主义革命领导权的认识上，中国共产党人经历了一个曲折过程才实现思想创新

有人认为，马克思、恩格斯在《共产党在德国的要求》文献中已指出无产阶级必须把革命的领导权争取到自己手里，把资产阶级民主革命转变为社会主义革命。[②] 关于无产阶级要争取坚持民主主义革命的领导权，马克思、恩格斯就讲了不少。[③] 这种看法值得讨论。实际上1848年革命时马克思和恩格斯对德国革命形势有着客观的估计，并未提出无产阶级革命领导权思想。当时共产主义者同盟人员很少且比较分散，"在1848年革命的作用相当有限"。[④] 恩格斯说：德国无产阶级最初是作为最极端的民主派登上政治舞台的。《新莱茵报》也是以"民主派机关报"旗帜出现的。"这个旗帜只能是民主派的旗帜，但这个民主派到处都在各种具体场合强调自己的特殊的无产阶级性质，这种性质是它还不能一下子就写在自己旗帜上的。

[①] 于光远：《从"新民主主义社会论"到"社会主义初级阶段论"》，人民出版社，1996，第20~22、152页。

[②] 李纯武等：《简明世界通史》（上），人民教育出版社，1981，第604页。

[③] 于光远：《从"新民主主义社会论"到"社会主义初级阶段论"》，第21页。

[④] 蒲国良：《世界社会主义运动概论》，中国人民大学出版社，2006，第36页。

如果我们当时不愿意这样做，不愿意站在已经存在的、最先进的、实际上是无产阶级的那一端去参加运动并推动运动前进，那我们就只好在某一偏僻地方的小报上宣传共产主义，只好创立一个小小的宗派而不是创立一个大型的行动党了。"① 这一论述表明，共产主义者同盟成员既不能不参加德国资产阶级民主革命，又不能充当资产阶级民主派的尾巴；无产阶级在参加德国资产阶级民主革命的过程中，不能因为没有力量领导革命而不坚持左翼的立场，但保持无产阶级独立地位与无产阶级革命领导权不是一个概念。通过1848年的革命，马克思提出了对待资产阶级民主革命的理论和策略是：无产阶级必须高举民主派左翼的旗帜，积极参加资产阶级民主革命，② 帮助资产阶级彻底推翻封建制度，建立资产阶级民主共和国。在资产阶级夺取政权后，无产阶级"要不断地进行革命"，要同农民联盟，为推翻资产阶级统治、建立无产阶级专政而斗争。早期中国共产党领导人向马克思请教1848年欧洲革命中无产阶级对待资产阶级民主革命的经验，学习的主要是无产阶级必须参加资产阶级民主革命并保持独立地位的思想。陈独秀犯"二次革命"论错误，在一定程度上是照搬马克思1848年革命思想的结果。③

在马克思主义发展史上是列宁明确提出无产阶级要实现民主革命领导权。1905年，列宁的《社会民主党在民主革命中的两种策略》一书指出，资产阶级革命"对无产阶级是极其有利的。从无产阶级的利益着想，资产阶级革命是绝对必要的。资产阶级革命进行得愈充分，愈坚决，愈彻底，无产阶级为争取社会主义而同资产阶级进行的斗争就愈有保证"。"革命的结局将取决于工人阶级是成为在攻击专制制度方面强大有力但在政治上软弱无力的资产阶级助手，还是成为人民革命的领导者。""我们不能跳出俄国革命的资产阶级民主的范围，但是我们能够大大扩展这个范围，我们能够而且应当在这个范围内为无产阶级的利益而奋斗。""无产者不要避开资产阶级革命，不要对资产阶级革命漠不关心，不要把革命中的领导权交给资产阶级。"④ 但列宁《社会民主党在民主革命中的两种策略》对大革命时

---

① 《马克思恩格斯文集》第4卷，人民出版社，2009，第5页。
② 虞云耀、杨春贵：《中共中央党校讲稿选·关于马克思主义基本问题》，中共中央党校出版社，2002，第217页。
③ 郭德宏：《毛泽东思想基本问题专题讲义》，中共中央党校出版社，2000，第122页。
④ 《列宁选集》第1卷，人民出版社，1995，第556、529、558页。

期中国共产党人未产生指导性作用。据彭德怀回忆，1936年，"接到毛主席寄给我的一本《两个策略》，上面用铅笔写着（大意）：此书要在大革命时候读着，就不会犯错误"。①

虽然党的早期领导人瞿秋白、邓中夏、蔡和森等在1923～1924年已开始把列宁无产阶级领导权理论运用于中国的革命实践，特别是党的"四大"提出了无产阶级领导权思想，但中国共产党大革命时期并未在理论与政策上真正解决革命领导权问题，大革命后期陈独秀的右倾机会主义更是放弃了无产阶级领导权。② 毛泽东的《中国社会各阶级的分析》1925年12月发表时谈到"工业无产阶级人数虽不多，却做了民族革命运动的主力"，但也还没有提到工业无产阶级是革命运动的"领导力量"。③ 毛泽东不是在马列书本中而是在大革命失败中深刻认识到无产阶级掌握革命领导权的极端重要性。他在1927年八七会议上批评陈独秀犯了三个大错误：一是不要领导权，二是不许农民革命，三是不要武装。八七会议制定了土地革命和武装反抗国民党的总方针，党牢牢掌握了新民主主义革命的领导权，发动农民起来武装斗争，才使革命得以继续并得到大发展。1932年4月打下福建漳州时，毛泽东从漳州图书馆运来的书里读到列宁《社会民主党在民主革命中的两种策略》《共产主义运动中的"左派"幼稚病》，结合分析中国革命的实际，对列宁关于无产阶级实现民主革命领导权思想的理解极其深刻。1939年5月毛泽东强调："离开了工人阶级的领导，要完成反帝反封建的民主革命是不可能的。"④

（二）在对中国新民主主义革命对象和动力的认识上，中国共产党人是围绕反帝反封建这一主题展开和深化其思想创新的

《共产党宣言》指出，共产党应反对专制君主制、封建土地所有制和小市民的反动性。1848年欧洲民主革命是反对封建主和专制统治。马克思、恩格斯起草的《共产党在德国的要求》明确提出，无偿地废除一切压在农民头上的封建义务，如徭役租、代役租和什一税；各邦君主的领地和其他

---

① 《彭德怀自述》，人民出版社，2007，第183页。
② 曲丰霞：《大革命时期无产阶级领导权思想研究综述》，《中共南宁市委党校学报》2005年第1期。
③ 林辉锋：《〈中国社会各阶级的分析〉校读》，《光明日报》2014年10月22日。
④ 《毛泽东选集》第2卷，第559页。

封建地产,一切矿山、矿井等,全部归国家所有。① 马克思、恩格斯明确地把封建主义作为民主革命对象,列宁则不仅提出反对封建专制,而且把帝国主义确立为殖民地国家民主革命的对象。1894 年,列宁在《什么是"人民之友"以及他们如何攻击社会民主党人》一文中指出,俄国工人应"率领一切民主分子去推翻专制制度"。② 1905 年俄国革命爆发后,列宁全面揭露沙皇专制制度对工人阶级和劳动人民的罪恶,指出俄国中世纪的半农奴制度的残余还异常强而有力,它像一副沉重的枷锁套在无产阶级和全体人民身上,阻碍着一切等级和一切阶级的政治思想的发展,所以我们不能不主张反对一切农奴制度即反对专制制度、等级制度、官僚制度的斗争。列宁把被压迫民族与压迫民族区分开来,认为"外国的统治阻碍社会力量的自由发展,因此,殖民地开展革命首先要推翻外国的统治……给被压迫的殖民地无产阶级开辟解放的道路"。"推翻外国的资本主义"是"实现殖民地革命的第一步"。③

关于民主革命的力量,马克思和恩格斯的看法有一个转变过程。1848 年革命前,马克思把"中间等级,即小工业家、小商人、手工业者、农民"视为不是革命的,而是保守的甚至是反动的;④ 把资产阶级视为民主革命力量,指出"在德国,只要资产阶级采取革命的行动,共产党就同它一起去反对专制君主制、封建土地所有制和小资产阶级"。⑤ 1848 年革命后,马克思改变了对农民的看法,指出农民认识到自身利益与资产阶级利益的对立,"就把负有推翻资产阶级制度使命的城市无产阶级看做自己的天然同盟者和领导者",而无产阶级革命有了农民的支持,"就会形成一种合唱,若没有这种合唱,它在一切农民国度中的独唱是不免要变成孤鸿哀鸣的"。⑥ 面对 1848 年革命中资产阶级的妥协、动摇和背叛,马克思、恩格斯写下了《危机与反革命》《资产阶级与反革命》《德国的革命和反革命》,抨击资产阶级"一开始就蓄意背叛人民,而与旧社会的戴皇冠的代表人物妥协"。⑦ 通过 1848 年的革命,马克思提出无产阶级在民主革命中要与农民结成联盟,与

---

① 《马克思恩格斯全集》第 5 卷,人民出版社,1978,第 110~111 页。
② 《列宁选集》第 1 卷,第 81 页。
③ 《共产国际第二次代表大会文件》,中国人民大学出版社,1988,第 718 页。
④ 《马克思恩格斯文集》第 2 卷,人民出版社,2009,第 42 页。
⑤ 《马克思恩格斯文集》第 2 卷,第 66 页。
⑥ 《马克思恩格斯文集》第 2 卷,第 570~573 页。
⑦ 《马克思恩格斯文集》第 2 卷,第 75 页。

其他民主派甚至次要的敌人结成统一战线，但要保持自己的独立性。① 列宁发展了马克思、恩格斯的工农联盟思想，认为无产阶级要实现民主革命领导权，必须建立巩固的工农联盟。俄国资产阶级民主革命的基本问题是土地问题，解决这一问题是农民的根本要求。因此，占人口大多数的农民，就成了俄国民主革命的基本群众。"只有农民群众加入无产阶级的革命斗争，无产阶级才能成为战无不胜的民主战士。"② 无产阶级发动并团结了农民同盟军，就获得了实现领导权的可靠保证。

马克思列宁主义关于民主革命对象与力量思想给中国共产党人很大的启示。中国共产党"一大"是把消灭资本主义确定为社会主义革命任务的，"二大"则明确地把帝国主义和封建主义确定为民主革命的对象。1924~1927 年大革命的口号是"打倒列强除军阀"。"打倒列强"是反对帝国主义侵略中国，"除军阀"是要推翻以北洋军阀为主的封建军阀的统治。中国革命主要就是打倒这两个敌人，对外推翻帝国主义压迫的民族革命和对内推翻封建地主压迫的民主革命，而最主要的任务是推翻帝国主义的民族革命。③ 后来，中国又产生了官僚资本主义，这是依靠帝国主义、勾结封建势力并利用国家政权力量发展起来的买办封建的国家垄断资本主义，是新的革命对象。1948 年，毛泽东在《在晋绥干部会议上的讲话》中提出反对帝国主义、封建主义和官僚资本主义，完整地阐明了新民主主义革命对象的思想。

关于民主革命的动力，1921 年中共"一大"党纲就要求把工农和士兵组织起来。1923 年党的"三大"提出以国民革命运动为中心，通过国共合作组织发动工农群众，推动国民党影响下的资产阶级和小资产阶级群众投入革命。1925 年党的"四大"进一步提出中国革命需要"工人农民及城市中小资产阶级普遍的参加"，其中农民是"重要成分"，他们"天然是工人阶级之同盟者"。但在实际斗争中，仍然存在以陈独秀为代表的只注意同国民党合作，忘记了农民的右倾机会主义倾向，与以张国焘为代表的只注意工人运动，忘记了农民的"左"倾机会主义。党的"四大"对如何正确处理在同资产阶级争夺领导权中的种种复杂问题没有做出具体的回答，对政

---

① 郭德宏：《毛泽东思想邓小平理论论稿》，中央文献出版社，2003，第 228 页。
② 《列宁选集》第 1 卷，第 566~567 页。
③ 《毛泽东选集》第 2 卷，第 637 页。

权和武装问题的极端重要性缺乏足够的认识。① 1925 年,毛泽东指出,革命的首要问题是分清敌友的问题。中国无产阶级的最广大和最忠实的同盟军是农民,民族资产阶级是一个动摇的阶级,他们在革命高涨时将要分化。1940 年 1 月,毛泽东在《新民主主义论》中指出:"中国无产阶级、农民、知识分子和其他小资产阶级,乃是决定国家命运的基本势力。"②

(三)在对中国新民主主义革命道路的认识上,中国共产党人付出了巨大的血的代价才达到新民主主义总路线的最高创新

1938 年 11 月,毛泽东在《战争和战略问题》中引述了斯大林的一段论述并做出评论:"'在中国,是武装的革命反对武装的反革命。这是中国革命的特点之一,也是中国革命的优点之一。'斯大林同志的这一论断是完全正确的。"③ 但斯大林 1926 年 11 月 30 日的这一指示为时已晚。面对 1927 年国民党反动派背叛革命的血腥屠杀,1921 成立以来对武装斗争重视不够的中国共产党已来不及应对,只能是被动挨打惨遭失败。

大革命的惨败教训了中国共产党,1927 年八七会议上毛泽东提出了"枪杆子里面出政权"的论断。秋收起义后毛泽东率领残部上井冈山开辟革命根据地,并提出"工农武装割据"的思想;在《星星之火,可以燎原》中阐述以乡村为中心、以农村小块红色政权的发展促进全国革命高潮的观点,实际上提出了农村包围城市的思想;特别是在《战争和战略问题》中指出:"共产党的任务,基本地不是经过长期合法斗争以进入起义和战争,也不是先占城市后取乡村,而是走相反的道路。"④ 新民主主义革命是付出巨大血的代价换来的中国特色的革命道路创新。

我们党对毛泽东开辟的以农村为中心的新民主主义革命道路的原创性给予了高度赞誉。邓小平在 1978 年 9 月 16 日指出,马克思、列宁从来没有说过农村包围城市,这个原理在当时世界上还是没有的。但是毛泽东同志根据中国的具体条件指明了革命的具体道路,在军阀割据的时候,在敌人控制薄弱的地区,领导人民建立革命根据地,用农村包围城市,最后夺取

---

① 中共中央党史研究室编《中国共产党的九十年》,第 58、63 页。
② 《毛泽东选集》第 2 卷,第 674~675 页。
③ 《毛泽东选集》第 2 卷,第 543 页。
④ 《毛泽东选集》第 2 卷,第 542 页。

了政权。① 1986年11月9日他又说，我们不把马克思主义当作教条，而是把马克思主义同中国的具体实践相结合，提出自己的方针，所以才能取得胜利。过去我们以农村包围城市，取得了革命的胜利，这一点在马克思列宁主义书本里是没有的。② 这里引述邓小平关于农村包围城市道路原创性的谈话，就是要说明毛泽东关于新民主主义革命理论的内容并非有人所说的没有超出马列主义阐述过的原理的范围。

正因为毛泽东对中国革命领导、对象、动力、道路等问题的回答实现了系列创新，新民主主义革命理论体系才成为指引中国革命取得胜利的马克思主义中国化第一次历史性飞跃的成果。

（四）毛泽东新民主主义革命论是由"总路线"、"三大纲领"和"三大法宝"构成的具有集成创新特质的理论体系

新民主主义革命理论不仅包括新民主主义革命总路线，而且包括统一战线、武装斗争和党的建设等"三大法宝"以及农村包围城市、武装夺取政权的革命道路理论在内。③ 毛泽东新民主主义革命论是由"总路线"、"三大纲领"和"三大法宝"构成的理论体系。

新民主主义革命"总路线"即新民主主义革命是无产阶级领导的，人民大众的，反对帝国主义、封建主义和官僚资本主义的革命，其中包括"一个领导"即无产阶级领导，"两个步骤"即革命分两步走，"三个敌人"即反对帝国主义、封建主义和官僚资本主义，"四个动力"即人民大众包括工人阶级、农民阶级、城市小资产阶级和民族资产阶级。新民主主义革命的"三大纲领"包括新民主主义的政治纲领、经济纲领和文化纲领。新民主主义革命的"三大法宝"即统一战线、武装斗争、党的建设。

新民主主义革命"总路线"是毛泽东新民主主义革命论的主体，新民主主义革命"三大纲领"和"三大法宝"是"总路线"的丰富与展开。"三大纲领"回答了新民主主义革命的政治、经济和文化目标，"三大法宝"回答了新民主主义革命的三个依靠。统一战线和武装斗争，是战胜敌人的两个基本武器。统一战线，是实行武装斗争的统一战线。而党的组织，则

---

① 《邓小平文选》第2卷，人民出版社，1994，第126页。
② 《邓小平文选》第3卷，人民出版社，1993，第191页。
③ 王顺生：《毛泽东思想概论疑难解析》，中国人民大学出版社，2002，第97页。

是掌握统一战线和武装斗争这两个武器以实行对敌冲锋陷阵的英勇战士。[①]

毛泽东新民主主义革命理论关于"总路线"、"三大纲领"和"三大法宝"都建立在半殖民地半封建社会论之上。新民主主义革命之所以虽是资产阶级性质革命但不能由资产阶级领导而要由无产阶级领导，之所以不仅要反对封建主义更要反对帝国主义还要反对官僚资本主义，之所以不仅要依靠城市小资产阶级和民族资产阶级更要依靠工人阶级和农民阶级，是因为这些既是由十月革命后殖民地民主主义革命成为世界无产阶级革命一部分这一时代主题决定的，更是由中国半殖民地半封建社会社会的国情决定的。"两半"社会的两重性决定新民主主义革命性质的两重性，进而决定新民主主义革命前途的两重性，这就是新民主主义革命"三大纲领"要建立的既不是资本主义国家也不是社会主义国家而只能是新民主主义国家并要争取社会主义前途的根本原因。

有学者也表示，应该承认毛泽东的著作对马克思主义民主主义革命的理论观点表述得更鲜明、更具体、更系统，而且紧密结合中国革命的实际并概括了中国共产党成立后在20世纪20~30年代的丰富经验，应该承认毛泽东在讲前人已经论述过的思想时也有自己的创造，应该承认毛泽东不仅善于把马恩列斯已经讲过的原理同中国革命的具体实际结合得很好，就是在一般原理方面也对马克思主义有所发展。[②]但仅有这三个"应该承认"，对毛泽东新民主主义革命论的评价仍未达到应有的高度。中国革命需要马克思主义革命思想中国化指导即"中马化"，马克思主义革命思想传播到中国实现了"马中化"。中国共产党人在回答中国革命领导、对象、动力、道路等问题过程中，始终虚心向马克思主义请教，也的确得到了马克思主义革命思想的诸多指导和启发。但为什么革命初期遭受两次失败，后来在毛泽东新民主主义革命理论指引下取得胜利？这里有一个对待马克思主义革命思想指导态度是否科学的问题。马克思主义关于民主革命领导、对象、动力、道路思想不是教条而是行动指南，只能作为方法论引导而不是照抄照搬的灵丹妙药。马克思主义革命思想中国化过程既是"马化中"与"中化马"双向互动的过程，又是"化马中"与"化中马"相互推动的过程。[③]以毛泽东为代表的共产党人不唯书、不唯上、不唯洋，只唯实，从时代特

[①] 《毛泽东选集》第2卷，第613页。
[②] 于光远：《从"新民主主义社会论"到"社会主义初级阶段论"》，第22页。
[③] 汪青松：《论马克思主义中国化的"六个化"》，《高校马克思主义理论研究》2017年第1期。

征和中国半殖民地半封建"两半"社会实际出发,理论联系实际,对中国革命领导、对象、动力、道路等做出新探索,特别是找到了农村包围城市、武装夺取政权的原创性革命道路,实现了马克思主义革命思想中国化的整合性、集成性创新,引导中国新民主主义革命走向胜利。

三

有专家认为,"新民主主义革命论"的内容是关于俄国十月革命胜利后中国和一切半殖民地国家进行的革命的性质、动力、对象、阶段性、前途的学说,而"新民主主义社会论"则是关于新民主主义革命胜利后中国将要经历一个独立的新民主主义社会的学说。"新民主主义革命论"不能完全说是毛泽东创造的,关于新民主主义社会的理论却是过去马克思主义著作中所从来没有涉及的,在马克思主义文献中是崭新的东西,是一个卓越的见解。但毛泽东在过渡时期放弃了"新民主主义社会论"。[1] 这种把毛泽东新民主主义社会论与新民主主义革命论剥离开来、对新民主主义论在理论上高度评价但在实践上予以批评的做法是不妥当的。从新民主主义革命、中国革命"两步走"和社会主义革命三个视角考察,新民主主义社会是实施新民主主义革命基本纲领的成果,既解决了怎样进行新民主主义革命问题,又回答了如何向社会主义革命转变的问题,新民主主义社会论的创新正是新民主主义革命论最大的原始创新。

(一) 从新民主主义革命看,新民主主义社会是实施新民主主义基本纲领的结果,新民主主义革命纲领的创新性决定了所建立的新民主主义社会的创新性

长期以来学术界对于新民主主义革命理论的理解有广义和狭义之分。狭义的新民主主义革命理论只包括新民主主义革命总路线和革命道路理论,广义的新民主主义革命理论包括新民主主义革命总路线、革命道路理论、革命纲领以及革命"三大法宝"等。就理论思路的合理性而言,广义地理解和把握新民主主义革命理论更符合其自身逻辑。[2] 这一评述很有见地。新

---

[1] 于光远:《从"新民主主义社会论"到"社会主义初级阶段论"》,第 151~153 页。
[2] 杨凤城:《毛泽东思想研究述评》,中国人民大学出版社,2002,第 72~73 页。

民主主义革命纲领是新民主主义革命理论题中应有之义。新民主主义革命总路线规定的无产阶级领导的人民大众的反对帝国主义、封建主义和官僚资本主义的革命,其任务目标和政策措施就要落实到新民主主义革命"三大纲领"上,解决新民主主义革命胜利后建立新民主主义社会的问题。

1939年12月,毛泽东在《中国革命和中国共产党》中系统阐明了包括新民主主义革命领导、对象、动力在内的新民主主义革命总路线,指明了新民主主义革命前途,指出既然在现阶段上的中国资产阶级民主主义的革命,不是一般的旧式的资产阶级民主主义的革命,而是新民主主义的革命,中国革命又是处在20世纪30~40年代社会主义向上高涨、资本主义向下低落的国际环境中,处在第二次世界大战和革命的时代,那么,中国革命的终极的前途,不是资本主义的,而是社会主义和共产主义的,也就没有疑义了。[①] 在资产阶级民主主义革命阶段,通过怎样的路径实现中国革命社会主义和共产主义前途呢?《中国革命和中国共产党》一文未明确的问题,毛泽东1940年1月在《新民主主义论》中提出的"新民主主义社会"这一新概念予以回答了。1945年4月党的"七大"上,他在《论联合政府》的政治报告中通过阐明新民主主义革命政治、经济和文化"三大纲领",进一步指明了新民主主义革命所要建立的是新民主主义社会。

新民主主义革命在政治上的目标与纲领是,推翻帝国主义、封建主义和官僚资本主义的统治,建立一个无产阶级领导的、以工农联盟为基础的、各革命阶级联合专政的新民主主义的共和国。毛泽东在《新民主主义论》中分析了政治目标的特征:建立无产阶级领导下的一切反帝反封建的人们联合专政的这种新民主主义共和国,一方面和欧美式的、资产阶级专政的、旧民主主义的资本主义的共和国相区别;另一方面,也和苏联式的、无产阶级专政的、社会主义的共和国相区别。一切殖民地半殖民地国家的革命,在一定历史时期中所采取的国家形式只能是第三种形式,这就是所谓新民主主义共和国。[②] 他在《论联合政府》中论述了为什么是这样的政治纲领:中国的国家制度不应该是一个由大地主大资产阶级专政的、封建的、法西斯的、反人民的国家制度,因为这种反人民的制度,已由国民党主要统治集团的十八年统治证明为完全破产了。中国也不可能不应该企图建立一个纯粹民族资产阶级的旧式民主专政的国家,因为在中国,一方面,民族资

---

① 《毛泽东选集》第2卷,第650页。
② 《毛泽东选集》第2卷,第675页。

产阶级在经济上和政治上都表现得很软弱；另一方面，中国早已产生了一个觉悟了的，在中国政治舞台上表现了强大能力的，领导了广大的农民阶级、城市小资产阶级、知识分子以及其他民主分子的中国无产阶级及其领袖——中国共产党这样的新条件。在中国人民的任务还是反对民族压迫和封建压迫，在中国社会经济的必要条件还不具备时，中国人民也不可能实现社会主义的国家制度。我们主张建立一个以全国绝对大多数人民为基础而在工人阶级领导之下的统一战线的民主联盟的新民主主义的国家制度。①

新民主主义革命在经济上的目标与纲领是，没收封建地主阶级土地归农民所有，没收官僚资产阶级垄断资本归新民主主义的国家所有，保护民族工商业。毛泽东在《新民主主义论》中分析了经济目标的特征：这个共和国将采取必要的方法，没收地主的土地，分配给无地和少地的农民，扫除农村中的封建关系，把土地变为农民的私产。大银行、大工业、大商业，归这个共和国的国家所有。在无产阶级领导下新民主主义共和国的国营经济是社会主义的性质，是整个国民经济的领导力量；但这个共和国并不没收其他资本主义的私有财产，并不禁止"不能操纵国民生计"的资本主义生产的发展。农村的富农经济，也是容许其存在的。在这个阶段上，一般地还不是建立社会主义的农业，但在"耕者有其田"的基础上发展起来的各种合作经济也具有社会主义的因素。②他在《论联合政府》中论述了为什么是这样的经济纲领。我们主张的新民主主义的经济，在土地问题上，主张"耕者有其田"；在工商业问题上，"凡本国人及外国人之企业，或有独占的性质，或规模过大为私人之力所不能办者，如银行、铁道、航路之属，由国家经营管理之，使私有资本制度不能操纵国民之生计，此则节制资本之要旨也"。在现阶段，中国的经济，必须是由国家经营、私人经营和合作社经营三者组成的。而这个国家经营的所谓国家，一定要不是"少数人所得而私"的国家，一定要是在无产阶级领导下而"为一般平民所共有"的新民主主义的国家。③

新民主主义革命在文化上的目标与纲领是，反对帝国主义压迫，反对封建思想和迷信思想，反对民族虚无主义，主张中华民族的尊严、独立和解放，提高民族自信心。毛泽东在《新民主主义论》中分析了文化目标的

---

① 《毛泽东选集》第 2 卷，第 1055~1056 页。
② 《毛泽东选集》第 2 卷，第 678 页。
③ 《毛泽东选集》第 2 卷，第 1057~1058 页。

特征：新民主主义的文化，就是人民大众反帝反封建的文化。这种文化，只能由无产阶级的文化思想即共产主义思想去领导。民族的、科学的、大众的文化，就是人民大众反帝反封建的文化，就是中华民族的新文化。① 他在《论联合政府》中论述了为什么是这样的文化纲领：新民主主义的文化，应该是"为一般平民所共有"的，民族的、科学的、大众的文化，决不应该是"少数人所得而私"的文化。②

新民主主义"三大纲领"把新民主主义革命总路线阐明的新民主主义革命任务和政策措施具体化了。《论联合政府》指出，共产党人在整个资产阶级民主革命的阶段所主张的一般纲领或基本纲领，对于社会主义和共产主义制度的将来纲领或最高纲领说来是最低纲领，实行这个纲领，可以把中国从殖民地、半殖民地和半封建的国家和社会状况，推进到新民主主义的国家和社会。③

新民主主义革命纲领的分析表明，新民主主义社会与新民主主义革命不可分割，不能离开新民主主义革命谈新民主主义社会。新民主主义社会是实施新民主主义革命纲领的结果，没有新民主主义革命就没有新民主主义社会。把新民主主义社会从新民主主义革命中撇开，就看不全新民主主义革命的创新。新民主主义革命论如不包括新民主主义社会论，新民主主义革命就成了没有结果的不完整的革命。只有开创性实施新民主主义革命基本纲领，建立崭新的新民主主义社会，才有新民主主义革命的胜利。

（二）从中国革命"两步走"看，新民主主义社会在民主主义革命与社会主义革命"两个革命"之间架起了一座桥，实现了中国新民主主义革命"两"与"一"辩证统一的最具特色的原创

在新民主主义革命中，如何厘清民主主义革命与社会主义革命的"两个革命"，怎样把"两个革命"既区分又联系，既不混淆又不割裂，是一个需要正确处理中国革命"两步走"战略中"两"与"一"辩证关系的难题。我们党在大革命时期之所以犯了右的错误，是因为陈独秀只重视"两"与"一"关系中的"两"，把"两个革命"混同于"两次革命"了；在土地革命前期之所以犯了"左"的错误，是因为王明只重视"两"与"一"

---

① 《毛泽东选集》第2卷，第698页。
② 《毛泽东选集》第2卷，第1058页。
③ 《毛泽东选集》第2卷，第1058页。

关系中的"一",把"两个革命""毕其功于一役"了。只有以毛泽东为代表的中国共产党人立足半殖民地半封建社会的矛盾统一体,辩证把握中国社会的两重性与革命的两重性,创造性地提出新民主主义社会论,把中国革命"两步走"战略的"两"与"一"辩证统一起来,从而架起了从民主主义革命走向社会主义革命的"两步走"的桥梁。

抗日战争以前我们党只提出民主主义革命到社会主义革命转变,还没有明确提出民主主义革命胜利后建立一个什么样的社会。毛泽东新民主主义社会论的最初提出是1939年5月,他在为中共中央机关报《解放》写的纪念五四运动二十周年的文章中指出:"民主主义革命是为了建立一个在中国历史上所没有过的社会制度,即民主主义的社会制度,这个社会的前身是封建主义的社会(近百年来成为半殖民地半封建的社会),它的后身是社会主义的社会。"这里虽然使用的是"民主主义社会",但实际上说的就是新民主主义社会。1940年1月的《新民主主义论》第一次明确提出"新民主主义社会"概念,并对这个社会的政治形态、经济形态、文化形态进行了全面阐述,标志着新民主主义社会论的正式形成。

从纵向上看,新民主主义社会是毛泽东找到的中国革命"两步走"的中间站。新民主主义革命因为有了新民主主义社会这一中间站,就明确了新民主主义革命的终点与社会主义革命的起点。新民主主义社会作为新民主主义革命的直接归宿,是为了终结半殖民地半封建社会与建立社会主义社会之间的一个过渡性的阶段和特殊的社会发展形态。[①] 将新民主主义社会这一过渡性阶段和特殊社会发展形态作为中间站,既能使民主主义革命与社会主义革命"两个革命"界定与区别为两个阶段而不至于混淆,不会犯"毕其功于一役"的"一次革命"论错误,又把民主主义革命与社会主义革命两个阶段联系贯通起来,不会犯民主革命和社会主义革命之间隔着一道"万里长城"的"两次革命"论错误。

从横向上看,新民主主义社会是实施新民主主义革命三大纲领建立起来的混合型社会。在新民主主义社会中,存在社会主义性质的国营经济、半社会主义性质的合作社经济、农民和手工业者的个体经济、私人资本主义经济和国家资本主义经济五种经济成分。其中半社会主义性质的合作社经济是个体经济向社会主义集体经济过渡的形式,国家资本主义经济是私

---

① 蒲国良:《毛泽东新民主主义社会理论的历史地位》,《中共福建省委党校学报》2006年第8期。

人资本主义经济向社会主义国营经济过渡的形式。① 在新民主主义社会这一混合型社会中，经济上是以私有制为主体多种经济共同发展的，政治上是各革命阶级联合专政，文化上是民族的科学的大众的文化。新民主主义社会是既有资本主义因素又有社会主义因素的特殊的社会形态，在马克思主义关于人类社会发展的序列中是没有的，是马克思主义经典作家从来没有提出过的，是以毛泽东为代表的中国共产党人的独创。②

从总体上看，新民主主义革命三大纲领是资产阶级性质的革命纲领，但特定时期特定领域的革命举措具有民主主义与社会主义的二重性。没收官僚资产阶级的垄断资本归新民主主义的国家所有，就是既具有民主主义性质又具有社会主义性质的革命。毛泽东在《读苏联〈政治经济学教科书〉的谈话》中指出："中国新民主主义革命的任务，长时期内是反帝反封建。在解放战争时期，我们又提出了反对官僚资本主义。反对官僚资本主义的斗争，包含着两重性：一方面，反官僚资本就是反买办资本，是民主革命的性质；另一方面，反官僚资本就是反对大资产阶级，又带有社会主义革命的性质。过去有一种说法，民主革命和社会主义革命可以毕其功于一役。这种说法，混淆了两个革命阶段，是不对的；但只就反对官僚资本来说，是可以的。官僚资本和民族资本的比例，是八比二。我们在解放后没收了全部官僚资本，就把中国资本主义的主要部分消灭了。"③ 没收官僚资本归新民主主义国家所有这一具有民主主义与社会主义二重性的革命，建立起了在新民主主义社会具有主导地位的社会主义国有经济，为新民主主义革命转向社会主义革命提供了重要的经济保证。

学界一直在讨论"两次革命"与"两步走"的辨析。④ 如果把本来就属于毛泽东新民主主义革命理论重要组成部分的新民主主义社会论从新民主主义革命理论中抽出，就无法界定辨析"两次革命"与"两步走"，也无法找到从民主主义革命走到社会主义革命的路径；只有把新民主主义社会论纳入新民主主义革命论，从总体上把握新民主主义革命论的巨大创新，才能通过新民主主义社会这一中国革命"两步走"的中间站，实现从民主

---

① 《毛泽东思想和中国特色社会主义理论体系概论》，高等教育出版社，2015，第66页。
② 吴玉才：《毛泽东新民主主义社会理论对马克思主义的发展》，《科学社会主义》2007年第4期。
③ 《毛泽东文集》第8卷，人民出版社，1999，第113~114页。
④ 刘晶芳：《"二次革命"论与"两步走"辨析》，《党史研究与教学》2010年第1期。

主义革命向社会主义革命的转变。

（三）从社会主义革命看，新民主主义社会是从新民主主义革命转向社会主义革命的逻辑起点和坚实基础。新民主主义社会的过渡性决定其向社会主义过渡的历史必然性，而新民主主义社会内在的领导及主导因素决定了其向社会主义过渡的现实可行性。这是考察毛泽东对马克思主义革命思想中国化理论创新特别要强调的

新中国成立前后，我们党曾提出经过15~20年的新民主主义建设，过渡到社会主义社会。1952年9月，毛泽东在中央书记处讨论第一个五年计划时讲道："我们现在就要开始用10年到15年的时间基本上完成到社会主义过渡，而不是10年或者以后才开始过渡。"① 1953年6月，毛泽东在中央政治局会议上正式提出"一化三改"的过渡时期总路线和总任务，开始了由新民主主义社会向社会主义社会的过渡。有人据此认为，在新民主主义革命胜利还没有巩固的情况下向社会主义转变，不坚持新民主主义社会是一个历史阶段、过早放弃新民主主义阶段的理论是错误的、有害的。② 有人武断地判定过渡时期总路线的提出标志着对新民主主义社会的放弃，社会主义改造建立起来的社会主义社会是发育不全的早产儿和畸形儿。③ 还有人讨论毛泽东为什么放弃新民主主义。④ 但也有学者不同意对毛泽东的指责，认为新民主主义理论与过渡时期总路线具有一脉相承性，⑤ 毛泽东并没有放弃"新民主主义社会论"。⑥ 实际上，过渡时期总路线、社会主义改造与新民主主义社会并不存在矛盾，促进社会主义改造、建立社会主义社会正是新民主主义社会论的成功创新所在。

首先，新民主主义社会作为中国革命的中间环节，通过"一化三改"从新民主主义社会进入社会主义，是中国革命"两步走"战略决定的。

有专家认为，"新民主主义社会论"是要建立一个既要使社会主义经济

---

① 薄一波：《若干重大决策与事件的回顾》上卷，中共中央党校出版社，1991，第213页。
② 坚松：《新民主主义社会应该是一个历史阶段》，《江西大学学报》（人文社会科学版）1979年第1期。
③ 于光远：《从"新民主主义社会论"到"社会主义初级阶段论"》，第85、123~125页。
④ 杨奎松：《毛泽东为什么放弃新民主主义——关于俄国模式的影响问题》，《近代史研究》1997年第4期。
⑤ 赵欣：《论新民主主义理论与过渡时期总路线一脉相承性》，《党史文苑》2015年第6期。
⑥ 陈水林：《毛泽东真的放弃了新民主主义社会论了吗？》，《嘉兴学院学报》2004年第1期。

迅速发展，又要允许资本主义经济也有相当发展的历史时期，资本主义不是被社会主义改造的对象而是有比较充分的发展。这种说法并不准确。

毛泽东提出的新民主主义社会构想在革命根据地就开始付诸实践了。1941年5月8日毛泽东在《关于打退第二次反共高潮的总结》中已把革命根据地称为新民主主义社会，"各根据地的模型推广到全国，那时全国就成了新民主主义的共和国"。① 新中国建立之初，中国共产党信守承诺，不仅继续实行土地改革、帮助民族资本主义企业克服困难恢复生产经营，切实实施新民主主义革命三大纲领建立多种所有制经济，而且召开全国政治协商会议成立多党派民主联合政府这一全国性新民主主义国家政权。② 1949～1952年作为短暂的全国性新民主主义社会历史阶段，既是国民经济全面恢复时期，又是完成新民主主义革命和开展新民主主义社会建设时期，形成具有政权结构上宽泛性、经济结构上多样性、文化结构上兼容性、社会结构上渐进过渡性的中国新民主主义社会。③

但必须指出，进入新民主主义社会并不意味着停留在新民主主义社会。毛泽东说，中国革命的前途问题，就是中国资产阶级民主主义革命和无产阶级社会主义革命的关系问题，中国革命的现在阶段和将来阶段的关系问题。④ 将新民主主义社会作为中国革命"两步走"的一个过渡环节来把握，就能认识到新民主主义社会既是新民主主义革命理论与实践的直接结果，又是进行社会主义革命、向社会主义社会过渡的逻辑起点。

其次，新民主主义社会是过渡性社会，社会主义改造就是对新民主主义社会改造。新民主主义革命建立的新民主主义社会具有二重性，社会主义改造是新民主主义社会过渡性社会形态演变所要求的。

有专家认为，"新民主主义社会论"与"从资本主义社会到社会主义社会的过渡时期"不同，不是生长着的社会主义同死亡着的资本主义彼此斗争的历史时期。1955年，毛泽东说中国共产党提出过渡时期是"根据列宁过渡时期学说"，彻底放弃了"新民主主义社会论"。⑤ 实际上，毛泽东在酝

---

① 《毛泽东选集》第2卷，第785页。
② 谢春涛：《历史的轨迹：中国共产党为什么能》，新世界出版社，2011，第12～15、145～148页。
③ 庞松、王东：《滑轨与嬗变——新民主主义社会阶段备忘录》，河南人民出版社，1989，第318～319页。
④ 《毛泽东选集》第2卷，第650页。
⑤ 于光远：《从"新民主主义社会论"到"社会主义初级阶段论"》，第153～158页。

酿过渡时期总路线时就指出,中华人民共和国的成立,标志着从新民主主义社会向社会主义社会转变的开始。新民主主义社会与过渡时期是一个意思。

新民主主义社会本来就不是一个完全独立的社会形态,而是从半殖民地半封建社会转变到社会主义社会必须经过的过渡性社会形态。新民主主义社会的二重性表现为,既以社会主义经济为主导又允许资本主义在不影响国计民生的范围内发展,既不是资本主义社会又不是社会主义社会。与新民主主义时期社会主义经济、个体经济和资本主义经济三种主要经济成分相联系,新民主主义社会的阶级构成主要有工人阶级、农民阶级和其他小资产阶级、民族资产阶级三种基本的阶级力量。这三种基本经济成分及三种基本阶级力量之间的矛盾,集中表现为资本主义和社会主义两条道路、资产阶级和工人阶级两个阶级的矛盾。只有通过社会主义改造,才能解决这一矛盾。诚然,新民主主义社会是多种所有制经济共同发展的社会,但这一共同发展是政治上以无产阶级为领导、经济上以社会主义国营经济为主导、文化上以共产主义思想为指导的。这些决定了新中国必然要从新民主主义社会过渡到社会主义社会。正是有新民主主义社会这一基础,中国革命"两步走"战略才能成功实施,过渡时期的社会主义改造才能实现从新民主主义社会向社会主义社会转变的渐进性与和平性。

再次,新民主主义社会既然是新民主主义革命的产物,就必然以社会主义为其发展前途。新民主主义纲领作为中国革命的最低纲领是与社会主义革命最高纲领相对应的。新民主主义革命的胜利并不是中国革命的结束。"不断革命论"与"革命发展阶段论"的统一要求中国共产党人不忘初心,在新民主主义社会基础上不失时机地创造条件实现向社会主义革命转变。

毛泽东强调:"每个共产党员须知,中国共产党领导的整个中国革命运动,是包括民主主义革命和社会主义革命两个阶段在内的全部革命运动;这是两个性质不同的革命过程,只有完成了前一个革命过程才有可能去完成后一个革命过程。民主主义革命是社会主义革命的必要准备,社会主义革命是民主主义革命的必然趋势。而一切共产主义者的最后目的,则是在于力争社会主义社会和共产主义社会的最后的完成。"[①]《中共中央关于建国以来党的若干历史问题的决议》指出,过渡时期总路线,反映历史的必然

[①]《毛泽东选集》第2卷,第651页。

性。中国只能走社会主义道路,不能走别的道路,这不是制定过渡时期总路线的时候才选定的,而是早在中共成立时就已经选择好了,而且这种选择在我们党领导民主革命的整个过程中是一直坚持从未动摇过的。①

中国从新民主主义社会转入社会主义社会的决定因素是多方面的。为克服当时财政经济的严重困难,需要采取高度集中统一的管理;为约束和消除私人资本在物质极度贫乏情况下特别容易发生的投机行为,需要对其进行限制和改造;为解决势单力薄的个体农民分散生产的困难,需要引导他们走合作化道路;为顶住帝国主义封锁和威胁,保卫人民共和国不受侵犯,需要实行计划经济,赶快进行大规模工业建设。这些客观因素,都迫使中国人民尽快实行社会主义改造。② 由于缺乏经验,我国过渡时期社会主义改造也有照搬苏联模式的问题,毛泽东在 1953 年 6 月 29 日的中共中央政治局会议上说:"过渡时期总路线,要学理论,联共党史第九章至十二章。我党的总路线,基本上是联共党史第九章至十二章的路线。"③ 加上指导思想上急于求成、不够谨慎,工作方法上过于简单,我国的社会主义改造出现了"要求过急,工作过粗,改变过快,形式也过于简单划一"等失误和偏差。④ 但并不能因此否定包括新民主主义社会论在内的新民主主义革命理论的创新性。

毛泽东新民主主义革命理论指导的新民主主义革命取得的胜利,彻底结束了旧中国半殖民地半封建社会的历史,实现了中国从几千年封建专制政治向人民民主的伟大飞跃;以毛泽东中国革命"两步走"思想为指导,中国共产党领导人民从新民主主义革命转向社会主义革命,消灭一切剥削制度,确立了社会主义基本制度,完成了中华民族有史以来最为广泛而深刻的社会变革,为当代中国一切发展进步提供了根本政治前提和制度基础,实现了中华民族由不断衰落到根本扭转命运、持续走向繁荣富强的伟大飞跃。⑤ 实践已经证明了毛泽东在马克思主义革命思想中国化继承创新、集成创新和原始创新上所做出的历史性贡献是无人能比的。

---

① 薄一波:《若干重大决策与事件的回顾》上卷,中共党史出版社,2008,第 160~161 页。
② 汪青松:《伟大的革命与历史性飞跃》,安徽大学出版社,2001,第 86 页。
③ 赵鹏:《1953~1955 年全党学习"联共(布)党史"始末》,《党史博采》2013 年第 6 期。
④ 《三中全会以来重要文献选编》(下),人民出版社,1982,第 800~801 页。
⑤ 习近平:《在庆祝中国共产党成立 95 周年大会上的讲话》,《人民日报》2016 年 7 月 2 日。

马克思主义党建思想的中国化实践及其理论贡献[*]

齐卫平[**]

摘 要 马克思、恩格斯是共产党历史实践的思想奠基人。马克思主义党建思想具有普遍价值，是世界各国共产党实践运动的思想指南。马克思主义党建思想是中国共产党建设的理论来源，用马克思主义指导中国革命必须解决思想移植的适应性环境问题，实践场域决定着马克思主义放之中国"而皆准"的命运。从1938年毛泽东明确提出马克思主义必须与中国实际相结合，到延安整风时期确立以马克思主义普遍真理与中国革命实际相统一的毛泽东思想，对马克思主义中国化实践场域问题形成的思想自觉，在中国共产党建设史上具有里程碑的意义。从历史角度考察中国共产党的发展壮大，思想史意义上的前进轨迹显示了党的建设永远在路上的步伐。中国共产党领导革命、建设、改革取得的每一个成就，都是加强党的建设的结果。马克思主义党建思想在中国实践中的每一步推进，都留下了中国共产党人杰出的创造。不同的时代环境和历史任务构成党的建设不同的发展阶段，作为一个整体，党的建设发展历程表现了继承与创新相统一的连贯性思想逻辑。在马克思主义党建思想中国化的历史实践中，中国共产党人形成的一系列重要理论，丰富了马克思主义党建思想。马克思主义党建思想中国化的理论和实践绘成绚烂多彩的历史长卷，坚持将马克思主义党建思想与中国共产党建设实际相结合，是最为出彩的亮点。中国共产党对马克思主义党建思想做出的独特贡献是多方面的，最显著的表现是出色地解决了在一个经济文化落后的半殖民地半封建国家如何建设共产党、在执

---

[*] 本文为2010年度教育部哲学社会科学研究重大课题攻关项目"提高党的建设科学化水平研究"（项目号：10JZD0001）的阶段性成果。

[**] 齐卫平，华东师范大学教授。

政条件下如何建设共产党两大问题。马克思主义党建思想中国化的历程将伴随中国共产党的实践而继续延伸下去。

关键词 马克思主义 党建思想 中国化实践场域

一部中国共产党的历史就是一部党的建设史,在革命、建设、改革历史实践中,党领导中国人民在改变外部客观世界的同时,也不断改变着自身主观世界。从一定意义上说,党的建设就是改造主观世界意义上的革命,不断加强党的建设就是努力使党不断适应改变客观世界的要求。历史发展显示的轨迹表明,"建设什么样的党、怎样建设党"的思考贯穿党的实践全过程,努力将马克思主义党建思想中国化的不断探索结出了丰硕的理论成果。中国共产党对丰富发展马克思主义党建思想做出了显著的贡献。

一 共产党建设的中国问题:思想基础与实践场域

马克思、恩格斯是共产党历史实践的思想奠基人。19世纪中叶,欧洲各国工人运动蓬勃兴起,马克思、恩格斯在领导创建无产阶级政党组织的实践中,形成了丰富的党建思想,集中体现在《共产主义者同盟章程》《国际工人协会共同章程》《共产党宣言》《哥达纲领批判》《爱尔福特纲领草案批判》等不朽名作中。"马克思主义建党学说,是无产阶级政党建设的理论武器,是马克思主义的重要组成部分。它研究和阐述工人阶级政党产生、发展和自身建设的客观规律,党领导人民夺取政权、巩固政权、运用政权和建设社会主义的客观规律。"[①] 作为共产党建设的思想指南,马克思、恩格斯的党建思想对世界各国实践具有普遍价值。

马克思、恩格斯的党建思想内容十分丰富。他们的核心思想主要包括以下几点。

第一,论述无产阶级要实现本阶级奋斗的目标,必须建立自己的政党。马克思、恩格斯认为,工人阶级要实现从自在阶级向自为阶级的转变,必须建立自己的政党组织。恩格斯指出:欧洲各国被旧的政党所支配,"要使工人摆脱旧政党的这种支配,最好的办法就是在每一个国家里建立一个无产阶级的政党,这个政党要有它自己的政策,这种政策显然与其他政党的

---

① 《江泽民文选》第1卷,人民出版社,2006,第102页。

政策不同，因为它必须表现出工人阶级解放的条件"，①并强调无产阶级只有解放全人类才能最后解放自己。

第二，揭示无产阶级政党的先进性质，指出"在无产阶级和资产阶级的斗争所经历的各个发展阶段上，共产党人始终代表整个运动的利益。因此，在实践方面，共产党人是各国工人政党中最坚决的、始终推动运动前进的部分；在理论方面，他们比其余无产阶级群众优越的地方在于他们了解无产阶级运动的条件、进程和一般结果"。②这就从实践和理论两方面突出了无产阶级政党的先进属性。

第三，阐明了无产阶级政党必须具有科学的思想武装，认为共产党之所以成为无产阶级的先进政党，就是因为它有科学的世界观作为理论基础。马克思、恩格斯以很大的精力在继承和批判以往人类思想遗产的基础上，从实现无产阶级利益的立场出发，创立了辩证唯物主义和历史唯物主义，成为武装共产党思想的科学理论。从根本上说，共产党的先进性就是将一切活动建立在科学理论的基础上，以高度的思想觉悟代表本阶级的利益，反映无产阶级的愿望和要求，在革命的进程中团结奋斗。

第四，为无产阶级政党制定了具有先锋队特质的组织纲领，马克思、恩格斯合著的《共产党宣言》树立了推翻资产阶级统治、消灭剥削制度、实现共产主义的奋斗目标。作为政治组织，纲领是人们判断该政党性质的依据，也是政党作用于社会的规箴。马克思、恩格斯为共产党制定的纲领，以鲜明的宗旨和奋斗目标揭示了与资产阶级政党的根本区别，显示了无产阶级独特的先进本质。

第五，制定了无产阶级政党进行革命斗争的一系列策略原则，主张全世界无产阶级联合起来，强调共产党领导工人阶级的斗争应该把实现最近的目标和利益与代表无产阶级运动的未来结合起来，提出共产党在革命斗争中可以同资产阶级、小资产阶级结成联盟，但必须保持工人阶级政党的阶级性。这些策略原则为共产党的实践提供了方法和路径。

第六，为无产阶级政党规定了组织原则。马克思、恩格斯在《共产主义者同盟章程》和《国际工人协会临时章程》中，对党的组织机构、组织制度和活动方式以及如何处理党内关系都做了规定，体现了民主集中制的思想，为形成共产党组织活动确立了基本的框架。

---

① 《马克思恩格斯选集》第2卷，人民出版社，1995，第639页。
② 《马克思恩格斯选集》第1卷，人民出版社，1972，第264页。

马克思主义党建思想的中国化实践及其理论贡献

第七，阐明了党的团结和党内斗争的原则。马克思、恩格斯认为，党内团结是工人阶级政党的力量显示，"为了保证革命的成功，必须有思想和行动的统一"。① 党的团结建立在正确的理论、纲领和组织原则的基础上，思想统一是党的团结的前提。维护党的团结必须对各种背离党的原则的错误行为做坚决的斗争，这是巩固党的团结的重要前提和必要途径。

第八，阐明了无产阶级政党的国际主义原则。马克思、恩格斯将共产党领导无产阶级革命视为一场国际运动，从社会主义必然取代资本主义的历史发展客观规律出发，强调国际无产阶级的联合和团结是共产党革命实践不可缺少的条件，无产阶级为了共同的利益，必须联合起来反对共同的敌人。《共产党宣言》中提出的"全世界无产者，联合起来"，成为无产阶级政党的战斗口号。

第九，提出无产阶级政党必须具有严格的组织纪律，党员必须自觉接受纪律的约束。1859年5月18日，马克思在《致恩格斯》的信中指出："我们现在必须绝对保持党的纪律，否则将一事无成。"② 在与普鲁东无政府主义思想的斗争中，马克思阐述了工人阶级政党组织严守纪律的重要性。在他看来，严密的组织纪律是工人阶级政党统一行动的保证，没有纪律的约束，不能称其为政党。马克思、恩格斯关于共产党建设的思想深刻影响了世界各国共产党的实践，并随着历史深入而得到不断丰富和发展。

马克思主义党建思想是中国共产党建设的理论来源。1921年在马克思主义与中国工人运动相结合基础上诞生的中国共产党，以鲜明的马克思主义党建思想为指导登上了历史舞台，从一开始就显示了它与此前中国其他政党的区别。虽然成立之初50多人规模的微型和力量单薄的稚嫩还不可能展现共产党的威力，但马克思主义党建思想赋予其先进性的潜质，使它具备强大生命力的因子，中国共产党后继散发出来的能量贮存于马克思主义党建思想的武器宝库。在领导中国革命实践的过程中，马克思主义党建思想中国化的不断探索并获得成功，是中国共产党超越其他政党成为引领中国社会发展先进力量的重要原因。

以思想史进程看，近代中国先进知识分子探索中国向何处去的思绪表现出向西方寻找真理的历史特点。中华民族遭受外来侵略的厄运终止了中国古代思想自生内衍的封闭循环，救亡图存的历史使命驱动传统思想轨迹

---

① 《马克思恩格斯选集》第18卷，人民出版社，1972，第385页。
② 《马克思恩格斯选集》第29卷，人民出版社，1972，第413页。

发生外走向的变化。从鸦片战争时期林则徐、魏源提出"师夷之长技以制夷",到辛亥革命时期孙中山先生高举资产阶级民主主义旗帜,睁开眼睛看世界的进步取向延续着向域外取经的思想进程。毛泽东在《论人民民主专政》一文中对这个思想进程做过精辟的阐述,他指出:"自从一八四〇年鸦片战争失败那时起,先进的中国人,经过千辛万苦,向西方国家寻找真理","中国人向西方学得很不少,但是行不通,理想总是不能实现。多次奋斗,包括辛亥革命那样全国规模的运动,都失败了。国家的情况一天一天坏,环境迫使人们活不下去。怀疑产生了,增长了,发展了",在找到了马克思列宁主义的思想武器后,"中国人从思想到生活,才出现了一个崭新的时期"。[1] 从一定意义上说,共产党人找到马克思主义是近代中国向域外取经思想历程的接续。马克思主义作为西方的舶来品,它的传播和运用与孙中山等革命家借取的资产阶级民主主义一样,走的是借取他山之石的同一条思想路径,所不同的是两种主义在思想内容、取向、方法等方面科学性和先进性的差别。马克思主义取代资产阶级民主主义占据社会先进思想的主流,是近代中国社会新旧嬗变的结果,如同毛泽东所说,中国人思想新时期的出现是因为对已经学到的西方思想产生怀疑,向域外取经必须另觅别的思想方子。社会演进的步伐驱动了中国共产党运用西方马克思主义指导革命的实践,这是历史的选择,中国共产党在救国救民道路探索中找到马克思主义,体现了向人类先进思想成果学习的积极进取精神。

常识告诉我们,良种需要具备一定条件的土壤才能发芽和生长,思想的实践特性决定了它必须在相应的环境中实现。从思想史的角度分析,近代中国资产阶级民主主义思想的实践遭遇失败的厄运,并不是这一思想本身的问题,而是因为半殖民地半封建的国情使它缺乏生长的土壤和环境。西方资产阶级民主主义在近代中国登台亮相,也曾代表着先进思想的潮流,在它指导下所取得的推翻封建帝制的成果无疑具有伟大的进步意义。然而,民主共和国家并没有在中国真正建立起来,这不是资产阶级民主主义思想的过错,而是思想移植"水土不服"造成的。所谓"橘生淮南则为橘,生于淮北则为枳",说的就是这个道理。与此同理,马克思主义的中国实践也有个水土服不服的问题,在它传播和运用的过程中,"共产主义不适合国情"的反对论调时而泛起,从一个侧面说明了马克思主义落地中国不是一

---

[1] 《毛泽东选集》第4卷,人民出版社,1991,第1358~1359页。

件容易的事情。对于共产党来说，用马克思主义指导中国革命必须解决思想移植的适应性环境问题，我们可以用"实践场域"的概念进行研究，它决定着马克思主义放之中国"而皆准"的命运。

使用"场域"这个概念研究思想变迁，包含两层意思，一是方位，二是实景。马克思主义诞生于工业革命蓬勃兴起的西方场域，马克思、恩格斯领导创建的欧洲各国共产党与中国共产党，虽然无产阶级性质的政党属性相同，但成立条件、生长环境和活动方式则有很大的差异。资本主义与殖民地半殖民地两种社会环境，推翻资本主义统治与反帝反封建两种奋斗任务，工人阶级武装起义与农民阶级土地革命两种活动方式，城市中心与农村基地两种立足基础，构成共产党实践的两种完全不同的场域，在方位和实景两方面差异显著。截然不同的情况要求中国共产党寻找独特的发展道路，马克思主义党建思想必须结合中国革命的特殊情况才能实现它的普遍价值。

在将马克思主义运用于中国的起步阶段，中国共产党的创建者已经注意到思想移植的实践场域问题。李大钊指出："一个社会主义者，为使他的主义在世界上发生一些影响，必须要研究怎么可以把他的理想尽量应用于环绕着他的实境。"[①] 这里说的"实境"就是指马克思主义中国化实践的场域。当然，李大钊的这个意识在建党初期不占主导地位，马克思主义中国化的意识是在革命实践顺利、挫败的曲折发展中不断深化和逐渐树立起来的，20世纪30年代后期至40年代延安整风时期，解决理论与实践关系的认识成为中国共产党思想发展史上的一个核心问题。针对党内教条主义曾经盛行一时的偏向，以毛泽东为代表的中国共产党人思想升华的一个突出表现，就是对马克思主义运用于中国实践的场域问题形成了深刻认识。毛泽东反复强调"要研究中国的历史实际和革命实际"，"能够依据马克思列宁主义的立场、观点和方法，正确地解释历史中和革命中所发生的实际问题，能够在中国的经济、政治、军事、文化种种问题上给予科学的解释，给予理论的说明"，"深刻地、科学地分析中国的实际问题，找出它的发展规律"，要知道"学了马克思列宁主义以后怎样看中国问题"，"马克思列宁主义之箭，必须用了去射中国革命之的"。[②] 这些论述里，反复出现的"中国"是一个关键词，突出的就是马克思主义中国化实践场域的观念。从

---

① 《李大钊文集》第3卷，人民出版社，1999，第3页。
② 《毛泽东选集》第3卷，人民出版社，1991，第814～815、820页。

1938 年毛泽东明确提出马克思主义必须与中国实际相结合，到延安整风时期确立以马克思主义普遍真理与中国革命实际相统一的毛泽东思想，对马克思主义中国化的实践场域问题形成的思想自觉，在中国共产党建设史上具有里程碑式的意义。

二　中国共产党建设历程：发展阶段与思想逻辑

从历史角度考察中国共产党的发展壮大，思想史意义上的前进轨迹显示了党的建设永远在路上的步伐。毛泽东将党的建设概括为战胜敌人的三大法宝之一，这是对历史实践经验的提炼，凝结着对党的建设极端重要性的认识。90 多年来，中国共产党领导革命、建设、改革取得的每一个成就，都是加强党的建设的结果，马克思主义党建思想在中国实践中的每一步推进，都留下了中国共产党人杰出的创造。

作为中国共产党历史的组成部分，党的建设围绕党的中心任务开展是基本要求，因此党的建设发展融入党的历史进程之中。党中央有关决议以及中共党史研究者对中国共产党历史时期有明确的划分，如党的创建时期、第一次国内革命战争时期、土地革命时期、抗日战争时期、解放战争时期、社会主义建设时期、中国特色社会主义建设新时期。这些时期特定的时代任务构成了党的建设特殊的开展环境，因而有着不同的建设特点和规律。基于思想史角度研究党的建设思想，需要以党的建设规律把握的标志性进展为依据，形成发展阶段的相应认知。党的建设发展阶段与党的历史时期是两个不同概念，不是完全对应相接的。党的历史发展在各个时期都有党的建设实践，但完全按照历史时期进行划分，不能准确地反映和揭示党的建设历史发展规律。在文献资料中，领导革命、建设、改革是概括党的历史演进的基本表述，用以代表党的建设发展阶段虽然比较宏观，但有一定的合理性。

本文以党领导革命、建设和改革三个大历史时期作为党的建设三个发展阶段，主要有两个理由。其一，革命、建设、改革被党中央总结概括为已经完成和正在进行的三件大事，这三件大事表现了不同的主题，因而构成党的建设开展的具体环境。换句话说，三件内容不同的大事决定着党的建设各自的内容。史实表明，这三个阶段边界明确，情况差异很大，任务完全不同，因此决定着党的建设具有不一样的面相。从这三件大事入手考察和研究党的建设发展，便于更好地把握规律层面的内容。其二，革命、建设、改革作为党的历史宏大叙事方式，比较清晰地勾勒出演进的发展线索。虽然由此划分党的建设历程的三个阶段存在连贯性分析的难度，但马克思主义党建思想中国化的主线贯穿党的建设全过程，三个阶段的历史宏观叙事方式有助于展示党的建设发展全貌。这两个理由的核心是从规律层面把握党的建设发展特点。在党内，毛泽东可以说是系统思考党的建设规律的第一人，他发表的《〈共产党人〉发刊词》是第一篇集中阐述党的建设的历史文献。这篇文章创作于1939年，毛泽东将党成立18年以来的建设历程分为幼年时期、土地革命阶段和抗日民族统一战线三个阶段，他做出这样的阶段划分，依据就是在认识马克思主义与中国实际相统一问题上的深浅程度，即善不善于"将马克思列宁主义的理论和中国革命的实践相结合"。① 这对本文以革命、建设和改革三大历史时期来划分党的建设三个发展阶段是很好的支持，马克思主义中国化提供了党建思想史研究的科学方法。基于这样的理由，以下拟对三个阶段党的建设历程做一线索性的描述。

革命阶段是将马克思主义党建思想运用于中国实践的第一个阶段。党建立后首先思考的是自身定位问题。党的一大宣告组织成立，确定纲领树起了奋斗目标；党的二大区分了最高纲领和最低纲领，明确了革命分两步走的任务；党的三大形成了统一战线策略，明白了联合其他力量协同反帝反封建的道理；党的四大通过了一系列民族革命运动议决案，树立了建设"群众党"的观念。从党的建设角度看，这些进展解决的问题是共产党以什么样的思想指导、任务担当、斗争方式和社会角色立足中国社会，是马克思主义党建思想中国化实践留下的初步脚印。1927年国共合作的破裂使革命形势发生骤变，国民党政权实行白色恐怖给中国共产党的发展造成极其恶劣的环境。以毛泽东为代表的共产党人带领革命队伍退往农村，以发动、组织、武装农民，建立农村革命根据地为活动方式，开始了领导中国革命的新探索。从党的建设角度看，如何在落后农村和农民主体的环境中建设无产阶级先进政党建设成为核心问题，马克思主义党建思想中国化的实践围绕这个核心问题取得的成果，集中表现在许多具有中国特色的党的建设思想观点的提出。这些思想观点在抗日战争、解放战争时期开展的整风、整党实践中进一步发展，使以毛泽东为杰出代表的中国共产党建设思想理

---

① 《毛泽东选集》第2卷，人民出版社，1991，第611页。

论逐渐成熟，标志着革命阶段马克思主义党建思想中国化的实践收获了丰硕的成果。

建设阶段是在执政条件下马克思主义党建思想中国化的探索阶段。中华人民共和国的建立将党的建设带到新的环境之中，在领导人民完成了从新民主主义向社会主义转变后，全面建设社会主义的历史实践为党的建设提供了崭新的舞台。1966年"文化大革命"发生之前的17年里，党出于巩固执政地位的需要，努力展现共产党领导新中国的先进性，基本上保证了党的建设正常开展。这17年里，党中央先后于1950年、1951～1954年、1957年、1963～1966年领导开展了4次整风运动。这些整风运动时间长短不一，具体背景不同，主题和内容上也有差别，取得的效果当然也不一样。其中，1957年的整风运动在开展过程中发生了反右派斗争，党的建设注意力从党内教育转向了社会的阶级斗争，未取得整风的预期效果；1963～1966年的社会主义教育运动以"清政治、清经济、清组织、清思想"为任务，把"清组织"（即整党）作为"四清"任务之一，强调"这次运动的重点是整党内那些走资本主义道路的当权派"，将党的建设引向错误的方向。十年"文化大革命"是党的建设经历磨难的一个非常时期。这场运动不仅造成了国家和民族的"劫难"，对党的建设也带来了几乎毁灭性的灾难。"党的各级组织普遍受到冲击并陷于瘫痪、半瘫痪状态，党的各级领导干部普遍受到批判和斗争，广大党员被停止了组织生活，党长期依靠的许多知识分子和基本群众受到排斥。"[①] 从党的建设角度看，马克思主义党建思想中国化遭遇挫折的原因是没有深刻认识从革命型政党向建设型政党的历史性转变，在"以阶级斗争为纲"的错误指导下，党的建设思维方式仍然延续了革命阶段的传统定式，从而走了相当长时间的弯路，留下沉痛的历史教训。

改革阶段是通过拨乱反正迈向马克思主义党建思想中国化自觉的收获阶段。1978年底党的十一届三中全会以改革开放的抉择，揭开了中国特色社会主义建设新时期的扉页，党的建设也由此进入了新阶段。邓小平理论中，"党风问题关系到党的生死存亡""中国的问题，关键在党"等重要观点，奠定了新阶段党建思想的基础。1989年党的十三届四中全会后，以江泽民同志为核心的党的第三代中央领导集体"聚精会神地抓党的建设"，形

---

① 《三中全会以来重要文献选编》（下），人民出版社，1982，第810页。

成"三个代表"重要思想的理论，成为新世纪指导党的建设新纲领。2002年党的十六大后，以胡锦涛为总书记的党中央面对新情况新问题的严峻挑战，谋党的建设全局，求应对考验和克服危险之策，努力开创党的建设新局面。党的十八大后，以习近平同志为核心的党中央对新形势下全面从严治党进行系统的战略部署，着力开创思想建设、组织建设、作风建设、反腐倡廉建设和制度建设"五位一体"的新格局，提出推进学习型、创新型、服务型马克思主义政党建设的新任务，开展以为民务实清廉为主要内容的群众路线教育实践活动，加强建设制度化、规范化、程序化的党建长效机制，形成标本兼治、重点转变党风的新谋略，推出党的建设制度改革的新举措，这些重大进展在马克思主义党建思想中国化实践的历程上具有划时代的意义。改革阶段党的建设以高度的自觉向前推进，一系列新思想新观点的形成收获了马克思主义党建思想的丰硕成果。

党的建设历程中的三个阶段虽然由于主题不同，开展的情况很不相同，但相互之间不是割裂的，内在的思想逻辑使党的建设构成同一个过程整体。从整体过程看，党的建设发展中，既有顺利局面，也有曲折遭遇；既有总体向前，也有局部迷失；既有成功经验，也有失误教训。党的建设发展历程表现了继承与创新相统一的连贯性思想逻辑。

首先，始终坚持马克思主义中国化的实践方针，使党的建设思想发展遵循着共同的规律，从而构成继承与创新的关联。革命、建设、改革三个阶段中，党的建设在不同的时代环境下发生，但实质性的问题是同一个，即怎样建设共产党。1939年，毛泽东提出要建设一个思想上、政治上、组织上都巩固的和布尔什维克化的党，他思考回答的问题是："我们现在要建设这样一个党，究竟应该怎样进行呢？"[1] 进入社会主义建设时期，刘少奇关于提高共产党员标准和邓小平强调执政条件下坚持党的群众路线具有新的含义，都是探索怎样建设共产党的具体化。改革开放新时期，邓小平明确提出了要认真思考"执政党应该是一个什么样的党"的问题，[2] 后来党中央明确地将"建设什么样的党、怎样建设党"作为一个根本问题揭示出来，是对党的建设历史经验的提炼。三个阶段同一个实质性问题的思考和探索，使党的建设思想具有明显的兼容性。兼容表现在形成了党的建设一些基本话题和贯穿全过程的相同内容。比如，全心全意为人民服务的宗旨、密切

---

[1] 《毛泽东选集》第2卷，第603页。
[2] 《邓小平文选》第2卷，人民出版社，1994，第276页。

联系人民的群众路线、实事求是的思想路线、思想建党的要求、党内民主的思想、批评与自我批评的武器、艰苦奋斗的精神、民主集中制的原则，等等，这些基本话题和建设内容，不管处于哪个阶段，都是党的建设的共同要求，只不过在不同环境下针对的问题不一样，话语表达有翻新，工作要求有提高。因此，党的建设思想必然沿着由浅到深、由表及里的行进轨迹发展，但革命、建设、改革三个阶段则没有高低之分，每个阶段都有独立的进行状态，也有各自的成果。马克思主义党建思想中国化的历程上，一个阶段与另一个阶段的关系表现为：是发展而不是断裂，是超越而不是否定。遵循共同规律而形成的兼容性是历届党中央领导全党接续奋斗中党建思想一脉相承关系的内在逻辑。

其次，始终坚持马克思主义中国化的实践方针，使党的建设思想发展在探索中发现问题并在修正错误中走上健康道路。革命、建设、改革三个阶段，党的建设都不是一帆风顺的。在马克思主义党建思想中国化的实践中，曾经发生两次大的方向性扭转。第一次是在建党初期，在共产国际和俄共（布）帮助下建立的中国共产党，较长时间里受到思想束缚，最早的党纲以及以城市为中心的建党路线，严重限制了党的建设健康发展。20世纪二三十年代教条主义占据党中央领导层，造成党陷入遭遇曲折的困境。直至以毛泽东为代表的党中央领导人形成马克思主义党建思想中国化的观念，开展反对教条主义错误的斗争，才拨正了党的建设方向。第二次是在新中国成立初期，社会主义建设照搬苏联模式的思想僵化同样影响了党的建设健康发展。从某种角度说，日益滋长起来的"左"倾指导思想与机械理解马克思主义党建思想有很大的关系。"文化大革命"结束，特别是十一届三中全会开始，党中央号召解放思想，摆脱精神枷锁，迎来了党的建设健康发展的历史契机。这两次方向性的扭转，对马克思主义党建思想中国化实践富有深刻的启示：党的建设健康发展必须始终坚持把马克思主义与党领导中国的实际紧密相结合，偏离马克思主义中国化的轨道，党的建设就会发生方向性的错误。

最后，始终坚持马克思主义中国化的实践方针，使党的建设思想发展在与时俱进中日益丰满成熟。关于马克思主义建党思想，邓小平曾有一段评论，他说："马克思、恩格斯讲得不多，列宁有个完整的建党的学说。正是因为列宁建立了那么一个好的党，才能取得十月革命的胜利，建立了第一个社会主义国家。把列宁的建党学说发展得最完备的是毛泽东同志……

他的完整的建党学说，是经过实践在延安整风时期建立起来的。"① 这个评论线条很粗，但大体上梳理了马克思主义党建思想动态发展的历史脉络。以俄国的列宁和中国的毛泽东作为两个标杆人物来概括马克思主义党建思想的发展，显然具有阶段性意义。正是俄国的具体实践和中国的具体实践，打造了马克思主义党建思想发展历程中列宁和毛泽东两个阶段性标杆人物。列宁和毛泽东两人的阅历有些差别。从时间上看，列宁从1903年组建布尔什维克党开始，到1924年逝世，领导苏联共产党只有21年，短暂的时间里形成完备的建党学说，是列宁的杰出成就。毛泽东自1921年中国共产党建立，至1976年逝世，参与和领导党的建设时间长达55年，丰富的实践为毛泽东提供了建党学说发展更加充分的时间。当然，时间和经历只是一个方面，更为重要的是，马克思主义党建思想实践性的鲜明特征，以及领导中国革命、建设的宽阔舞台，为毛泽东实现列宁党建学说"最完备"的发展提供了更加扎实的基础。改革开放后，随着中国社会深刻变化，党的建设新情况新问题不断出现，创新党的建设的要求推动着马克思主义党建思想的与时俱进。改革开放新时期马克思主义党建思想中国化实践进入了一个新境界，一系列重大判断、结论和思想的形成，标志着党的建设在理论和实践的逐渐深入中不断走向丰满和成熟。

三　中国化的马克思主义党建思想：主要理论与重大贡献

马克思主义的先进思想不是照搬过来就可以解决中国问题的，领导革命、建设、改革是这样，开展党的建设也是如此。"马克思主义建党学说同整个马克思主义理论一样，不是教条，而是行动指南。"② 将马克思主义运用于党的自身建设，产生了中国共产党创造性贡献的事实。在马克思主义党建思想中国化的历史实践中，中国共产党人形成的一系列重要理论，丰富了马克思主义党建思想。

第一，明确思想建设是党的基础性建设。重视思想建设在马克思、恩格斯党建思想中就有体现，他们在建立无产阶级政党组织时坚定地与无政府主义、工联主义以及各种小资产阶级思想做斗争，注重用科学思想保证

---

① 《邓小平文选》第2卷，第44页。
② 《江泽民文选》第1卷，第102页。

党组织的先进本质。恩格斯指出："我们党有个很大的优点，就是有一个……新的科学的观点作为理论的基础。"① 这一思想运用到中国实践，形成的发展成果是确立了思想建设的"基础性位置"理论。"基础性位置"理论基于中国具体实践，在将革命活动中心从城市转向农村后，党内一些领导人开始意识到环境变化后加强党的思想建设的极端重要性。1928年11月，毛泽东在写给中共中央的报告中指出："我们感觉无产阶级思想领导的问题，是一个非常重要的问题。边界各县的党，几乎完全是农民成分的党，若不给以无产阶级的思想领导，其趋向是会要错误的。"② 1929年12月，他为红四军第九次代表大会起草的决议中针对党内各种错误思想，强调要"使党员的思想和党内的生活都政治化、科学化"。③ 由此可见，将思想建设放在基础性位置在毛泽东的认识中已经形成，并在党内达成共识。这个认识进一步明确并形成理论成果是在延安整风运动期间。延安整风运动是将思想建设放在基础性位置的一次生动实践，毛泽东说，注重党的思想方法问题，从思想上解决对待马克思列宁主义态度，"是一个非常重要的问题，就是第一个重要的问题"。④ 这是思想建设居于基础性位置理论的明确表达。党执政后，重视思想建设的传统得到长期坚持，历任党中央领导在论述党的建设问题时都强调必须把思想建设放在党的建设基础性位置，并作为党的建设一条重要经验加以阐述。党的十八大后，以习近平同志为核心的党中央突出强调坚定理想信念，以精神之"钙"寓意思想建设的意义，是对"基础性位置"理论的丰富和发展。

第二，将党的建设视为一项伟大工程。马克思、恩格斯丰富的党建思想的系统性意味着无产阶级政党建设的全面性，但将党的建设作为工程进行战略定位，是毛泽东将马克思主义党建思想中国化的重大贡献。1939年10月毛泽东为延安出版的《共产党人》杂志撰写发刊词，从建设一个全国范围的、广大群众性的、思想上政治上组织上完全巩固的马克思主义先进政党的建党目标出发，明确提出党的建设是"伟大的工程"这个重要结论。形成这样的认识，是对党的建设系统性、艰巨性、长期性的深刻揭示。"工程"具有结构性的构造特点，从工程意义上定位党的建设，意味着它是一

---

① 《马克思恩格斯选集》第2卷，第39～40页。
② 《毛泽东选集》第1卷，第77页。
③ 《毛泽东选集》第1卷，第92页。
④ 《毛泽东选集》第3卷，第813页。

个由多个方面构成的工作系统,既要考虑外部环境的影响,又要处理好内部结构的关系。毛泽东提出的"伟大工程"理论的实践价值是指导中国共产党形成了开展自身建设的部署,延安整风运动以思想建设、组织建设、作风建设相统一的格局,体现了党的建设是一件伟大工程的思想。党的建设伟大工程的重要思想在改革开放后进一步发展,江泽民以毛泽东的经典表述为基础,形成了"新时期党的建设新的伟大工程"的提法,含义没有变化,但以两个"新"字点出了党的建设工程历史延伸的时代性,用于实践中,党的建设部署从原先的"三位一体"发展成为思想建设、组织建设、作风建设、反腐倡廉建设和制度建设"五位一体",党的建设工程的系统性、全面性、长期性、艰巨性和协同性在思想认识上得到升华。

第三,在应对执政考验中提出加强执政能力建设。掌握全国政权之前,中国共产党就对执政考验有充分的思想准备。有两件事可以证明。一是1944年毛泽东指示将郭沫若发表的《甲申三百年祭》一文列为延安整风学习文献,二是1945年7月毛泽东与民主人士黄炎培在窑洞里谈历史周期律的话题。这两件事涉及的都是能否经受执政考验的问题。郭沫若的文章写明朝末年李自成农民起义军进城后骄傲自满而失败的经过,为走向胜利的中国共产党提供历史训诫。黄炎培提出问题的意蕴很清楚,即历朝历代政权兴亡更替上演着周而复始的格局,假如共产党执政,能不能摆脱周期律的困扰。毛泽东回答很干脆,说我们找到了办法,就是民主。这说明他的头脑里已经有所思考。从西柏坡出发去北平,毛泽东用"赶考"比喻走上执政之途,寓考验之义其中。七届二中全会上,他提出"两个务必"告诫以及相关规定,及时敲响了执政党保持清醒头脑的警钟。新中国成立后党对执政考验的认识始终十分清醒,改革开放新时期尤为突出。1987年,党的十三大报告强调:"我们党处于执政地位,必须经得起执政的考验。"[①] 20世纪末,基于执政考验的认识,党中央开始聚焦提高执政能力的战略任务。2004年9月,十六届四中全会专门研究党的执政能力建设问题,在通过的决定中提出了一系列重要思想,强调"执政能力建设是党执政后的一项根本建设"。[②] 2011年胡锦涛在庆祝中国共产党成立90周年大会上的讲话,将执政与改革开放、市场经济、外部环境概括为摆在全党面前的四种严峻考验,以鲜明的忧患意识注重推进党的执政能力建设。2012年党的十八大后,

---

① 《十三大以来重要文献选编》(上),人民出版社,1991,第52页。
② 《十六大以来重要文献选编》(中),中央文献出版社,2006,第272页。

习近平总书记反复强调必须常怀忧党之心，恪尽兴党之责，多次重提当年毛泽东说"进京赶考"之事，指出赶考远没有结束，赶考永远在路上，并将党的建设与国家治理现代化、依法治国的国家战略相联系，为提高党的执政能力提出了崭新要求。共产党执政考验、执政能力建设的问题在马克思主义经典著作中没有出现过，中国共产党形成的相关理论是马克思主义党建思想中国化的重要创新成果。

第四，以深刻认识和把握三大规律为基础全面提高党的建设科学化水平。马克思主义作为建设共产党的指南，凭借的是思想的科学性，共产党建设的科学化要求通过对规律的把握来实现。毛泽东十分重视研究规律，他发表的《中国革命战争的战略问题》一文就是研究规律问题的杰作，文中围绕一般规律、特殊规律、更加特殊规律进行的阐述，代表了中国共产党人进行科学思维的很高水平，党领导人民取得的一切胜利都是深刻认识和把握客观规律的结果。改革开放新时期，认识和把握规律成为党的建设日益自觉的要求。2002年11月党的十六大报告指出："我们党的全部理论和工作要体现时代性、把握规律性、富于创造性。"2004年9月党的十六届四中全会通过的决定提出了"科学执政"的概念。胡锦涛在这次全会的第三次会议上指出："要坚持科学执政，就要继续加强对共产党执政规律、社会主义建设规律和人类社会发展规律的探索和认识，不断提高以科学的思想、科学的制度、科学的方法领导中国特色社会主义事业的本领。"[①] 在此基础上，2009年党的十七届四中全会研究新形势下加强和改进党的建设，正式提出了"提高党的建设科学化水平"的崭新命题，使深刻认识和把握共产党执政、社会主义建设、人类社会发展三大规律与提高党的建设科学化水平任务紧密挂钩。党的十八大又加上"全面"两个字，体现了将党的建设全部工作和全部过程纳入科学化轨道的思想深化。"全面提高党的建设科学化水平"理论的形成，是党的建设经验长期积累产生的思想自觉，也是马克思主义党建思想中国化的时代结晶。

第五，提出科学执政、民主执政、依法执政方略。共产党执政遵循什么样的原则来确定实践行为的规范，是执政方略要解决的问题。由于政治制度和政党制度的不同，世界各国执政党运作的模式千差万别，行为方式也各不相同，但执政作为政党政治的普遍规律必然存在一些共同的地方。

[①] 《十六大以来重要文献选编》（中），第304页。

党的十六届四中全会首次明确提出科学执政、民主执政、依法执政，是对世界政党政治普遍经验的汲取，它使共产党执政行为的规范融入了科学、民主、法治的时代新元素。科学执政就是要遵循事物发展的客观规律尤其是政党发展的规律谨慎行使执政权力；民主执政就是要实现民主选举、民主决策、民主管理、民主监督，体现人民广泛参与的执政特点；依法执政就是要将党的一切执政活动置于宪法法律范围之下，"把对法治的尊崇、对法律的敬畏转化成思维方式和行为方式，做到在法治之下、而不是法治之外、更不是法治之上想问题、作决策、办事情"。[①] 科学化、民主化、法治化的执政方略，无论是马克思主义经典作家的论述，还是以往国际共产主义运动的实践，都没有提出过，它凝结着马克思主义党建思想中国化的智慧。

第六，把保持和发展党的先进性作为永恒课题的思想。马克思、恩格斯阐述共产党先进本质的思想在中国共产党的运用中得到进一步的延伸和深化，具体表现在深刻认识到共产党的先进性需要在保持和发展中实现可持续。党的十六大部署开展了保持共产党员先进性教育活动，提高了对党的理论和路线方针政策必须不断适应时代发展潮流和国内社会发展进步的思想觉悟。党中央指出："先进性是马克思主义政党的根本特征，也是马克思主义政党的生命所系、力量所在。党的先进性建设是马克思主义政党自身建设的根本任务"，"时代和实践的发展，总是不断给我们党提出新的要求，也给党的先进性赋予新的内涵"，"一个政党过去先进，不等于现在先进；现在先进，不等于永远先进"，"加强党的先进性建设，是加强和改进党的建设的长期任务和永恒课题"。[②] 这些思想立足于先进性的长期保持和可持续发展，为马克思主义党建思想中国化揭示了实践的路径。

第七，强调坚持群众路线对党的建设具有生命价值的思想。马克思主义坚持人民群众创造历史的唯物主义立场，鲜明的群众观奠定了共产党建设的思想基础。在坚持群众路线思想上，中国共产党的认识达到了相当高、相当深刻的理论水平。群众路线在毛泽东党建思想中就已经成形并理论化，一直得到传承和发扬。1956年党的八大会议上邓小平做修改党章的报告，用很长篇幅阐述群众路线思想，突出说明在执政条件下脱离群众是党最大

---

① 《习近平在省部级主要领导干部学习贯彻十八届四中全会精神全面推进依法治国专题研讨班开班式上的讲话》，《人民日报》2015年2月3日。
② 《十六大以来重要文献选编》（中），第610、615～616页。

的危险，而脱离群众将对人民带来严重的危害。"文化大革命"结束尤其是十一届三中全会后，邓小平领导党拨乱反正，恢复群众路线光荣传统成为重点任务，他提出"三个有利于"标准，立足人民满意不满意、高兴不高兴、答应不答应的立场，明确了是否符合人民群众利益是党制定路线方针政策的出发点和归宿点。新时期党对群众路线的思想认识不断深化，群众利益无小事，只有把群众当作亲人，群众才会把党当作亲人，想群众所想，急群众所急等新话语，加强了群众观的进一步树立。党的十八大部署开展以为民务实清廉为主要内容的群众路线教育实践活动，以重点转变党的作风为抓手，紧密了党与人民群众的联系。习近平总书记在原先的根本工作路线、组织路线和政治路线的表述基础上，进一步指出群众路线是党的"生命线"，这个定位表达了脱离人民群众将危害党的生命的深刻思想。中国共产党在坚持群众路线问题上，既继承了马克思主义党建思想的精神内核，又结合中国具体实践中正反两方面的经验教训，以理论的高度自觉和实践的行为准则，展现了马克思主义党建思想中国化的风貌。

第八，形成在民主集中制原则下大力发扬党内民主的观点。马克思关于无产阶级民主的思想为共产党建设提供了思想武器，坚持民主集中制是列宁党建思想的重要内容，中国共产党对民主与集中两者辩证关系的阐述，丰富和发展马克思主义党建思想的贡献。延安时期以毛泽东为核心的党中央领导集体就对发扬党内民主形成了共识。刘少奇指出："必须放手地扩大我们党内的民主生活，必须实行高度的党内民主。"[1] 1956年，邓小平在党的八大会议上号召"把党的民主生活提高到更高的水平"[2]。在党的工作重心实现向经济建设转变后，邓小平指出："我们需要集中统一的领导，但是必须有充分的民主，才能做到正确的集中。"[3] 党的十六大报告提出了"党内民主关系党的生命"的重大结论，指出"党内民主是党的生命，对人民民主具有重要的示范和带动作用"[4]。在发扬党内民主问题上形成这样的认识，是建立在历史经验教训的基础上。国际共产主义运动中以及中国共产党执政过程中，党内民主的实践和制度化建设遭遇过不少曲折，是一个思想和实践都没有完全解决好的重大问题。中国共产党形成的一些观点以及

---

[1] 《刘少奇选集》上卷，人民出版社，1981，第361页。
[2] 《邓小平文选》第1卷，第233页。
[3] 《邓小平文选》第2卷，第144页。
[4] 《十六大以来重要文献选编》（上），中央文献出版社，2005，第39页。

提出的相关实践措施,填补了马克思主义党建思想的空白。

第九,树立以改革创新精神全面推进党的建设的深刻理念。在中国,"改革"一词是1978年底党的十一届三中全会以后开始广泛使用的,以往党中央制定的路线方针中经常使用的提法是"调整"。"改革"与"调整"虽然都含有改变的意思,但二者的含义显然区别较大。"调整"一般指局部变化、枝节修补、适度微调,而"改革"则涉及整体,具有宏观性、系统性和全面性。从词义的分量上看,"调整"往往停留在自我改正的范围,而"改革"则具有社会变革的意思。邓小平曾把改革称为中国的"第二次革命",赋予改革以革故鼎新的含义。正是在这个意义上,改革开放被作为决定中国命运的关键抉择进行定位,可见,改革影响中国社会的广度和深度是"调整"这个词所无法比拟的。此外,调整的可控性较强,而改革则面临风险,需要谨慎处置,弄得不好会有失败的危险。中国改革发展历程表明,最先启动的是经济体制改革,然后提出政治体制要与经济体制相适应,也要进行改革,进一步发展则拓展到文化体制、社会管理体制的改革,循序渐进地形成全面改革的局面。将改革引入党的建设范畴,是一个具有突破意义的思想创新,它表明,新形势下推进党的建设也必须寻求具有广度和深度的变化。党的十七大在以往加强党的建设的一般提法基础上鲜明地提出"党要站在时代前列带领人民不断开创事业发展新局面,必须以改革创新精神加强自身建设,始终成为中国特色社会主义事业的坚强领导核心"。[①] 2013年党的十八届三中全会做出推进国家治理现代化的部署,将党的建设制度改革列入主要任务之一,突出了党的建设改革创新的要求。在马克思主义党建思想史上,树立改革创新的建设取向还是第一次,无疑也是马克思主义党建思想中国化的一大成果。

第十,提出全面从严治党的要求。政党的生命力和战斗力离不开组织管理,严格治党是马克思主义党建思想的题中应有之义。然而,马克思、恩格斯创建共产党组织时,不可能想到一百多年后世界上会有一个拥有8600多万党员的共产党出现。庞大规模的政党治理成为时代的新课题。在中国这样一个经济水平比较落后、发展极不平衡的13亿人口大国领导社会主义建设,党肩负的使命重大、任务繁重、情况复杂,加强党的建设关系到国家命运和民族前途。改革开放新时期,党中央形成了许多重要观点,

---

[①] 《十七大以来重要文献选编》(上),中央文献出版社,2009,第38页。

如执政时间越长，思想越容易麻痹，管理起来就越困难；治国必先治党，治党务必从严，表明对从严治党保持清醒认识。现实呈现两重性，一方面，不断推进党的建设增强了党的先进性和保证了党的纯洁性；另一方面，理想信念动摇、领导干部作风不廉、基层党组织涣散和战斗力不强、管理机制不健全、脱离群众等问题不同程度存在，对增强党的凝聚力和认同度带来一些负面影响。党的十八大后，以习近平同志为核心的党中央以强烈的使命担当和突出的忧党意识，形成了从严治党的新思路。如以高压态势"打老虎""灭苍蝇"的反腐举措、从反对"四风"入手重点转变党风的治党动作、强调将权力关进制度笼子的强化监督思想、严肃党的政治生活和遵守政治规矩的特别强调、党的"五位一体"建设并举合力的任务部署、建立党的建设长效机制的实践要求，等等，形成了从严治党的"组合拳"，使党的建设呈现新面貌。习近平总书记指出："世间事，做于细，成于严。从严是我们做好一切工作的重要保障"，"只要真管真严、敢管敢严、长管长严，而不是管一阵放一阵、严一阵松一阵，就没有什么解决不了的问题"，"从严治党必须具体地而不是抽象地、认真地而不是敷衍地落实到位"。他在从严治党前面加上"全面"两个字，并提出必须"深入把握从严治党规律"，以全面从严治党的理论系统化和实践具体化，推动党的常态建设进入新阶段。①

以上十个方面当然不能代表中国共产党加强自身建设思想的全部内容，马克思主义党建思想中国化的理论和实践绘成绚丽多彩的历史长卷。在这幅历史长卷中，坚持将马克思主义党建思想与中国共产党建设实际相结合，是最为出彩的亮点。中国共产党对马克思主义党建思想做出的独特贡献是多方面的。概括起来说，最显著的表现是出色地解决了两大问题。

其一，解决了在一个经济文化落后的半殖民地半封建国家如何建设共产党的问题。中国共产党的实践环境既不同于西方资本主义国家无产阶级政党，也不同于苏联共产党。马克思、恩格斯关于共产党建设的思想虽然具有普遍意义，但是，当时欧洲经济、政治和社会发展的特定历史条件决定了他们的党建思想对中国这样的国家缺乏直接的参照性。列宁的党建思想在很多方面发展了马克思主义党建思想，但俄国具体国情铸造了俄共（布）的建设特征，因而决定了中国共产党也不可能从列宁的党建思想中找

---

① 《习近平在党的群众路线教育实践活动总结大会上的讲话》，《人民日报》2014年10月9日。

到建设的直接答案。以马克思主义党建思想指导中国共产党建设，照葫芦画瓢不行，从半殖民地半封建社会具体国情出发，找到马克思主义与中国实践的结合点，是党的建设健康发展的必由之路。毛泽东走通了这条路。十一届六中全会通过的《中共中央关于建国以来党的若干历史问题的决议》指出："在无产阶级人数很少而战斗力很强，农民和其他小资产阶级占人口大多数的国家，建设一个具有广大群众性的、马克思主义的无产阶级政党，是极其艰巨的任务。毛泽东同志的建党学说成功地解决了这个问题。"习近平总书记指出，"毛泽东同志创造性地解决了在中国这种特殊的社会历史条件下建设马克思主义政党的一系列重大问题，把党建设成为用科学理论和革命精神武装起来的、同人民群众有着血肉联系的、思想上政治上组织上完全巩固的马克思主义政党"，[①] 从而使西方马克思主义的种子在东方古老中国结出绚丽的果实。这在马克思主义党建思想发展史上具有里程碑式的意义。

其二，解决了在执政条件下如何建设共产党的问题。马克思、恩格斯的党建思想形成于无产阶级革命时代，对于共产党掌握政权后的命运不可能有先天的预判。在他们的理论思维中，推翻资产阶级统治后的共产党将直奔实现共产主义远大理想的目标，没有设想过执政后的共产党还存在垮台的可能。在马克思、恩格斯那个时代，他们对建设共产党的思考更多地集中在工人阶级政党革命性的锻造上，对于无产阶级掌握政权情况下如何建设共产党，受实践条件的局限，基本上没有进入他们的思考范围。列宁领导的俄共（布）实现了执政的目标，在马克思主义党建思想历程上第一次承受了共产党面临的执政挑战和风险，并以胜利的业绩成功地渡过了帝国主义武装扼杀社会主义的危机。尽管列宁提出了很多重要思想，但由于过早逝世，俄共（布）对执政条件下共产党建设的思考还是很有限的，尤其是列宁逝世后担任接班人的斯大林犯了许多严重的错误，在解决执政条件下共产党建设问题上，错误多于正确，失败大于成功。中国共产党集中思考执政党建设问题，既是对国际共产主义运动经验教训的深刻总结，又是对共产党执政风险的高度觉悟。在社会主义各国抱成一团的时候，国际共产主义运动实践中不存在共产党会不会垮台的担忧。20世纪60年代，由于中苏两党产生意识形态分歧，毛泽东等党中央领导人认为苏联老大哥已经从马克思主义蜕变为修正主义，提出防止共产党改变颜色的问题，这样

[①] 《十八大以来重要文献选编》（上），中央文献出版社，2014，第689页。

的判断和警觉与共产党会不会垮台不是同一个问题。20世纪80年代末东欧社会主义国家发生的剧变和1991年苏联共产党垮台的事实发生，再加上世界上其他资本主义国家大党老党长期执政却落到失败的境地，使政党执政能力成为20世纪末的问题焦点。党中央指出："要把马克思主义执政理论与党执政新的实践紧密结合起来，以党的执政能力建设为重点，从党的执政理念、执政基础、执政方略、执政体制、执政方式、执政资源和执政环境等方面进行努力，全面加强和改进党的思想、组织、作风和制度建设。"[①] 此段论述里提到的一系列概念，在马克思主义党建思想史上是破天荒的，它意味着中国共产党对如何解决好执政条件下党的建设问题已经形成了一整套的理论体系。

马克思主义党建思想中国化的历程将伴随中国共产党的实践而继续延伸下去。迄今为止，将马克思主义旗帜扛得时间最长的是中国共产党。苏联共产党如果以其前身——1898年成立的俄国社会民主工党算起，到1991年垮台，历经93年就放弃了马克思主义。中国共产党自1921年成立以来已经96年。马克思主义没有倒，中国特色社会主义建设事业的辉煌成就使马克思主义的旗帜越来越鲜艳，丰富的实践和创新的理论使马克思主义在中国显示出强大的生命力。这个结果收获于中国共产党领导马克思主义中国化的持之以恒。从马克思主义的旗帜在中国共产党的手里举起来以后，中国化的实践就伴随着全部的历史进程。党领导的革命、建设、改革接续奋斗的事业，留下了一代代共产党人将马克思主义普遍真理与中国具体实践相结合的足迹，也凝结着他们孜孜不倦探索马克思主义中国化的心血。其间遭遇的艰难曲折，经历的迷失反复，付出的沉重代价，换来的是马克思主义中国化愈加坚定的思想自觉和实践自觉。历史上有中国新民主主义胜利的事实，是马克思主义中国化的成就；现实中有中国特色社会主义事业蓬勃发展的事实，也是马克思主义中国化使然。马克思主义中国化在锻造中国革命、建设和改革事业的同时，也塑造了中国共产党的品性。没有马克思主义党建思想，中国共产党的建设就像空中楼阁，根基不实；没有马克思主义党建思想的中国化，中国共产党的建设就如纸上谈兵，无的放矢。一部马克思主义党建思想中国化的发展史记载了中国共产党人创造性的贡献。

---

① 《十六大以来重要文献选编》（中），第160~161页。

中共"五老"对马克思主义的学术贡献[*]

周良书[**]

摘 要 董必武、谢觉哉、林伯渠、徐特立、吴玉章合称中共"五老"。他们虽属"辛亥"一代知识分子,但后来均参加了共产党领导的革命事业。在长期革命斗争实践中,"五老"积极宣传和研究马克思主义,不断推进马克思主义的中国化。他们学有专长、术有专攻,故而能够在各自领域更加灵活地应用马克思主义,创造性地发展马克思主义。其中董必武的法学研究、谢觉哉的政治学研究、林伯渠的经济学研究、徐特立的教育学研究、吴玉章的历史学研究均颇具特色。其思想和观点在中国马克思主义学术发展史上占有重要地位。

关键词 "五老" 中国共产党 马克思主义

在中共历史上,董必武、谢觉哉、林伯渠、徐特立、吴玉章合称"五老"。他们虽属"辛亥"一代知识分子,但后来均参加了共产党领导的革命事业。中共"五老"学有专长,其研究广泛涉及法学、政治学、经济学、教育学、历史学等各个领域,在中国马克思主义学术发展史上占有重要地位。但在以往的研究中,人们更多关注的是中共主要领袖人物的理论贡献,而针对这批"特殊人物"却少有整体性研究。本文就试图在这方面做一初步探讨。

---

[*] 本文系北京高校中国特色社会主义理论研究协同创新中心(北京师范大学)研究课题的阶段性成果之一。
[**] 周良书,北京师范大学马克思主义学院副院长、教授。

一 关于马克思主义法学研究

中共"五老"对法学问题多有论述。比如，林伯渠在《在陕甘宁边区党政联席大会的报告》（1940）中对"宪政"问题的探讨，吴玉章在《关于宪法原则问题的意见》（1946）中对"宪法"原则的界定，均颇有见地。而谢觉哉则更是早在1933年中央苏区时，就主持和参与起草了中国红色革命政权最早的《劳动法》《土地法》等法令和条例。当然，在中共"五老"中，对法学研究最深、影响最大还是科班出身的董必武。

董必武（1886~1975），湖北黄安人。1914年考入日本东京"私立日本大学"专修法律。1921年出席党的一大，是中国共产党的创始人之一。在民主革命时期，他历任中共中央党校校长、中央党务委员会书记、中央工农民主政府执行委员、最高法院院长、工农检察委员会副主任、陕甘宁边区政府代理主席、中共中央南方局副书记、中共中央财经部部长、中共中央华北局书记、华北人民政府主席等职。1945年，他还曾代表解放区参加旧金山联合国制宪会议。在长期革命斗争实践中，董必武积极宣传马克思主义法学思想，并善于运用马克思主义理论研究中国法律问题，为马克思主义法学的中国化做出历史性贡献。

第一，"法律是政权的一部分"。董必武认为，法律是阶级社会的产物，不能脱离阶级统治而存在。"国民党的法律，是为了保护封建地主、买办、官僚资产阶级的统治与镇压广大人民的反抗；人民要的法律，则是为了保护人民大众的统治与镇压封建地主、买办、官僚资产阶级的反抗"；"反动的法律和人民的法律没有什么'蝉联交代'可言，而是要彻底地全部废除"。[①] 因此，他签署的《华北人民政府训令》明确规定，废除国民党的《六法全书》及其一切反动法律，要求各级人民政府的司法审判不得再援引其条文。在中共历史上，毛泽东最早提出了新民主主义宪政的构想，而将这一构想由理想变成现实，并把它具体化、制度化则是董必武完成的。

第二，"权源出于群众"。在董必武看来，"政权是一部分人代表着特定的阶级，运用国家的权力，发号施令，叫人民做什么事情，或者禁止人民不得做什么事情"，因此新生政权颁布"新的法令、规章、制度"，就一定

[①] 《董必武政治法律文集》，法律出版社，1986，第45~46页。

要"根据无产阶级和广大劳动人民的意志和利益来拟定"。① 在《更好地领导政府工作》一文中,他进一步指出,政府不仅要"倾听群众的呼声,采纳群众的意见,了解群众的生活,保护群众的利益",而且要让"群众敢于批评政府,敢于监督政府,一直到敢于撤换他们不满意的政府工作人员",如此群众才能"感觉到政权是他们手中的工具"。② 总之,法体现于权,权源出于民,这是董必武法学思想的一个重要内容。

第三,"恶法胜于无法"。对此,董必武表示:"我们的法虽然一时还不可尽善尽美,但总比无法要好。我说'恶法'是指我们初创,一时还不完备的法。"这也就是说,新法虽是初创不完善,但总比旧法要好。因为"建立新的政权,自然要创建法律、法令、规章、制度。我们把旧的打碎了,一定要建立新的。否则就是无政府主义。如果没有法律、法令、规章、制度,那新的秩序怎样维持呢?因此新的建立后,就要求按照新的法律规章制度办事"。③ 任何人"非依律法由合法机关依照合法手续不能任意逮捕,并且必须依照法律,以合法程序予以审判和处置"。④ 董必武的上述论断,实际上为后来新中国确立"有法可依""有法必依"的法律原则奠定了思想基础。

第四,"党员犯法,加等治罪"。董必武指出:"政府所颁布的法令,所定的秩序,我们党员应当无条件地服从和遵守";"如果违犯了这样的法令,除受到党纪制裁外,应比群众犯法加等治罪。为什么呢?因为群众犯法有可能是出于无知,而我们党员是群众中的觉悟分子,觉悟分子犯罪是决不能宽恕的,是应当加重处罚的"。⑤ 他甚至要求将上述观点写入党的决议中,以"警告我们党员必须遵守边区政府的法令"。董必武认为:"这不是表示我们党的严酷,而是表示我们党的大公无私。党决不包庇罪人,党决不容许在社会上有特权阶级。党员毫无例外,而且要加重治罪,这更表示党所要求于党员的比起非党员的要严格得多。"⑥

此外,作为杰出的马克思主义法学家,董必武还积极投身于国际法实践,主张废除不平等条约及帝国主义在华特权,要求联合各种力量反抗帝

---

① 《董必武选集》,人民出版社,1985,第212、218页。
② 《董必武政治法律文集》,第3页。
③ 《董必武选集》,第218页。
④ 《董必武政治法律文集》,第14页。
⑤ 《董必武政治法律文集》,第6页。
⑥ 《董必武选集》,第59页。

国主义违反国际法的行为。他的许多文章、讲演和报告，诸如《我们目前的两个大斗争》(1927)、《联合起来扑灭法西斯》(1941)、《辛亥革命三十周年》(1941)、《中国共产党的基本政策》(1945)、《纪念七七抗战十二周年》(1949)等，均蕴含了丰富的国际法思想。这是董必武对中国马克思主义法学研究的又一个重要贡献。

二 关于马克思主义政治学研究

政治学说是马克思主义理论的核心内容，中共"五老"对此研究颇深。诸如吴玉章的《中国革命与世界革命的关系》(1926)、董必武的《共产主义与三民主义》(1937)、谢觉哉的《边区政府的组织与建设》(1937)、徐特立的《政党与政府》(1938)、林伯渠的《论新民主主义政治》(1940)等，皆为中国马克思主义政治学的重要文献。其中，谢觉哉的研究最具特色。

谢觉哉(1884~1971)，湖南宁乡人。1921年参加新民学会。1925年加入中国共产党。民主革命时期，他历任中央工农民主政府秘书长和内务部部长，陕甘宁边区政府秘书长和司法部长兼高等法院院长，中共中央党校副校长、陕甘宁边区参议会副议长，华北人民政府委员兼司法部部长。在党和政府的各个领导职位上，谢觉哉边实践边致力于政治学研究，并取得了丰硕的研究成果。他的思想和观点既坚持马克思主义的理论原则，又具有鲜明的中国特点，从而有力地促进了中国马克思主义政治学的发展。

第一，"政党是阶级的一部分"。谢觉哉认为，政党的使命在于"替本阶级群众去争夺政权，夺回来后就交给人民，使政权为民谋福利"。[①]因此，切不可将政党、政权和人民混为一谈。"党的主张，经过政去实现；党员努力，是做政的事。本来是不可分的。但党是党员的，政权是人民的，党员虽是人民，而人民最大多数不是党员，所以党政必然要有分。"[②]在他看来，"所谓党的领导"，就是"把党的主张经过党员在群众中的活动变成群众的主张，去变成群众的实际，也就变成政权上的主张"，这其中"党的政策的正确与党员们模范二者不可缺一"；因为"政党的成功，不在于党员在政权

---

① 《谢觉哉文集》，人民出版社，1989，第505页。
② 《谢觉哉日记》上卷，人民出版社，1984，第349页。

机关中多"，而在于"得到国民之援助"。①

第二，政权性质"决定于任务"。谢觉哉指出，"政权的性质的区分，不是根据其成份而是根据其任务"；中国革命任务没有变，"革命性质没有变，因而政权性质也不能变"。② 他还撰写《关于政权的三三制》（1940）、《政权性质的研究》（1940）、《三三制的理论与实际》（1942）等文章，深入分析论证新民主主义政权的一系列基本问题，并形成了两个重要判断：其一，"旧民主主义政权是一党专政，新民主主义政权是各个革命阶级联合专政"；其二，新民主主义政权是"半殖民地半封建社会与建立社会主义之间的一个过渡阶段"，是"替资本主义扫清道路，但同时又是替社会主义创造前提"。③

第三，"民主政治，选举第一"。在谢觉哉看来，"选举是组织民主政治的头一件事"，它"会使群众在竞争中更懂得政权的重要，更关心管理政治"；选举也是"人民对政府工作的大检阅"，要"在竞选运动中，使人民认识我们的政府人员，了解我们的政府工作，并监督我们的工作，使被选人在工作中亦有所警觉"。④ 在《论选举运动的重要》（1941）、《关于民主选举问题》（1941）、《怎样进行乡市参议会的改选》（1942）等一系列论著中，他还对民主选举的原则和程序做出明确界定。谢觉哉甚至向党中央提出要将边区"参议会改为人民代表会议"的请求，毛泽东随即复信予以支持。⑤ 这是中国共产党富有历史意义的一个创议。

第四，"尊重民主的法治精神"。选举是民主政治的基础，而法治则是民主政治的条件。谢觉哉指出："边区将来要有很多人才到全国去帮助建立新民主主义的政治，那末仅带去一些民主的意识、口号，是不够的，首先要具有尊重民主（即民意）的法治精神"；因为"我们的旧中国是一个半封建半殖民地的社会，没有经过资本主义民主革命，守法的习惯很差"，所以"如何养成大家守法的观念，是今后一件大事"，这"对于一个国家的兴旺发达，或是衰败灭亡，往往是紧密地联系在一起的，是起决定性因素的"。⑥ 谢觉哉如此重视法治问题，实际上是要为新生的民主政权提供强有力的制度保障。

---

① 《谢觉哉文集》，第505、514页。
② 《谢觉哉文集》，第331、432页。
③ 《谢觉哉文集》，第439页。
④ 《谢觉哉文集》，第474、227、476、507页。
⑤ 《毛泽东书信选集》，人民出版社，1983，第248页。
⑥ 《谢觉哉文集》，第360、650页。

第五,"人民是股东,政府是经理"。谢觉哉认为,"只有真正民主制度的国家,官才是真正为民服务,不敢得罪老百姓"。① 他还以"股东"和"经理"来形容新政权中人民与政府的关系,强调"股东对经理有监督与督促的权利,经理对股东会议有服从的义务",虽然"经理可以而且应该提出意见,取得股东的赞许,但绝不能说股东不应该出来监督与督促"。② 因为"人民派代表来议国事管国事,如果不管下文,那主权还只行使得一半。真正的民主,在派出管的议的人以后,须按时来检查他们议得好不好管得好不好"。③ 谢觉哉依据马克思主义理论,对人民与政府关系做出的论述,这是他对政治学的一个分支——行政学研究的重要贡献。

三 关于马克思主义经济学研究

在中共"五老"中,林伯渠和吴玉章对经济学的研究最多。早在1928年12月,他们在莫斯科学习期间就合作写出了《太平革命以前中国经济、社会、政治的分析》一文,运用马克思主义的观点和方法,剖析旧中国社会的经济结构及其封建性质,以论证中国民主革命的必要性和正确性。此后他们也一直关注经济问题,但由于林伯渠的求学及革命经历与经济学的联系更为紧密,其贡献也相对突出。

林伯渠(1886~1960),湖南安福人。1905年参加中国同盟会,1921年加入上海共产党早期组织。早年留学日本时,他就攻读过经济学,研究过财政学、簿记学、统计学和工业政策,希望在中国"实行新经济学理"。民主革命时期,他历任国民党中央执行委员会常务委员、农民部部长和国民政府军委会秘书长,中央工农民主政府国民经济部部长、财政部部长、总供给部部长,陕甘宁边区政府主席兼中央财政部部长,中央财政经济委员会主席等职。在长期的经济工作中,林伯渠被誉为"红色理财家",其思想和观点在中国马克思主义经济学发展史上占有重要地位。

第一,关于"经济为本"的思想。林伯渠认为,"发展经济,是一切建设的根本"。④ 陕甘宁"政治上的进步不是空的,而是要有经济来支持的

---

① 《谢觉哉日记》上卷,人民出版社,1984,第185页。
② 《谢觉哉日记》上卷,第180页。
③ 《谢觉哉文集》,第476页。
④ 《林伯渠文集》,华艺出版社,1996,第488页。

(如开参议会总要用钱等)。我们不能只看到政治上的进步,而把经济上的落后状况忘记了,而是要认识这一矛盾,克服这一矛盾"。① 在经济建设中,林伯渠坚持"生产第一"的观点,强调"只有生产才能解决经济问题,才能解决财政问题,才能解决教育问题,才能解决一切问题。所以生产才是一切工作的中心之中心"。因此,他要求边区各级政府纠正以往"本末倒置的错误","都要把如何更好地领导人民发展生产当作工作中的第一个重要问题"。②

第二,关于"协调发展"的思想。林伯渠主张"在生产的布置上,要照顾到各方面的情形,还要有一定的集中领导,通盘计划"。③ 在农业生产中,他虽强调以粮棉为重点,但同时要求有计划地发展畜牧业,"因地制宜地发展各种有利的副业生产","以活跃农村经济";在工业生产中,他认为公营、私营、合营可共同发展,其"关键在于资本与技术",前者除继续吸收民间游资外,要"尽可能争取边区以外的资本到边区来",后者除继续发扬职工和技术人员的创造性与积极性外,要"尽可能争取边区外面的各种科学技术人员到边区来"。④ 这种"资本+技术+人才"的构想,对于当时以及今后党的经济建设都有重要的参考价值。

第三,关于"休养民力"的思想。林伯渠指出:"我们的政策是休养民力,苏息民力,从开发国民经济来培养财源,人民的负担和财政的收入都很有限的。"⑤ 因此,一方面,要"使人民的负担公平合理","我们的经济政策不是一个阶级剥削数个阶级的,也不是帝国主义的殖民地化的经济政策,而是发展各阶级的经济,保护各阶级的利益,使人人各得其所";另一方面,要"尽一切方法减轻民众的负担",并"从战争的长期性出发,注意爱惜民力,积蓄力量"。⑥ 在他看来,"浪费民力也就是削弱了政府的力量","只有使人民生活得到最低限度的保障,才能发挥他们抗战的积极性,把他们的力量组织到抗战建国的事业上去"。⑦

第四,关于"统一财政"的思想。林伯渠指出,"边区的财政是取之于

---

① 《林伯渠文集》,第241页。
② 《林伯渠文集》,第311~312页。
③ 《林伯渠文集》,第252页。
④ 《林伯渠文集》,第489、490页。
⑤ 《林伯渠文集》,第243页。
⑥ 《林伯渠文集》,第268、240、222页。
⑦ 《林伯渠文集》,第207、221页。

民，用之于民；取之有道，用之得当。既要开源，也要节流，量入为出，也量出为入"；为此"首先要做到统一收支"，以"保证财政收支的平衡"。① 关于财政收入，他认为"除了依靠公营事业的收入外，主要的还是依靠税收。我们的税收原则是'统一累进'"；关于财政支出，他认为"要照顾到战争与革命这个特点，在财政政策上要体现出军事第一，经济建设第二，教育第三的原则"。② 在他看来，"无计划、无远见是财政经济政策所不允许的"；"有计划、有远见"，"这就是要照顾到将来，爱惜与培养民力"。③

第五，关于"金融独立"的思想。林伯渠认为，"尊重金库权限以内的独立性，是健全财务行政的必要工作"。④ 由于当时国民党法币跌价，破坏了边区的金融稳定，所以边区禁止流通法币，使边币与法币隔断联系。为了巩固边区币制，他要求政府各部门和公营企业带头拥护边币，并力主建立边区金库，以"使金融制度正规化"。⑤ 此外，他认为吸收民间游资，开展储蓄运动，也是稳定金融的一个重要手段。他还要求金融机关与合作社结合起来，"推广和支持信用合作社，使之成为调剂金融，巩固物资货币的支点"。⑥ 这是在极困难的条件下，林伯渠对稳定边区金融秩序做出的重要贡献。

林伯渠的上述思想观点，反映了一个马克思主义者对经济问题的应有态度。这正如他在《抗战中两条经济路线的斗争》一文中指出的："我们是唯物论者，我们认为经济是社会结构的基础。无论在抗日战争中或任何革命过程中，财政经济始终是一个重大的问题。"⑦

四 关于马克思主义教育学研究

教育是中共"五老"共同关注的问题。他们的毕生经历也都与之有关。早在延安时期，他们就共同筹划创办了陕北公学。此后，吴玉章还先后担任鲁迅艺术学院院长、延安大学校长、华北大学校长等职，徐特立也于

---

① 《林伯渠文集》，第267、213页。
② 《林伯渠文集》，第267、249页。
③ 《林伯渠文集》，第245页。
④ 《林伯渠文集》，第213页。
⑤ 《林伯渠文集》，第251页。
⑥ 《林伯渠文集》，第354页。
⑦ 《林伯渠文集》，第218页。

1940年创办延安自然科学研究院并亲任院长，而谢觉哉则在新中国成立前夕出任中国政法大学的第一任校长。他们在教育方面积累的知识和经验是党的一笔宝贵财富。而其贡献最大者当属"人民教育家"——徐特立。

徐特立（1877~1968），湖南善化人。1911年参加辛亥革命，1927年加入中国共产党。先后从事过基础教育、乡村教育、平民教育、师范教育、干部教育等各项教育事业。1910年、1919年、1928年，还曾专门赴日本、欧洲、苏联学习考察教育问题。民主革命时期，他历任中华苏维埃共和国临时中央政府教育部部长兼苏维埃大学副校长，中共中央宣传部副部长、陕甘宁边区政府教育厅厅长、延安自然科学研究院院长等职。在长期的教育实践中，徐特立能灵活运用马克思主义教育原理，分析研究中国现实问题，形成了独具特色的教育思想。他的许多理论建树，丰富了毛泽东教育思想的理论体系，具有重要的学术价值和现实意义。

一是坚持"古今中外"的方法。徐特立认为，在教育工作中，一定要"吸收人类一切文化遗产"，"我们古代的也要，现在的也要，外国的也要，中国的也要。把古代的变为自己的和现代的结合起来，把外国的变为自己的和中国的结合起来，这样看问题才是马列主义的方法"。[①] 对于"古代的"，"既不是一概排斥，也不是盲目服从，而是批判地接受它"；对于"外国的"，同样也应"批判地吸收"，要"有计划地翻译苏联及资本主义国家关于教育制度、教学方法及课本等等，以作参考"。[②] 他甚至提出向敌人向友党学习的问题，只是在学习的过程中，要"坚决的反对奴化教育和复古教育"。[③] 这是徐特立总结古今中外教育理论与实践得出的一个重要结论。

二是提出"教育中心"的思想。早在1941年，徐特立就撰文指出："科学教育与科学研究机关以方法和干部供给经济建设机关，而经济机关应该以物质供给研究和教育机关。三位一体才是科学正常发育的园地。"[④] 在他看来，"一切科学都是建筑在产业发展的基础上，科学替生产服务，同时生产又帮助了科学正常的发展。技术直接的和生产联系起来，技术才会有社会内容，才会成为生产方法和生产方式的一部分"。[⑤] 由此，他创造性地

[①] 《徐特立文集》，湖南人民出版社，1980，第288页。
[②] 《徐特立文集》，第370页。
[③] 《徐特立文集》，第274页。
[④] 《徐特立文集》，第254页。
[⑤] 《徐特立文集》，第238页。

提出教育、科研、经济"三位一体"的教育发展模式,并逐步形成了"教育是社会的中心、生产的中心"的科学论断。徐特立是我国提出"教育具有生产性"认识的重要先驱。

三是提出"创造教育"的思想。徐特立认为,教育之目的在于"培养敢于发挥其个性,有头脑辨别是非,有主张,有试验,有创造,有行动的青年",因此"不能完全求中和而消灭个性,有些片面的地方不妨碍大处,不要纠偏,不要用一个模子塑造的人,千篇一律就没有创造性"。① 教育也不仅是给予知识,更重要的是"养成学生的创造性和独立思考的能力";② "学校要培养出自动研究、自动工作的人,养成他自动的能力与习惯","不是给他们成品,替他们把门都打开;要给他工具,让他自己去生产,给他钥匙,让他自己去开门"。③ 徐特立是我国"创造教育"思想的首倡者和积极实践者。

四是提出"群众本位"的思想。这是1940年在与戴伯韬关于教育问题的谈话中,徐特立提出的一个新观念。他指出:"资产阶级教学的方式有道尔顿制、设计教学、自学辅导式及启发式等等。这些方式都是资产阶级的民主制在教育方面的表现,它否定了封建的教师本位、教科书本位及注入式,转变到学生本位及生活本位主义。这些转变不能否认它的进步性,但只是资产阶级有限的民主主义在教育上的反映,所以他们虽从教师本位转到学生本位,但还没有进到群众本位。"④ 徐特立后来还把这一新观念运用于中国群众教育实践,创立了"群众本位"的教育思想。这是他依据马克思主义原理,批判地吸收资产阶级教育思想所得出的一个重要成果。

五是阐明"辩证"的教育思想。徐特立认为,"一切东西在辩证法面前没有神圣","马克思主义最重要的是辩证的发展"。⑤ 他还运用这一原理来深刻揭示教育发展的内在规律。他认为"教者校也,是外来的东西","育者养也,是内发的东西",外力"教"要通过内力"育"才起作用;⑥ 他主张"人师和经师二者合一",强调"每个教科学知识的人,他就是一个模范

---

① 《徐特立文存》第3卷,广东教育出版社,1995,第279、154页。
② 《徐特立文存》第2卷,广东教育出版社,1995,第199页。
③ 《徐特立文存》第3卷,第147~148页。
④ 《徐特立文存》第2卷,142页。
⑤ 《徐特立文存》第3卷,第151页。
⑥ 《徐特立文存》第3卷,第116页。

人物,同时也是一个有学问的人";① 在"理论与实践"关系上,他强调"学以致用,从用中去学,从事物中来用到事物中去,这是无产阶级的科学入门课本";② 在"继承与创新"关系上,他主张"批判继承""吐故纳新",认为"这就是有目的、有立场进行由博反约的方法"。③

五 关于马克思主义历史学研究

在中共"五老"中,吴玉章和徐特立对历史学的研究最深。他们的共同兴趣,在于对史学研究目的和方法的探讨。如吴玉章的《关于〈中国通史稿〉第一编的一封信》(1941)、《研究中国历史的意义》(1949),徐特立的《研究历史的目的和方法》(1949)、《关于研究历史的几个重要问题》(1950),均是这方面的代表性成果。所不同的是,徐特立长于教育学,而吴玉章则更专注于历史学。

吴玉章(1878~1966),四川荣县人。1905年参加中国同盟会,1925年加入中国共产党。民主革命时期,他历任延安宪政促进会会长、陕甘宁边区新文字协会会长、鲁迅艺术学院院长、延安大学校长、陕甘宁边区政府文化委员会主任、中共四川省委书记、华北大学(中国人民大学前身)校长等职。吴玉章是中国马克思主义新史学的开拓者之一。他的一些论著,诸如《太平革命以前中国经济、社会、政治的分析》(1928)、《中国历史教程》(1934)、《中国最近五十年民族与民主革命运动简史》(1949)等,将马克思主义史学理论运用于中国问题研究,无不具有开创之功。吴玉章的史学贡献,主要体现在如下方面。

第一,关于历史研究指导思想的论述。吴玉章认为,客观的历史结论必须在马克思主义、毛泽东思想指导下才能获得。在《中国历史大纲》一文中,他指出:"我们要研究人类的历史,特别是有成文史以前的历史,只有用马克思的历史唯物辩证法来作我们解剖人类社会的唯一武器。"④ 对此,他曾深有感触地说:"当我未接受马克思主义以前,虽然很喜欢历史,但却不了解历史发展的规律,对许多历史现象都不能作出正确的解释;只有接

---

① 《徐特立文存》第4卷,广东教育出版社,1995,第248页。
② 《徐特立文存》第3卷,第23页。
③ 《徐特立文集》,第372页。
④ 《吴玉章文集》下卷,重庆出版社,1987,第810页。

受了马克思主义以后,对历史上的一些问题才有了科学的理解。"① 而就中国史学来说,毛泽东思想显得格外重要。吴玉章指出:毛泽东有许多著作,"他对每一个时代对每一个事件所发表的言论和所作的决定,都非常的宝贵,值得我们深入研究。如果我们很好地研究它,就等于我们实际去学习了唯物史观,实际去学习了马列主义"。②

第二,关于历史本体论的相关论述。吴玉章坚持"社会的发展,是以劳动生产力的发展为动力"的唯物史观。他认为研究中国历史的"每一朝代必定要先从它的经济发展情形说起,然后及于它的文明制度等上层建筑";但是,"一切过去的历史,除了原始社会以外,都是阶级斗争的历史。因此,现在我们研究过去的历史,主要地是研究阶级社会的产生、发展和衰落的历史,是研究阶级斗争的历史"。③ 在史学研究中,他还认识到"人类社会最根本的特点,是人类能劳动生产","要发现整个人类社会发展变化的规律","尤其要研究劳动者推进人类社会发展的规律"。④ 由此他得出一个重要结论:"作为一个革命者,应该而且也只能根据历史发展的客观规律,才能正确地领导群众,推动历史前进。"⑤

第三,关于历史方法论的相关论述。吴玉章认为,史学研究的最重要方法在于从历史的"特殊性"入手,坚持"联系发展"的观点,与历史人物事件以"客观公正"的评价。他指出:在历史"一般的共同性之外,一定要把握它的特殊性",绝不能"把经济形态抽象的定义简单的教给学生或者拿抽象的社会学的公式",去替代"具体叙述的历史";⑥ 而历史又有其"连续性和因果性",因此"在评价一个历史事件和历史人物的时候,就不要割断历史","不仅要诚实的按照年代纪实,叙述其中个别的事实,正确的描写单个的事变,而最重要的是要把这些事变中间的联系表现出来"。⑦ 在吴玉章看来,"事实确实,立论公平"应当成为研究历史的座右铭,因为"史实务求其真实,评论务求其公允,只有这样,才能取得一定的成绩"。⑧

---

① 《吴玉章文集》下卷,第906页。
② 《吴玉章教育文集》,四川教育出版社,1989,第278页。
③ 《吴玉章文集》下卷,第843、809页。
④ 《吴玉章文集》下卷,第1122页。
⑤ 《吴玉章文集》下卷,第891页。
⑥ 《吴玉章文集》下卷,第844、1122页。
⑦ 《吴玉章文集》下卷,第898、873页。
⑧ 《吴玉章文集》下卷,第906页。

第四，关于历史学致用功能的论述。吴玉章指出：研究历史之目的，"都是为的对我们的人民进行教育，是面向现在，而不是面向过去"，① 因此"不能沉溺在学院式的研究中，而要从历史中总结出经验教训，以指导我们今天的革命事业"。② 他认为"历史是一件很有力的革命斗争武器。研究历史，可以使我们懂得社会发展的规律，获得进行革命斗争的知识和坚定我们革命胜利的信心"。③ 吴玉章强调史学的功用，并以极大的政治热情投入到史学的研究中。对此，中共中央在他六十寿庆的贺词中曾予以高度评价："你是我党可贵的历史专家，你的广博的学识，你对马列主义的理论和方法的忠诚的探究，你的坚毅不懈的努力，使你在这方面已有了一定的成就，这对于我党和中国人民，都是难能可贵的贡献。"④

六　余论与启示

中共"五老"在中国共产党思想史上占有重要地位，是将马克思主义学术由"理论传播"转入"实际运用"的关键性人物。这是他们与早期马克思主义者李大钊、陈独秀等人的不同之处。作为中国共产党的主要创立者，李大钊和陈独秀虽对中国马克思主义发展有开创之功，但他们在1927年大革命失败后均淡出了历史舞台。中共"五老"还是中共党内兼有"政治家"和"学者"双重身份的特殊性人物。他们均参与党的领导工作，但又不在党的核心领导层，因而有更多精力从事马克思主义的理论研究。这也是他们与中国共产党的领袖人物毛泽东、刘少奇等人的不同之处。

其实，中共自诞生起就带有先天的不足，"这个弱点，就是党在思想上的准备、理论上的修养是不够的，是比较幼稚的"。⑤ 究其原因，刘少奇在1941年《答宋亮同志》一文中分析有三个因素：一是"马克思主义的著作传入中国的历史并不久"，"不象欧洲各国，马克思主义的传布已有近百年的历史"；二是客观形势要求中国革命者"立即从事、而且以全部力量去从事实际的革命活动，无暇来长期从事理论研究与斗争经验的总结"；三是马

---

① 《辛亥革命五十周年纪念论文集》上册，中华书局，1962，第1页。
② 《吴玉章文集》下卷，第918页。
③ 《吴玉章文集》下卷，第906页。
④ 《中共中央祝吴玉章同志六十大寿的贺词》，《新中华报》1940年1月24日。
⑤ 《刘少奇选集》上卷，人民出版社，1981，第220页。

列主义的著作均以欧洲文字发表,"中国党员能读马列原著的并不多,即使能读的人也很少去读完"。①

除此之外,还有一个重要原因,就是"中国党内在最初的一个时期——陈独秀时代及其以后——有些党员是有一种意见,反对党员对理论作比较深入的专门的研究。甚至在学校中,当许多党员专门学习理论的时候,亦强调反对'学院式'的研究,指那些比较埋头读书的党员为'学院派',而强调在实际斗争中的锻炼"。②对此,刘少奇在《答宋亮同志》一文中也有过严肃批评。他说:这一派同志的意见,"在党内相当造成了反对专门理论研究的风气,结果,阻止了党内理论水平的提高。这是必须纠正与反对的。这与我党直至今天在理论上的准备与修养仍然一般不够的现象,是有密切关系的。它给了党内以极坏的影响。在当时,党内关于理论与实践同时并重的正确的意见,是没有得到发展的"。③

中共"五老"以实际行动,反对当时党内存在的轻视理论研究的风气。董必武说:"书本上的学习,特别是马列主义的书的学习,此是很重要的";"没有马列主义的原则指导,虽日与事实接触,纵使在个别问题上处理得很好,那也有陷于事务主义与经验主义危险的可能"。④在具体的研究中,他们还一再强调要坚持实事求是的态度。徐特立说:"我们对马克思主义要研究,不能把马克思主义当教条。""对马列的言论要绝对的把握住它的方向,并不是每一句话都不能批评,不敢异议。"⑤马克思主义研究的目的在于创新和发展,因为"马列主义这工具只是铁器机器,还应再发展为电器以至更高的利器"。⑥这一认识和判断在当时是难能可贵的,即便对于今天中国马克思主义的发展也有很重要的启发性意义。

中共"五老"之所以有如此学术贡献,主要得益于以下四个因素。一是"经历"。他们的一生历经新旧民主革命的全过程,对中国历史和现实的"特殊性"有更深刻感悟,因而能够更加自觉地将理论与实际联系起来,不断推进马克思主义的中国化。二是"学识"。他们学贯中西,对中国传统"旧学"、西方资产阶级"新学"和马克思主义均有深入研究,因而能够在

---

① 《刘少奇选集》上卷,第221~222页。
② 《刘少奇选集》上卷,第218页。
③ 《刘少奇选集》上卷,第220页。
④ 《董必武选集》,人民出版社,1985,第100、102页。
⑤ 《徐特立文存》第3卷,第31页。
⑥ 《徐特立文存》第3卷,第18页。

各自领域更加灵活地应用马克思主义，创造性地发展马克思主义。三是"素养"。他们均具有较高理论修养，善于从哲学上思考问题，甚至像徐特立还有《关于矛盾统一的几个要点》(1938)、《怎样学习哲学》(1940)、《用唯物的、辩证的观点看事物》(1945)等名篇问世。这使得他们更易于将观点演化为思想，把经验提升为理论。四是"信念"。他们对"党"、"人民"和"主义"矢志不渝。对此毛泽东曾有过精彩评论。他说："人总是要老的"，"如果老就可贵，那末可贵的人太多了。因此，我们一定要有一个标准。就是说，可贵的是他一辈子总是做好事"，"就像我们的吴老、林老、徐老、董老、谢老"，"一贯地有益于革命，艰苦奋斗几十年如一日"。[1] 这既是中共"五老"革命一生的写照，也是他们学术长青的秘诀所在。

1949年新中国成立后，"五老"又各自走上了新的征途。这时徐特立和吴玉章已年逾七旬，但仍以"您我励残年，尽瘁此心血"的诗句互勉。徐老领导一批青年学者从事中国通史和中国革命史的编纂工作，并继续以各种方式关心和指导教育工作；吴老则任中国人民大学校长、中央社会主义学院院长，为新中国的建设培养各类人才。林伯渠、谢觉哉、董必武虽也年过花甲，但仍肩负党和国家建设的重要职责。林老历任中央人民政府秘书长、全国人大常委会副委员长。谢老历任中央人民政府内务部部长、最高人民法院院长。董老历任政务院政法委主任、全国政协副主席、全国人大常委会副委员长、国家副主席和代主席等职。他们均能继续发挥专长，为建设新中国奉献自己的热情和心血。

---

[1] 《毛泽东文集》第2卷，人民出版社，1993，第261~262页。

李达与马克思主义哲学的中国化

丁晓强[*]

摘 要 李达全面地总结了唯物史观的传播，有力地推动了唯物辩证法的传播，在学理上促进了马克思主义哲学的中国化，对毛泽东哲学思想的创造做出了重大贡献。我们要特别重视学者在思想理论创造中的重要作用。

关键词 李达 马克思主义 中国化 毛泽东哲学思想

中国马克思主义哲学的发展史与李达的名字是分不开的。李达全面地总结了唯物史观的传播，有力地推动了唯物辩证法的传播，在学理上促进了马克思主义哲学的中国化，对毛泽东哲学思想的创造做出了重大贡献。

一 全面地总结了唯物史观的传播

马克思主义哲学在中国的传播，就内容而言，首先传播的是唯物史观，之后是唯物辩证法，在此基础上构成了马克思主义哲学体系。五四运动以后，传播马克思主义唯物史观最著名的学者是李大钊。1919年，李大钊在《新青年》第6卷第5、第6两号上，发表了《我的马克思主义观》。关于唯物史观，李大钊首先阐明了经济在社会发展中的决定作用，其次阐述了生产力与生产关系，最后说明了阶级斗争的意义。这是较早对唯物史观的系统介绍。到1920年，李大钊在北京大学为讲课而写了《史学思想史讲义》，其中包括《史观》《马克思的历史哲学与理恺尔的历史哲学》《唯物史观在现代史学上的价值》《唯物史观在现代社会学上的价值》等11篇文章，集

---

[*] 丁晓强，同济大学马克思主义学院院长、教授。

中地阐述了唯物史观在史学和社会学上的意义。到1924年，李大钊还在商务印书馆出版了他的学术著作《史学要论》。李大钊宣传唯物史观，不仅注重系统阐述唯物史观原理，还注重理论与实际相结合，提出以马克思主义的唯物史观武装人们的头脑，变革中国传统的思维方式，以指导研究历史和改造中国社会，这是李大钊传播唯物史观的重要特点。

另一个宣传唯物史观的重要代表是瞿秋白。1923年秋，瞿秋白任上海大学教务长兼社会学系主任，讲授现代社会学、社会哲学等课程，发表了《社会哲学概论》《现代社会学》《社会科学概论》，也较集中地论述了"生产力是社会最后的根底"的原理，并根据这一原理，讲了社会政治、法律、道德、宗教、风俗、艺术、哲学、科学等上层建筑。他还专门阐述了社会形态的统一性与多样性问题，重视社会形态特殊性的分析，提出了社会的"过渡形式及复合形式"。瞿秋白在论述唯物史观过程中，转译了恩格斯的《反杜林论》和布哈林的《历史唯物主义理论》，并结合中国哲学史和当时思想界的斗争进行了发挥。当时尚无《反杜林论》和《历史唯物主义理论》的中译本，瞿秋白的阐述是很有意义的。

李达是中国传播马克思主义的先驱。五四运动以后，李大钊、李达和李汉俊"三李"并称。当时的李达重在科学社会主义方面对马克思主义进行宣传，并在建党前后的社会主义和无政府主义论战中，成为中国马克思主义者的主将。但李达对唯物史观的传播也是重视的。他认为，唯物史观是马克思科学社会主义学说的重要原则之首。[①] 1918~1920年，他所译的三部马克思主义著作中就有《唯物史观解说》。该书于1921年5月由中华书局出版。在书中还附有《马克思唯物史观要旨》一文，在扼要说明了唯物史观的同时，还翻译辑录了马克思《〈政治经济学批判〉序言》和恩格斯1888年1月的《共产党宣言》英译本序言中有关唯物史观的论述，这使得对唯物史观基本原理的解说比较精确。该书至1936年8月共印行了14次，说明其影响之大。

李达自1923年至1927年开始着重研究唯物史观。1926年出版了在讲义基础上整理而成的《现代社会学》一书。该书全面地论述了生产力与生产关系、经济基础与上层建筑的理论，论述了阶级、国家、社会意识和社会革命的理论，论述了世界革命与民族革命的理论。就论及问题的广泛性

---

① 《李达文集》第1卷，人民出版社，1980，第31页。

与内容的深刻性,《现代社会学》可以被看作马克思主义哲学在中国早期传播的代表作,它反映了中国早期马克思主义者对唯物史观的理解和运用所能达到的水平,标志着马克思主义哲学在中国传播的一个阶段的完成。1923年,李达曾提出:"马克思学说之在中国,是由介绍的时期而进到实行的时期了。"①《现代社会学》是向这个方向努力的。它所论述的一些理论直接与当时轰轰烈烈的中国大革命相联系,这也是《现代社会学》高于其他论著的一个重要方面。曾听过李达讲学的吕振羽认为:"李达老师是我国有系统地传播唯物史观的第一人,他的《现代社会学》(就是我听他课的讲义)是中国人自己写的一部联系中国革命实际系统论述唯物史观的专著。这部著作影响之大,凡是经历过那些岁月的老同志一定都不会忘却的。"② 邓初民在《忆老友李达先生》一文中也首先谈到该书,说该书在大革命时期很流行,"差不多人手一册"。③

二 有力地推动了唯物辩证法的传播

五四运动以后很长一段时间里,马克思主义在中国的传播,主要集中在唯物史观和社会革命论。虽然中国早期的马克思主义者如李大钊、李达和李汉俊等的论著中都包含丰富的唯物辩证法思想,但是,还没有将它作为马克思主义的哲学基础来理解、研究和宣传。较早提到唯物辩证法的是李汉俊。1922年,他在《唯物史观不是甚么?》的长文中说:"辩证法绝不是甚么诡辩,只是进化的思索法,或历史的思索法。换句话说,就是不认世界是静止的死物,认世界是无间断流动的活物。更正确地说,就是认存在是变化或发达底不断的过程。世界本来不是静在的,是无间断、流动的;我们只观察一般的自然,人类底历史,我们自身的智的活动,就可以明白了。没有一件事物是永久深其同形,停在同处,存其同质;没有一件事物不是时常运动,时常变化,时常出现,时常消灭,一切世界没有不是各种关系与各种反动互相错综互相连结的无始无终的大混乱的画面。我们要理解事物,非理解其生死现灭不可。辩证法就是在事物底根本的关系、连系、

---

① 《李达文集》第1卷,第202页。
② 江明:《展读遗篇泪满襟——记李达与吕振羽的交往》,《文献》1980年第4期。
③ 《人物杂志》1946年第9期。

运动、起源、及终结上,理解事物及其表现(即观念)的思索法。"①他说明了辩证法与唯物史观的联系,认为"唯物论者把这种辩证的思索法应用到人类社会底历史底研究,就是'唯物史观'"。上述论述是较准确的。但是,他还没有就唯物辩证法的各项内容展开讨论。

最早较系统地介绍唯物辩证法的是瞿秋白。1923年1月,他在批评考茨基时曾指出:"他以'争取政权'与'因贫乏而起的斗争'相对立,实在已经全失马克思主义之'辩证法的唯物论'。这两种斗争只有在动象中流转而互相成变,绝不可分立对待。"②这一年瞿秋白在上海大学讲授"社会哲学概论",翌年又讲授"现代社会学",较系统地论述了唯物辩证法。他指出了宇宙是运动的,矛盾是宇宙和社会的"根本属性",矛盾规律、否定之否定规律和质量互变规律是辩证法的基本规律,介绍了原因与目的、"有定论与无定论"等范畴。1926年,瞿秋白还翻译了郭列夫的《无产阶级的哲学——唯物论》一书,其中也宣传了唯物辩证法。可以说,瞿秋白是在中国宣传唯物辩证法的启蒙思想家。但是,他的介绍还较为简略,大革命失败以后,这项工作没有继续下去。

大革命失败以后,用唯物辩证法来分析复杂的中国社会,解决中国革命的道路问题,显得越来越迫切。1929年以后,李达较集中地进行了唯物辩证法的翻译和介绍工作。其中有德国塔尔海玛的《现代世界观》(又名《辩证唯物论入门》,1929)、日本河上肇的《马克思主义之哲学基础》(1930)、德国卢波尔的《理论与实践的社会科学根本问题》(1930)、苏联西洛可夫等的《辩证法唯物论教程》(与雷促坚合译,1932)等。上述四部著作的问世,产生了极大的影响,尤其是最后一部著作,是苏联当时研究唯物辩证法的最新成果,并且突出了列宁的哲学思想,因而最全面、最权威。正是在李达的推动下,唯物辩证法在中国的传播渐成澎湃之势。反对马克思主义哲学的张东荪也不得不承认:"这几年坊间出版了不少关于唯物辩证法的书。无论赞成或反对,而唯物辩证法闯入哲学书中可以说是一个事实。"③李达对唯物辩证法的全面介绍,有力地推动了唯物辩证法在中国的传播。郭湛波在当时评论说:"今日辩证唯物论之所以澎湃于中国社会,固因时代潮流之所趋,非人力所能左右,然李达先生一番介绍翻译工作,

---

① 上海《民国日报》副刊《觉悟》1922年1月23日。
② 瞿秋白:《世界的社会改造与共产国际》,《新青年》1923年第1期。
③ 张东荪:《唯物辩证法论战》,北平民友书局,1934,第143页。

在近五十年思想史之功绩不可忘记。"①

三 在学理上促进了马克思主义哲学的中国化

关于马克思主义哲学的传播,到20世纪30年代初,从唯物史观到唯物辩证法,得到了全面的介绍和宣传,同时,从马克思、恩格斯到列宁,马克思主义哲学也得到了深入传播。在此过程中,以李达为代表的中国马克思主义学者,开始对马克思主义哲学进行全面的整理和消化,力求与中国的思想文化传统及中国革命的实践相结合、相适应,使马克思主义哲学再从列宁阶段向中国化深入。这项工作又是由李达开始的。

1935年,李达出版了《社会学大纲》,这是中国人写的第一部马克思主义哲学教科书,对马克思主义哲学在中国的传播进行了全面的总结,同时也在学理上促进了马克思哲学与中国实际的结合。

李达把马克思主义哲学作为一个整体进行把握。在20世纪30年代以前,唯物史观与唯物辩证法的传播,是马克思主义哲学在中国传播的两个阶段,尚没有作为一个整体进行阐述。李达指出,马克思主义哲学的认识论、自然观和历史观"具有亲切的不可分离的关联",唯物辩证法是自然科学与社会科学的普遍概括,而这种概括必须以辩证自然观与唯物史观为中介环节,所以唯物辩证法在自然领域中的运用就是自然辩证法,在历史领域运用就是历史唯物论。马克思主义哲学首次作为完整的有机整体进行全面的阐述,突出了其系统性。

李达理清了马克思主义哲学与以前全部认识史的批判继承关系。他从唯物辩证法的前史及其形成、发展的历史出发,论述了马克思主义哲学与以往认识史的关系,尤其强调了古典哲学家黑格尔的辩证法与费尔巴哈的唯物论的批判继承关系,并揭示了马克思主义唯物辩证法从历史辩证法到自然辩证法,统一与社会实践而创造唯物辩证法的历史过程。马克思主义发展史首次得到了系统的说明,从而突出了马克思主义哲学的科学性。

李达全面阐发了马克思主义哲学的实践观点。在20世纪30年代以前,实践的观点在马克思主义哲学宣传中很少提及,30年代以后,革命形势的发展,使阐述马克思主义的实践观点具有了特别重要的意义。李达将实践

---

① 郭湛波:《近五十年中国思想史》,北平人文书店,1935,第134页。

问题置于马克思主义哲学的突出地位，看作马克思主义哲学产生的"关键契机"，是马克思主义哲学整体的统一基础。马克思主义哲学理论与实践的统一原则首次得到了充分的强调，突出了马克思主义哲学的实践性。

李达的总结，是中国人在中国的文化土壤中对马克思主义哲学的再理解、再阐述，因此也必然带着中国人的思维特点。作为中国人写的第一本马克思主义哲学教科书，《社会学大纲》正是用中国人的语言、中国的风格，对马克思主义哲学做了富有特色的表述。而且，《社会学大纲》密切关注着中国社会的现实需要。全书原拟写六篇，第六篇是关于中国社会的内容，虽未完成，但研究大纲和材料已有了准备。李达结合中国实际，通过对列宁哲学的说明与发挥，在中国马克思主义哲学发展史上具有重要地位。

第一，关于认识与实践关系的阐述。李达认为，马克思把实践的契机导入唯物论，"使唯物论发生了本质的变化，变成了实践的唯物论"，唯物辩证法就是"当作实践的唯物论看的唯物辩证法"。[①] 在此基础上，李达对认识论特别重视，做了系统的阐发，反映了中国哲学特别重视知行关系的特点，也体现了中国革命实践的需要，初步阐述了关于实践论的重要思想。

第二，关于矛盾是辩证法的核心的阐述。李达依据列宁关于对立统一规律是辩证法的核心和实质的思想，把对立统一规律展开并具体化，指出了矛盾是辩证法的精髓，从具体的特殊的矛盾中把握矛盾的普遍性，在诸多的矛盾中，要抓住本质的矛盾，拮抗是矛盾发展的一个阶段等，初步形成了关于矛盾学说的基本框架。

第三，关于社会主义社会的矛盾问题的阐述。李达认为，在社会主义社会中，生产力与生产关系的矛盾仍然是社会的基本矛盾，是社会发展的动力。这种矛盾，在社会主义社会中，由于这个社会是非敌对社会，所以"矛盾不至发展为拮抗"。[②] 这一观点在1952年发表的《〈矛盾论〉解说》中做了更明确表述，认为生产力与生产关系的矛盾，"在社会主义社会各方面成员的利益的根本的共同线上发生作用的"，不会发展为对抗，[③] 初步揭示了关于社会主义社会的基本矛盾和正确处理人民内部矛盾的重要思想。

第四，关于科学技术在社会发展中的地位问题的阐述。李达认为，技术是社会生产力的一个动因，技术依存于科学，科学又称为一般的生产力。

---

① 《李达文集》第2卷，人民出版社，1981，第60页。
② 《李达文集》第2卷，第397页。
③ 《李达文集》第4卷，人民出版社，1988，第369~370页。

1958年，他在《生产力与生产关系》一文中，特别强调了科学及其技术应用在推动生产力中的作用，是"新生产力"，是生产力发展的"一个主要的原因"。① 此外，李达关于生产关系与生产方法的技术性的观点，指出了在一定社会条件下科学管理的重要意义。这些观点，对于我们今天理解邓小平"科学技术是第一生产力"的论断等思想仍具有重要的启迪。

四　对毛泽东哲学思想的重大贡献

李达是中国马克思主义传播的先驱者，对中国马克思主义的传播做出了卓越的贡献。上海早期党组织建立以后，李达还主编了《共产党》月刊。毛泽东在长沙组织学习，并把其中的《俄国共产党的历史》等文章推荐到湖南《大公报》发表。他在给蔡和森的信中，称赞该刊"颇不愧'旗帜鲜明'四字"。② 李达主编的《共产党》月刊，以及在这一时期推动的对改良主义和无政府主义的论战，都对毛泽东产生了影响，对毛泽东信服阶级斗争和无产阶级专政学说起了促进作用。

1922年5月，毛泽东请李达到湖南自修大学讲授马克思主义理论，11月又请他任自修大学学长，当时学员有毛泽东、何叔衡、罗学瓒等24人，毛泽东对李达以师长事之。在自修大学基础上，他们还创办了《新时代》月刊，以"努力研究致用的学术，实行社会改造的准备"。③ 李达与毛泽东建立了密切的关系。

20世纪30年代，李达翻译的《辩证法唯物论教程》和《马克思主义经济学基础理论》等著作，对毛泽东的理论研究产生了积极的影响。1936年8月，毛泽东在给易礼容的信中说，他读了李之译著，"甚表同情"。毛于1936年11月至1937年4月阅读过《辩证法唯物论教程》，并有1.2万多字的批注。

李达的《社会学大纲》对毛泽东的哲学创造有着更重要的影响。1939年，李达在重庆收到了毛泽东的来信，信中说该著"是中国人自己写的第一本马克思主义的哲学教科书"，称赞李达是"真正的人"。

《社会学大纲》1935年由北平大学法商学院作为讲义印行，1937年5

---

① 《李达文集》第4卷，第590~591页。
② 《毛泽东书信选集》，人民出版社，1983，第15页。
③ 《发刊词》，《新时代》创刊号，1923年4月15日。

月由上海笔耕堂书店出版。现在看到的毛泽东有关该书的批注写于1938年2月、3月两月,毛泽东还特意开始写"读书日记","为了督促自己研究一点学问"。但是,在此之前,毛泽东应该已经读到了该书。郭化若在回忆中说:"到延安不久,在一次小型会议上,毛主席向我们讲:'李达同志给我寄了一本《社会学大纲》,我已经看了十遍。我写信请他再寄十本来,让你们也看看。'"① 郭化若是1937年8月从庆阳调到延安的,所以"到延安不久",大约在8、9月份。郭化若在另一篇回忆中还提到,当时毛泽东又叫武汉办事处派人和李达联系,② 李达只有1937年下半年在湖南,1938年春到桂林,而桂林又有桂林办事处。所以,毛泽东读《社会学大纲》十遍的时间是在1937年下半年,也就是说,正是毛泽东在抗大讲演和写作《实践论》和《矛盾论》期间。《社会学大纲》为毛泽东构建实践论和矛盾论体系建立了一个基础性框架。

李达把以实践为基础的认识论作为唯物辩证法的核心,提出了实践是认识的基础,实践是认识过程中诸契机及认识结果的检验,认识的过程是"实践—直接的具体践—抽象的具体践—媒介的具体践—实践",认识的能动作用,等等。这些观点实际上构成了毛泽东认识论体系的雏形。在此基础上,毛泽东特别重视"由思维到物质的推移的辩证法",③ 在《实践论》中强调了"更重要的还须表现于从理性的认识到革命的实践这一个飞跃",④ 更为深刻和全面。

李达构建了关于矛盾学说的框架体系。他关于两种发展观、内因与外因、矛盾的普遍性、具体的矛盾和本质的矛盾、矛盾的同一性和斗争性、拮抗矛盾和非拮抗矛盾的论述,已较为全面。毛泽东的《矛盾论》论及六个方面的问题,分别是两种宇宙观、矛盾的普遍性、矛盾的特殊性、主要的矛盾和矛盾的主要方面、矛盾的诸方面的同一性和斗争性、对抗在矛盾中的地位等。对比两者的框架可见,李达在列宁关于对立统一规律的论述和毛泽东的矛盾学说之间起了中介的作用。毛泽东的矛盾学说,以矛盾的普遍性和特殊性的关系为主线,为矛盾的框架建立了一个核心,这是毛泽

---

① 郭化若:《在毛主席身边见闻的片断》,《毛泽东同志八十五诞辰纪念文选》,人民出版社,1979,第128页。
② 郭化若:《毛主席抗战初期光辉的哲学活动》,《中国哲学》1979年第1辑。
③ 《毛泽东哲学批注集》,中央文献出版社,1988,第265~266页。
④ 《毛泽东选集》第1卷,人民出版社,1991,第292页。

东的重要创造。

李达在马克思主义哲学中国化中具有重要的地位。他是中国马克思主义哲学传播的主要总结者，并奠定了中国马克思主义哲学的基本体系；而且，在中国马克思主义哲学发展史上，李达的哲学思想，是马克思主义哲学与中国实际结合的中介，是列宁阶段走向毛泽东阶段的中介，为毛泽东思想的创造做了学理上的准备。我们应该充分重视以李达为代表的中国马克思主义学者的贡献，正是他们的理论创造，给在实践中探索的毛泽东等提供了学理上的工具，从而创造了毛泽东思想。换言之，倘若没有李达等在学理上的支持，仅仅靠实践中的探索，毛泽东思想的创造并且上升到哲学层面上的抽象概括，是难以想象的。事实上，毛泽东等革命实践，一刻也没有离开理论的指导，而毛泽东为了总结实践经验，又特别重视哲学的学习。由此可见理论思维的重要和学者们勤奋治学对于社会发展的价值。所以说，李达是毛泽东思想的重要创造者。

指出这一点具有特别的意义。以往，我们谈到毛泽东思想是集体智慧的结晶，过多强调了政治领袖们的作用，而没有给予理论研究者足够的关注。从某种角度来说，这反映了对学术和理论研究的忽视，特别是对学者和理论家的忽视。

论马克思主义中国化早期三大形态对中国化命题提出的推动[*]

王 刚[**]

摘 要 马克思主义与中国实际相结合,必然要通过一定的形式把双方结合的过程和结果真实地表现出来,即马克思主义中国化的形态,它包括实践形态、理论形态和政策形态。马克思主义与中国实际相结合的过程分为许多不同的阶段,在不同的阶段有不同的形态。1921~1938年为马克思主义中国化的早期阶段,其产生的形态为马克思主义中国化的早期形态,包括实践形态、理论形态和政策形态。马克思中国化在实践形态上主要表现为新启蒙运动和延安文化运动,它们在实践形态上推动了马克思主义中国化命题的提出。中国共产党人长期以来对马克思主义中国化理论探索成果的积累,在理论形态上推动了马克思中国化命题的提出。共产国际改变了对各国领导的政策,直接在政策形态上推动了毛泽东对马克思对中国化命题的提出和论证。

关键词 马克思主义中国化 中国化命题 中国共产党

形态是指事物在一定条件下的表现形式。源于欧洲的马克思主义与中国实际相结合,必然要通过一定的形式把双方结合的过程和结果真实地表现出来,即马克思主义中国化的形态,这种形态表现为实践探索、理论创新和政策执行。马克思主义与中国实际相结合的过程分为许多不同的阶段,在不同的阶段有不同的形态。1921~1938年为马克思主义中国化的早期阶段,其产生的形态为马克思主义中国化的早期形态,包括实践形态、理论

---

[*] 本文系江苏省社会科学基金重点项目"坚定中国特色社会主义道路自信、理论自信、制度自信研究"(项目号:14MLA002)和江苏高校优势学科建设工程资助项目的研究成果。

[**] 王刚,南京师范大学马克思主义学院副教授。

形态和政策形态,它们在共同推动了马克思主义中国化命题的提出。

一 实践形态对马克思主义中国化命题提出的推动

马克思中国化早期在实践形态上主要表现为新启蒙运动和延安文化运动,它们在实践形态上推动了马克思主义中国化命题的提出。

第一,新启蒙运动推动马克思主义中国化命题提出的路向。何谓新启蒙运动呢?新启蒙运动是1936年9月至抗日战争初期,在中国共产党领导和影响下,北京、上海和重庆等地的一部分马克思主义者联合一些自由主义知识分子,以继承五四启蒙运动为宗旨,为"挽救国难"而发起的有关思想、文化和社会的活动。① 新启蒙运动发起人之一张申府指出,新启蒙运动是"社会发展到这个阶段的民族主义的自由民主的思想文化运动",他说,五四时代是两大口号,"打倒孔家店"和"德赛二先生";现在要改一下,"打倒孔家店"、"救出孔夫子"和"科学与民主"、"第一要自主"。② 另一个新启蒙运动的主要思想家之一艾思奇在《什么是新启蒙运动》中也提出,"因为中国过去的新文化运动(以五四新文化运动为最高峰)是一种启蒙运动,而现在的这一个文化运动和它有共同的地方",就是"要从黑暗的中古时代的睡梦中把民众唤醒,使他们能够自觉到自己的现实的存在"。③ 可见,新启蒙运动是为了把人从封建专制的桎梏中解放出来,使每个人都觉悟到自己是一个独立的、有个性的人。

新启蒙运动最突出的特点便是其显著的民族性和大众性。这场新的文化运动在继承了五四运动科学、民主两大口号的同时,又以大众化和民族化的口号来纠正五四运动中出现的"全盘西化"的现象。如张申府就指出,新文化运动"所要造的文化不应该只是毁弃中国传统文化,而接受外来西洋文化,当然更不应是固守中国文化,而拒斥西洋文化;乃应该是各种现有文化的一种辩证的或有机的综合";"一种异文化(或说文明)的移植,不合本地的土壤,是不会生长的"。因此,新文化不"只是大众的,还应该

---

① 陈亚杰:《"马克思主义中国化"的由来》,《学习时报》2006年10月16日;俞红:《论新启蒙运动》,《浙江社会科学》2000年第6期;卢毅:《新启蒙运动与新民主主义文化思想的形成》,《长白学刊》2008年第1期;欧阳军喜:《论新启蒙运动》,《安徽史学》2007年第3期。
② 《张申府文集》第1卷,河北人民出版社,2005,第190页。
③ 《艾思奇全书》第2卷,人民出版社,2006,第413~414页。

带些民族性"。① 陈伯达也认为，戊戌变法和辛亥革命失败的原因便"只是几个上层思想家的叫喊"，没有形成"一个普遍的群众革新运动"，而五四运动则是"第一次以群众的姿态"的"爱国运动"，"民族的群众自救运动"。② 张申府认为，新启蒙运动的内容有三点特别之处，其中的第二点就强调："这个新启蒙运动的文化运动却应该不只是大众的，还应该带些民族性。"③

新启蒙运动相较于五四运动，对理性和知识更重视，也更加重视新文化的建设性。因此，新启蒙运动"必是理性运动：必然要反对冲动，裁抑感情，而发扬理性"，"应该是综合的"，"不应该真只是'启蒙'而已。更应该是深入的，清楚的"。张申府总结道："这个运动的总标语，一言以蔽之，应该是理性。"④ 对于中国传统的旧文化，"并不是要推翻全部中国旧文化的传统。我们对于旧文化的各种传统，都采取了批判的态度：好的，我们要继承下来，并给以发扬；不好的，我们就绝不顾惜"⑤ 所以，新启蒙运动并不仅仅是对此前的启蒙运动的简单继承，更重要的是试图在五四运动的基础上实现一种新的超越，"建设现代文化的体系，就成为'新启蒙运动'当中最迫切最重要的工作"⑥ 这一点张申府说得更明白："新启蒙运动对于五四的启蒙运动，应该不仅仅是一种继承，更应该是一种扬弃。"⑦

由于新启蒙运动兼具科学性与民主性、大众性与民族性，所以其"影响了抗战时期的延安文化乃至新民主主义时期文化的发展"。⑧ 新启蒙运动运用了历史唯物主义理论，并且具有鲜明的政治倾向性与革命色彩，"可以说开启了马克思主义中国化的先声"。⑨ 这正如张申府所说，毛泽东的"意思与新启蒙的一个要求完全相同"。⑩

---

① 《张申府文集》第1卷，第192页。
② 陈伯达：《论新启蒙运动 第二次的新文化运动——文化上的救亡运动》，《新世纪》第1卷第2期，1936年10月1日。
③ 《张申府文集》第1卷，第192页。
④ 《张申府文集》第1卷，第192~193页。
⑤ 周金：《思想无罪》，《北平新报》1937年5月28日。
⑥ 于刚：《怎样认识"新启蒙运动"》，《北方青年》第1卷第1期，1937年6月3日。
⑦ 《张申府文集》第1卷，第191页。
⑧ 房德邻：《再评1930年代的新启蒙运动》，郑大华、邹小站主编《中国近代史上的激进与保守》，社会科学文献出版社，2011，第380页。
⑨ 韩星：《孔学述论》，陕西师范大学出版社，2008，第145页。
⑩ 《张申府文集》第1卷，第304页。

在新启蒙运动的推动下,"中国化"思潮的演化按照马克思主义哲学通俗化、大众化→马克思主义哲学中国化、现实化→马克思主义中国化的路向发展。①

针对20世纪30年代初,"还没有人尝试过,甚至是没有人屑于这样尝试"做马克思主义哲学通俗化工作的状况,② 1934年,艾思奇出版《大众哲学》一书,这部著作把高深的哲学理论用通俗的语言、人民大众所熟悉的事例加以解释,打破了哲学神秘的观点,拉近了哲学与人民大众的距离。继艾思奇之后,沈志远、陈唯实、胡绳、李达等一批哲学工作者也纷纷开始从事哲学通俗化的研究,从而使20世纪30年代中后期在中国形成了一个哲学通俗化、大众化的运动。陈唯实在《通俗辩证法讲话》一书中率先提出了"辩证法之实用化和中国化"的主张。他指出:对于唯物辩证法,"最要紧的,是熟能生巧,能把它具体化、实用化,多引例子或问题来证明它。同时语言要中国化、通俗化,使听者明白才有意义"。③ 接着张申府提出了"科学中国化"的主张。他指出:不但要"中国科学化",同时也要"科学中国化","使中国在科学上有特殊的贡献,使科学染上中国的特色"。④ 这一时期,李达所著的《社会学大纲》被毛泽东誉为"中国人自己写的第一部马克思列宁主义的哲学教科书"。⑤

在哲学通俗化、大众化基础上,1938年4月,艾思奇发表《哲学的现状和任务》一文,进一步把对马克思主义哲学的通俗化提升到"中国化"的认识高度。他说,哲学的通俗化、大众化,仅仅是"中国化现实化的初步","通俗化并不等于中国化现实化",因为哲学的通俗化、大众化,并没有与中国革命的实践相结合,"它也没有适应这激变的抗战形势的力量",只有马克思主义哲学中国化现实化,才能既使马克思主义哲学得到更深入地传播,又能解决中国革命中的问题,从而产生中国式的马克思主义哲学。因此,他向哲学界呼吁:"现在需要来一个哲学研究的中国化、现实化的运动。"⑥

对于如何才能真正做到马克思主义哲学的中国化,在《关于形式论理学和辩证法》中,艾思奇给出了答案。他说,除了要学习、精通马克思主

---

① 王刚:《马克思主义中国化的起源语境研究》,人民出版社,2011,第319~321页。
② 《艾思奇文集》第1卷,人民出版社,1981,第285页。
③ 陈唯实:《通俗辩证法讲话》,上海新东方出版社,1936,第7页。
④ 《张申府文集》第1卷,第304页。
⑤ 《李达文集》第1卷,人民出版社,1980,第17页。
⑥ 《艾思奇文集》第1卷,第387页。

论马克思主义中国化早期三大形态对中国化命题提出的推动

义哲学理论外,"原则上不外两点:第一要能控制中国传统的哲学思想,熟悉其表现方式;第二要消化今天的抗战实践的经验与教训"。① 这就是说,马克思主义哲学中国化,要注重中国传统哲学遗产,注重对现实问题的研究。这一阐释思路与胡绳在《辩证唯物论入门》中提出的思路基本相似。胡绳认为,辩证唯物论的"中国化"有两方面的意义:一是"于理论的叙述中,随时述及中国哲学史的遗产以及近三十年来中国的思想斗争";二是"用现实的中国的具体事实来阐明理论"。② 艾思奇、胡绳提出的这些原则既是哲学中国化的必经途径,实际上也是整个马克思主义理论中国化的基本途径。③

20 世纪 30 年代中国哲学界在马克思主义哲学的通俗化、大众化方面所取得的成果对毛泽东产生了重要的影响。如毛泽东就详细阅读了李达翻译的《辩证法唯物论教程》,并作有大量的旁批,而"这些旁批,后来就逐步发展成为他的光辉著作《实践论》";④ 他还认真阅读了艾思奇的《哲学与生活》,称"得益很多"。⑤ 这种"中国化"也波及了蒋介石和国民党,当时甚至出现了对"中国化"旗帜争夺的现象。国民党御用哲学家叶青宣称:孙中山的三民主义已经完成了西方思想的中国化,"孙先生虽然没有讲中国化三个字,却在实际上是中国化底开始者、实行者和成功者"。⑥

新启蒙运动虽然只持续了两年左右的时间,但它对马克思主义中国化命题的提出却产生了积极的影响。有论者指出,"随着新启蒙运动的到来,马克思主义在中国发展的时代已经来临",⑦ 并由此推动了延安的革命文化运动,而后者对马克思主义中国化命题的提出有着更为直接的关联。

第二,延安革命文化运动对马克思主义中国化命题提出的推动。抗战开始后,毛泽东十分重视文化工作,他曾明确提出:"现在我们不但要武的,

---

① 《艾思奇文集》第 1 卷,第 420 页。
② 《胡绳全书》第 4 卷,人民出版社,1998,第 162 页。
③ 李方祥:《二十世纪三四十年代"学术中国化"与"马克思主义中国化"的思潮互动》,《中共党史研究》2008 年第 2 期。
④ 《毛泽东同志八十五诞辰纪念文选》,人民出版社,1979,第 128 页。
⑤ 《毛泽东书信选》,人民出版社,1983,第 112 页。
⑥ 叶青:《论学术中国化》,《时代精神》创刊号,1939 年 8 月 10 日,转引自陈亚杰《"马克思主义中国化"的由来》,《学习时报》2006 年 10 月 16 日。
⑦ 〔美〕雷蒙德·怀利:《毛泽东、陈伯达和"马克思主义中国化"(1936~1938)》,林育川译,《现代哲学》2006 年第 6 期。

我们也要文的了，我们要文武双全。"① 随着大批知识分子涌入延安，延安的革命文化运动也开展起来。

在延安的革命文化运动的推动下，"中国化"思潮的演化按照文化运动中国化→马克思列宁主义具体化中国化→马克思主义中国化的路向发展。②

一是延安革命文化运动的形成和发展。毛泽东指出："革命文化，对于人民大众，是革命的有力武器。革命文化，在革命前，是革命的思想准备；在革命中，是革命总战线中的一条必要和重要的战线。而革命的文化工作者，就是这个文化战线上的各级指挥员。'没有革命的理论，就不会有革命的运动'，可见革命的文化运动对于革命的实践运动具有何等的重要性。而这种文化运动和实践运动，都是群众的。因此，一切进步的文化工作者，在抗日战争中，应有自己的文化军队，这个军队就是人民大众。"③

延安革命文化运动的形成和发展与当时的历史背景密切相关。抗日战争的爆发是延安革命文化运动的历史大背景，抗日民族统一战线的建立、国民政府承认陕甘宁边区政府④为延安革命文化运动提供了有利的条件。延安革命文化运动的目标具有多重性：既要反对日本侵略者奴化的文化宣传，又要反对国民党统治者的反动文化，同时，也要同民众中普遍存在的狭隘小农思想、落后封建思想展开斗争。而抗日战争爆发后，大量知识分子和有文化的青年为了"寻求救中国的真理"奔向延安，⑤ 为延安革命文化运动提供了人才保证，充当了"指战员"的角色，这样一场革命的文化运动就势在必行了。

中国共产党自建立伊始就是以其先进性登上历史舞台的，并且十分重视革命文化的建设和作用，中国共产党所引导和坚持的文化目标自然也就代表了时代的发展方向。抗日战争爆发以后，国共第二次合作正式建立了抗日民族统一战线，为了宣扬全民族共同团结抗战，唤起广大民众的救亡意识，增强民族凝聚力，打败日本侵略者，必须建设先进的民族文化作为"革命的有力武器"。

中国共产党对知识分子政策的调整是吸引知识青年来延安的重要因素

---

① 《毛泽东文集》第1卷，人民出版社，1993，第461页。
② 王刚：《马克思主义中国化的起源语境研究》，第321~322页。
③ 《毛泽东选集》第2卷，人民出版社，1991，第708页。
④ 1937年10月12日，国民党政府行政院第333次会议通过决议，划定陕西延安等23县、宁夏部分地区归陕甘宁边区政府管辖。
⑤ 烟如：《他们为什么要去延安》，《自然》第2卷第3期，1939年1月30日。

论马克思主义中国化早期三大形态对中国化命题提出的推动

之一。1935年12月17日召开的瓦窑堡会议,批判、纠正了党内严重存在的"左"倾关门主义倾向,制定了党在新形势下的正确策略和政策。中国共产党当时的任务是:"不但要团结一切可能的反日的基本力量,而且要团结一切可能的反日同盟者,是在使全国人民有力出力,有钱出钱,有枪出枪,有知识出知识,不使一个爱国的中国人,不参加到反日的战线上去。这就是党的最广泛的民族统一战线策略的总路线。"① 由于中国共产党是全民族的先锋队,对于"一切愿意为着共产党的主张而奋斗的人,不问他们的阶级出身如何,都可以加入共产党"。② 毛泽东也指出:"如果知识分子跟八路军、新四军、游击队结合起来,就是说,笔杆子跟枪杆子结合起来,那末,事情就好办了。"③ 这些在延安革命文化运动中起到关键作用的知识分子,他们来自全国各地,充满了朝气和活力,"穿着各式服装,背着简单行李","唱着歌,兴奋地北进"。④ 仅1938年5月到8月的短时间内,就有2288人奔赴延安,中国人民抗日军事政治大学第三期到第五期共有学员20124名,其中的62.3%是外地来的知识青年。⑤ 据任弼时讲,"抗战后到延安的知识分子总共四万余人"。⑥

在这样一个时代背景、时代呼唤和现实需求下,广大延安知识分子克服了重重困难和严重的物质匮乏,翻译编辑了《马恩丛书》《列宁选集》及斯大林的著作,以《解放日报》《共产党人》《八路军军政杂志》《中国青年》《中国工人》《中国妇女》等报刊为阵地,通过人民抗日剧团、抗日战争研究会、延安自然科学院、中国人民抗日军事政治大学、陕北公学、鲁迅艺术学院、马克思列宁主义学院等学校和团体,结合夜校、大众黑板、演讲、壁报等多种教育宣传方式,把文化当作革命武器,掀起了轰轰烈烈的延安革命文化运动。正是在延安的革命文化运动中孕育出的"文化运动中国化",构成了马克思主义中国化命题提出的另一路向。

二是延安革命文化运动推动马克思主义中国化命题提出的路向。20世纪初的新文化运动,以"民主"和"科学"为旗帜,对中国传统文化大加鞭挞,"打倒孔家店"成为新文化运动最具代表性的口号,以致一度产生了

---

① 《建党以来重要文献选编》第12册,中央文献出版社,2011,第536页。
② 《建党以来重要文献选编》第12册,第549页。
③ 《毛泽东文集》第2卷,第257页。
④ 成仿吾:《战火中的大学》,人民教育出版社,1982,第19页。
⑤ 王锋:《抗战时期"知识青年奔赴延安"现象》,《二十一世纪》(香港),2009年8月号。
⑥ 《胡乔木回忆毛泽东》,人民出版社,1994,第279页。

"全盘西化"的倾向。抗日战争的爆发，改变了中国文化发展的方向，中国要取得抗日战争的胜利，战胜日本侵略者，就要充分振奋中国的民族精神。激发民族精神靠西方文化显然行不通，而只能利用植根于中华民族深处的中华民族传统文化，这就需要对中国传统文化进行全新的审视。正如艾思奇在《中国目前的文化运动》中提出的，"我们不需要五四以前那样单纯的反封建。就是封建文化的遗产或封建文化的代表者，倘若它能发挥出一定的美点，或者在爱国运动上有一点一滴的助力时，我们都可以接受它"。① 柳湜则呼吁，要"选拔旧文化中的具有民族意识的要素，发展它"。② 于是一个新的口号——"复兴民族传统文化"便提了出来。"民族化""中国化"的思潮逐渐成了文化运动的主流。③

如果说在新启蒙运动中，主要是马克思主义哲学通过通俗化、大众化实现了中国化，那么正是在延安革命文化运动中，马克思列宁主义的史学理论、思想文化、文艺理论等通过在中国的具体化、通俗化而实现了中国化。

文化运动的中国化。1937年11月，从贤在《现阶段的文化运动》一文中提出了"文化运动中国化"问题。他说，过去的新文化运动（指五四以后），"外国气味实在太重了"，这是它不能成为大众文化的一个重要原因；而要使文化运动真正成为中国广大民众的文化运动，就要使我们的文化运动中国化。④ 这就是说，文化运动要真正做到大众化，就必须首先中国化。随后李初梨在《十年来新文化运动的检讨》一文中提出了"马克思列宁主义具体化中国化"的问题。他认为，在过去的几年里，虽然马克思列宁主义的具体化取得了进步，但这项工作还"仍然不够"，因此，现阶段文化运动的重要任务之一，就是使马克思列宁主义更具体化中国化。⑤ 应该指出，李初梨当时只是把"马克思列宁主义更具体化中国化"视为文化工作的具体任务之一，而不是把它视为党的指导思想，更没有详细阐释"马克思列宁主义具体化中国化"的具体内涵，但他提出的这一问题，却为马克思主

---

① 艾思奇：《中国目前的文化运动》，上海《生活》周刊第1卷第19期，1938年8月，转引自艾思奇《论文化和艺术》，宁夏人民出版社，1982，第23页。
② 柳湜：《柳湜文集》，三联书店，1987，第721页。
③ 周全华、姚鸿雁：《"马克思主义中国化"从理论命题到政治命题的历史脉络》，《中国特色社会主义研究》2010年第4期。
④ 从贤：《现阶段的文化运动》，《解放》第23期，1937年11月13日。
⑤ 李初梨：《十年来新文化运动的检讨》，《解放》第24期，1937年11月20日。

义中国化命题的提出做了思想准备。①

1938年5月《解放》周刊刊登了《我们关于目前文化运动的意见》一文，文中提出："文化的新内容和旧的民族形式结合起来，这是目前文化运动所最需要强调提出的问题，也就是新启蒙运动与过去启蒙运动不同的主要特点之一。"并在这篇文章中论述了文化的民族化（中国化）与大众化之间的关系，在文化运动中国化问题上做出了更深入的探索："忽视文化上旧的民族形式，则新文化的教育是很困难深入最广大的群众的"，因此，新文化的中国化和大众化之间的关系是"不可分开的"，"忽视民族化而空谈大众化，这是抽象的、非现实的"。对于这种文化现象"是必须立即抛弃了的"。②

不久陈伯达发表了《论文化运动中的民族传统》，在文章中对一些没有充分注意利用中国"旧的文化形式"的文化工作者提出了批评，认为这些人没有"注意到、理解到斯大林关于苏联文化发展所提出的社会主义内容和民族形式的名论，而去根据自己民族的革命运动，根据自己民族的特点，根据自己民族所需要的文化运动，把这名论在实际中最广泛地具体运用起来"。③ 陈伯达在此文中继续强调并进一步发展了《我们关于目前文化运动的意见》中对于文化运动"中国化"的看法。④

马克思主义史学的中国化。龚自珍曾说："灭人之国，必先去其史；隳人之枋，败人之纲纪，必先去其史；绝人之才，湮塞人之教，必先去其史。"⑤ 由此可见历史学在社会文化发展和民族精神传承中的重要作用。

发生在20世纪30年代前后的中国社会性质大论战对马克思主义史学理论传播起到了很大的促进作用，⑥ 延安的革命文化运动按照这一脉络继续向前发展。陈伯达认为，中国共产党的历史"就是根据自己民族的特点，根

---

① 许全兴：《"马克思主义中国化"的提出与新文化运动》，《毛泽东邓小平理论研究》2008年第3期；汪信砚：《马克思主义中国化思想的源流》，《武汉大学学报》（人文科学版）2008年第6期。
② 陕甘宁边区文化界救亡协会：《我们关于目前文化运动的意见》，《解放》第39期，1938年5月21日。
③ 陈伯达：《论文化运动中的民族传统》，《解放》第46期，1938年7月23日。
④ 黄兴涛、刘辉：《抗战时期中共文化"民族性"意识的觉醒及其理论意义》，《北京档案史料》2002年第1期。
⑤ 龚自珍：《龚自珍集》，辽宁人民出版社，1994，第90页。
⑥ 郭若平：《新民主主义理论的学理探源——对"中国社会性质问题论战"有益成果的吸收》，《中共党史研究》2003年第4期。

据自己民族的许多历史斗争条件,来应用马克思主义,而为自己民族解放的事业,为中国人民解放的事业而奋斗的"。对于马克思主义与中国传统文化之间的关系,陈伯达说:"中国共产党善于接受我们民族一切最好的文化思想遗产,这就增加着马克思主义在中国的无限价值,同时也正增加着我们民族一切最好的文化思想遗产的价值。"① 中共中央也发出文件"号召我们的同志学会应用马克思列宁主义的立场、观点和方法,认真地研究中国的历史"。② 马克思主义史学的具体化、中国化同样对马克思主义中国化命题的提出产生了重要的影响。

唯物史观是马克思主义理论的重要组成部分,如何用通俗的、大众的语言将历史唯物主义传授给广大普通党员群众是摆在延安马克思主义史学家面前的一项迫切和紧要的任务。当时的延安聚集了一大批包括吴玉章、何干之、艾思奇、陈伯达、叶蠖生、谢华、金灿然、杨绍萱、佟冬等人在内的马克思主义史学工作者。为了加强马克思主义史学的建设和宣传,1937年延安成立了中国革命史研究会,1938年5月又成立了马列学院。马列学院讲授马克思列宁主义基本理论、中国现代革命史、联共党史、西洋革命史等课程,将马克思列宁主义的群众史观、阶级史观用大众化的语言表述出来,并编写和创作了很多通俗的史学读物、历史话剧。③

这些马克思主义史学工作者的努力以及马克思列宁主义研究、教育机构的成立,对马克思史学的通俗化起到了重要作用,促进了马克思主义史学在中国的传播和发展,使马克思列宁主义史学理论在中国实现了具体化、中国化。

马克思列宁主义的具体化、中国化。陈伯达较早地论述了马克思主义在中国具体化的问题,在《哲学的国防动员》中,他提出了"使唯物辩证法在中国问题中具体化起来,更充实起来"。④ 1937年9月张闻天在中央政治局常委扩大会议总结发言时,谈到马克思列宁主义理论宣传工作"要中国化"。他针对当时党的宣传教育工作存在的问题指出,"主要原则是理论与实际一致,事实上这一点做得很少,理论一定要与实际联系,要中

---

① 陈伯达:《我们继续历史的事业前进——为纪念中国共产党成立十七周年而作》,《解放》第43、44期合刊,1938年7月1日。
② 《毛泽东选集》第2卷,第814页。
③ 洪认清:《抗战时期的延安史学》,安徽大学出版社,2006,第48页。
④ 陈伯达:《哲学的国防动员》,《读书生活》第4卷第1期,1936年9月。

化"。① 他还在《解放》周刊上撰文，进一步提出了"文化运动中国化""马列主义具体化、中国化"的主张。②

对于马克思列宁主义在中国的具体化，陈伯达论述得较为充分和系统。他认为，"应用在各民族的具体历史斗争中，能够善于考察、研究，探索和熟悉各民族的特殊和固有之点"是马克思列宁主义最伟大的特点之一，并结合中国"半殖民地半封建国度"的性质，认为中国共产党"能对于马克思列宁主义的原则，善于加以具体的发挥和充实，善于规定自己奋斗的方法和步骤"。③ 陈伯达的观点"实际上指向了后来'马克思主义中国化'的概念"。④ 正是从这一时期开始，陈伯达也渐渐引起了毛泽东的注意，陈伯达的这些理论对毛泽东提出马克思主义中国化的命题起到了铺垫的作用。⑤

无论是毛泽东还是陈伯达，他们都认为应该把马克思列宁主义与中国的实际结合起来。对于毛泽东来说，如果不把马克思列宁主义在中国具体化中国化，那么马克思列宁主义就会变成"无生命的教条"，对于陈伯达来说则不过是"空谈"。正是在马克思列宁主义具体化的基础上，毛泽东从自身的革命经验出发，比陈伯达更进一步并且表现得更为强硬些，提出了"马克思主义中国化"命题，尽管这个词"似乎"是"毛泽东从陈伯达那里得到"的。⑥

新启蒙运动对马克思主义中国化的推动沿着"马克思主义哲学通俗化、大众化"→"马克思主义哲学中国化、现实化"方向延伸；而延安文化运动对马克思主义中国化的推动沿着"文化运动中国化"→"马克思列宁主义具体化中国化"方向延伸。这两个实践路向在"中国化"上实现了交会，从而推动了马克思主义中国化命题的提出。

---

① 《毛泽东思想形成与发展大事记》，中央文献出版社，2011，第167页。
② 李兴主编《中国马克思主义与当代教学用书》，北京师范大学出版社，2012，第8页。
③ 陈伯达：《我们继续历史的事业前进——为纪念中国共产党成立十七周年而作》，《解放》第43、44期合刊，1938年7月1日。
④ Raymond F. Wylie, *The Emergence of Maoism: Mao Tse-tung, Ch'en Po-Ta & the Search for Chinese Theory, 1935–1945*, Stanford University Press, 1980, pp. 35–36.
⑤ 周全华、马爱云：《"马克思主义中国化"命题的提出、消失及重提》，《党史研究与教学》2012年第2期。
⑥ 〔美〕雷蒙德·怀利：《毛泽东、陈伯达和"马克思主义中国化"（1936~1938）》，林育川译，《现代哲学》2006年第6期。

二 理论形态对马克思主义中国化命题提出的推动

理论形态对马克思主义中国化命题提出的推动,建立在中国共产党人长期以来对马克思主义中国化理论探索成果的积累上,在这方面以毛泽东的贡献最大。

第一,从"适合者行之"到研究中国"地盘内的情形"。1921 年中国共产党的成立使中国革命的面貌焕然一新,中国革命有了新的领导阶级和目标,"为马克思主义中国化准备了基础条件,是马克思主义中国化的序幕"。[①]

1921 年中国共产党成立前后,当时一些党的领导人就已经看到在中国具体国情条件下应用马克思主义具有特殊性,因而提出了马克思主义应与中国实际相结合的问题,这一方面是由马克思主义的理论品质所决定的,另一方面也是中国革命的现实国情使然。如早在 1920 年李大钊就曾指出,社会主义理想要"因各地、各时之情形不同,务求其适合者行之,遂发生共性与特性结合的一种制度(共性是普遍者,特性是随时随地不同者),故中国将来发生之时,必与英、德、俄"不同。[②] 这说明,李大钊当时已经认识到,要把马克思主义(共性)与中国"各地、各时之情形"(特性)相结合。毛泽东也说:"吾人如果要在现今的世界稍为尽一点力,当然脱不开'中国'这个地盘。关于这地盘内的情形,似不可不加以实地的调查,及研究。"[③] 毛泽东在这里所说的"地盘内的情形"就是指中国的实际情况。恽代英说得更为明了,他说:"解决中国的问题,自然要根据中国的情形,以决定中国的办法。"[④] 周恩来甚至提出了"因时制宜"地实行"共产主义的原理和阶级革命与无产阶级专政两大原则"的主张。[⑤]

这种思想萌芽在党的其他领导人身上也有体现。1923 年 5 月,李达在《马克思学说与中国》中指出,"马克思在《共产党宣言》上并未为中国共产党筹划""目前的政治运动",他提出可以根据马克思关于社会革命的一般原理,"按照目前中国国情","可以定出一个政策来"。[⑥] 1926 年,蔡和

[①] 贺朝霞、李亮:《马克思主义中国化历史起点再探讨》,《江西社会科学》2010 年第 7 期。
[②] 《李大钊全集》第 4 卷,人民出版社,2006,第 197 页。
[③] 《毛泽东早期文稿》,湖南出版社,1990,第 474 页。
[④] 《恽代英文集》上卷,人民出版社,1984,第 480~481 页。
[⑤] 《周恩来书信选集》,中央文献出版社,1988,第 40~41 页。
[⑥] 《李达文集》第 1 卷,第 211 页。

论马克思主义中国化早期三大形态对中国化命题提出的推动

森在莫斯科东方大学给中共旅莫支部做中共党史的报告中就提到:"马克思主义列宁主义在世界各国共产党是一致的,但当应用到各国去,应用到实际上去才行的。要在自己的争斗中把列宁主义形成自己的理论武器,即以马克思主义列宁主义的精神来定出适合客观情形的策略和组织才行。"[①] 1927年2月,瞿秋白在他的论文集自序中,第一句话便使用了"革命的理论永不能和革命的实践相离"来开篇明义,并认为陈独秀和自己"得在日常斗争中间,力求应用马克思主义于中国的所谓国情",对于中国的无产阶级来说"应用马克思主义于中国国情的工作,断不可一日或缓"。[②]

由此可以看出,中国共产党自成立之初,就开始探索如何把马克思列宁主义与中国的实际结合起来这一摆在中国共产党面前必须解决的历史难题。然而当时社会政治环境是,从1921年党的建立到1927年大革命失败,处于幼年时期的中国共产党还不善于将马克思主义与中国实际相结合,还不善于把马克思列宁主义与中国实际相结合提升到"马克思主义中国化"这样的理论层面高度,当时仅仅处于一种不自觉和无意识的状态。不过这都为后来毛泽东明确提出"马克思主义中国化"命题奠定了良好的基础。[③]

第二,马克思主义"本本"必须同中国"实际情况相结合"。大革命失败后,中国国内面临着白色恐怖,党的活动也被迫转入地下或小块的农村革命根据地内。虽然中国共产党在革命斗争中,认识到应该把马克思主义与中国实际相结合来解决中国的革命问题,但也正是在这时,党内出现了教条主义的错误倾向。这说明,当时还不具备提出马克思主义中国化命题的语境,正如艾思奇所说:"由于抗战以前的特殊情形,理论研究与实践斗争的某些脱离的现象,是比较普遍的。这样的脱离现象,使理论的研究基本上始终限制在介绍性质的、书本式的,通俗化性质的活动范围内。"[④]

面对大革命失败的严峻形势,中国共产党人开始思考"革命往哪里去"的问题,而回答这一问题,首先需要回答中国革命应该继续坚持以城市为中心还是应该转移到农村里去。两条不同的道路,代表了两种迥然不同的革命前途和命运。

---

① 蔡和森:《中国共产党史的发展(提纲)》,《中共党史报告选编》,中共中央党校出版社,1982,第24页。
② 《瞿秋白文集》第4卷,人民出版社,1993,第414~415页。
③ 张远新:《马克思主义中国化的开创与奠基——以延安时期党的领导群体为研究视角》,人民出版社,2012,第56页。
④ 《艾思奇文集》第1卷,第552页。

在这种异常困难条件下,以毛泽东为代表的中国共产党人坚持把马克思主义同中国实际相结合,开始了艰辛的探索。1927年9月,毛泽东领导的湘赣边界秋收起义爆发,在原定攻打长沙计划受挫的情况下,毛泽东决定将部队转向敌人统治力量薄弱的农村、山区,"这是从进攻大城市转到向农村进军的新起点"。① 而在这时,中共中央临时政治局仍命令进攻长沙并通过了《关于"左派国民党"及苏维埃口号问题决议案》,坚持城市中心论,其中规定对于成立苏维埃的组织"首先应当在那些中心的地方,如广州、长沙等,当我们有决定的巩固的胜利的时候;当这些中心地点还没有被革命暴动占据以前,在小县城里面要坚决的拒绝组织苏维埃,这是为着不要失掉苏维埃政权的真意。"② 在当时来看,做出把革命力量转向农村这个决定需要很大的勇气,因为这意味着违背了中共中央的决定,冒着犯"逃跑"错误的危险。但是,这样做"从形式上看似乎是后退,其实是一个突破性的进展。它既符合当时中国的具体情况,也符合马克思列宁主义的基本原则"。③ 三湾改编后,毛泽东根据革命的实际,确立了"支部建在连上""部队内部实行民主制度"等一整套中国共产党建立新型人民军队的原则,④ 随后部队辗转到了井冈山,开辟了井冈山革命根据地。

毛泽东历来重视实际调查研究,在领导革命的岁月里,进行了广泛、深入、持久的社会调查,写出了大量的农村及社会调查报告。针对党内存在的严重的教条主义倾向,毛泽东提出"中国革命斗争的胜利要靠中国同志了解中国情况""不做调查没有发言权"等论断,⑤ 正是在实际的调查研究中,毛泽东加深了对马克思主义的理解,为制定适合中国革命的政策、理论提供了可靠的事实依据。正如他自己所说,"我作了寻乌调查,才弄清了富农与地主的问题",而"贫农与雇农的问题,是在兴国调查之后才弄清楚的,那时才使我知道贫农团在分配土地过程中的重要性"。⑥ 毛泽东通过对井冈山斗争等经验的总结,写出了《中国红色政权为什么能够存在?》《井冈山的斗争》《星星之火,可以燎原》《反对本本主义》等著作,论证了中

---

① 逄先知主编《毛泽东年谱(1893~1949)》上册,中央文献出版社,1993,第219页。
② 《建党以来重要文献选编(一九二一~一九四九)》第4册,中国文献出版社,2011,第508页。
③ 逄先知、金冲及:《毛泽东传》第1卷,中央文献出版社,2011,第153页。
④ 逄先知主编《毛泽东年谱(1893~1949)》上册,第222页。
⑤ 《毛泽东选集》第1卷,人民出版社,1991,第115、267页。
⑥ 《毛泽东文集》第2卷,人民出版社,1993,第379~380页。

论马克思主义中国化早期三大形态对中国化命题提出的推动

国革命应该采取建立农村革命根据地,以农村包围城市,最后夺取城市的革命道路,这条革命道路是由中国国情决定的。这些建立在中国实际情况基础上的理论,丰富和发展了马克思主义,为"马克思主义中国化"命题做了初步的探索和积累。

第三,马克思主义的中国化:"全党亟待了解并亟待解决的问题"。经过大革命和土地革命斗争,尤其是1927年大革命的失败和1934年中央苏区第五次反"围剿"的失败,中国共产党对中国革命的方式和前途、照搬俄国革命模式以及机械执行共产国际的指示有了新的认识与反思,开始尝试探索符合中国国情的革命道路。通过对中国革命实践的正反面经验的总结,"中国共产党对马克思主义中国化必要性的认识,经历了从不自觉、半自觉到自觉的过程,经历了从朦胧到清醒的过程"。[①]

遵义会议后,红军在毛泽东的指挥下摆脱了国民党的层层围堵,克服了张国焘分裂主义的危险,三大主力红军终于在1936年10月胜利会师,完成了持续两年、行程长达两万五千里的长征。此时国内外形势发生了深刻的变化:国际上,法西斯主义崛起,引起了世界局势的对立和紧张;在国内,日本对中国的侵略日益加深,民族危机空前严重,历史发展到了一个新的关键时期。并且,1934年中央苏区的第五次反"围剿"斗争失败前后,对于毛泽东,"共产国际既已开始高度重视这位土生土长但具有'丰富经验'和突出能力的中共领导人"。[②] 1935年7月共产国际第七次代表大会召开,大会实现了共产国际的重大策略转变,为中国共产党探索自己的道路提供了一个宽松的外部环境。

1935年11月,林育英带着共产国际的最新指示回到国内。12月,中共中央在瓦窑堡召开了政治局扩大会议,批判了"左"倾关门主义,制定了抗日民族统一战线的策略方针,最后通过的《中共中央关于目前政治形势与党的任务的决议》中提出:"只有当共产党员表现出他们是无坚不破的最活泼有生气的中国革命的先锋队,而不是空谈抽象的共产主义原则的'圣洁的教徒',共产党才能取得中国革命的领导权。"在分析为什么会出现关门主义时,决议指出:"基本的是由于不会把马克思列宁斯大林主义活泼的

[①] 余品华:《略论"马克思主义中国化"提出的历史原因和契机》,《江西社会科学》2010年第6期。

[②] 杨奎松:《中间地带的革命——国际大背景下看中共成功之道》,山西人民出版社,2010,第368页。

运用到中国的特殊的具体环境去，而把马克思列宁斯大林主义变成死的教条。"① 这种在中央正式文件中出现的说法，已经与毛泽东提出的"马克思主义的中国化"的本质非常接近了。12月27日，毛泽东在党的活动分子会议上做了《论反对日本帝国主义的策略》的报告，着重强调了反对关门主义，建立抗日民族统一战线的政治路线，对中国革命"政治策略上的问题，毛泽东的这篇报告作了最完整的分析"。②

1936年3月23日，毛泽东在晋西会议上发言指出："中国人的事要自己干，相信自己。"③ 7月23日，他在同斯诺谈到中共与共产国际和苏联关系时说："中国共产党仅仅是中国的一个政党，在它的胜利中，它必须是全民族的代言人，它决不能代表俄国人说话。"④ 1936年12月，毛泽东完成了《中国革命战争的战略问题》前五章的写作，该篇文章"着重解决在土地革命战争时期党内军事路线的分歧，并作出科学的总结"。⑤ 文中阐述了中国无产阶级领导农民战争的战略思想，这是毛泽东军事思想体系形成具有里程碑意义的事件，把马克思主义的中国化更深入地推进了一步。

而抗日民族统一战线建立后，不仅陕甘宁边区成为国民政府行政院的直辖行政区，是合法的，中国共产党也从"非法"变为合法，成为全国性的政党，在这时期中国共产党的活动也越来越为中国大众所关注。随着抗战相持阶段的到来，面对复杂的抗战形势，如何团结一切可以团结的力量，巩固抗日民族统一战线，争取抗战的胜利，如何反击统一战线中反动势力对马克思主义的非难，如何在新形势下把马克思主义与中国实际相结合，这些问题都需要中国共产党人予以明确的回答，因此，提出马克思主义中国化命题就成为马克思主义在中国继续发展和把中国革命继续推向前进的内在要求。

此外，一定范围内相对稳定的政治环境还使我们党有较为充裕的时间进行理论研究，如毛泽东到延安以后，由于有了相对安全稳定的环境，为了"系统总结中国的革命经验"，"也为了从理论上清理王明的'左'倾路线的错误"，⑥ 毛泽东开始静下心来大量阅读马克思主义的哲学、经济学、

---

① 《建党以来重要文献选编》第12册，第547页。
② 《毛泽东选集》第1卷，第143页注释。
③ 《毛泽东思想形成与发展大事记》，中央文献出版社，2011，第119页。
④ 《毛泽东思想形成与发展大事记》，第129页。
⑤ 陈雪薇：《毛泽东对马克思主义中国化的历史性贡献》，《光明日报》2012年6月13日。
⑥ 龚育之、逢先知、石仲泉：《毛泽东的读书生活》，三联书店，2010，第31页。

社会发展史、政治、军事、文化艺术等方面书籍，撰写了大量的哲学、政治、军事、文化艺术等方面文章，这使他对马克思主义必须实现中国化、民族化问题的认识不断深入。杨炳章把这个时期的中国共产党比喻成"一家临近破产的企业"，而毛泽东是"工作勤奋"、具有"超凡魅力"和"富有远见"的"企业家"，毛泽东"除了教给同事们专业技术上的技能外，还给他们讲授创业家所需要的基本道德伦理。毛泽东引用马克思列宁主义就如同新教徒引用圣经一样——两者都是作为实践活动所必要的精神鼓舞——而从来不相信无论马克思还是上帝会保佑那些自己不能照顾自己的人"。①

1937年7月，毛泽东完成了《实践论》，8月完成了《矛盾论》，这两篇文章是为了"用马克思主义认识论的观点去揭露党内的教条主义和经验主义——特别是教条主义这些主观主义的错误"，②"克服存在于中国共产党内的严重的教条主义思想"而写的。③ 这两篇著作阐明了党的辩证唯物论、历史唯物论的思想路线，是"毛泽东的经典哲学著作，为形成中国共产党人的思想路线和思想方法提供了重要的理论根据"。④《实践论》和《矛盾论》的完成，表明毛泽东自身在思想理论方面，为"马克思主义中国化"命题提出的条件已经具备了。

"适合者行之"和研究中国"地盘内的情形"指向马克思主义中国化，马克思主义"本本"必须同中国"实际情况相结合"指向马克思主义中国化，"全党亟待了解并亟待解决的问题"也更明确地指向马克思主义中国化，这些理论形态共同接续推动了马克思主义中国化命题的提出。

三 政策形态对马克思主义中国化命题提出的推动

中国共产党在探索中国革命道路，解决中国革命实际问题的过程中提出了一系列政策和策略，这些政策和策略形态也推动了马克思主义中国化命题的提出。由于这些政策和策略问题已在第二节详细说明过，本节不再赘述。其实，在政策上对马克思主义中国化命题提出具有直接推动作用的

---

① 杨炳章：《从革命到政治：长征与毛泽东的崛起》，中国人民大学出版社，2006，第239~240页。
② 《毛泽东选集》第1卷，第282页注释。
③ 《毛泽东选集》第1卷，第299页注释。
④ 《毛泽东思想年编（一九二一~一九七五）》，中央文献出版社，2011，第162页。

还有一个重要的因素，这就是共产国际改变了对各国领导的政策。由于中国共产党是共产国际的一个支部，所以这一政策的改变，也直接在政策形态上推动了毛泽东对马克思对中国化命题的提出和论证。

第一，共产国际"七大"改变了对各国领导的政策。1929年，世界范围内的经济危机爆发，德国、意大利、日本等法西斯国家加紧了对外侵略扩张的步伐，到20世纪30年代中期，这种危险已经十分严重了，"在帝国主义战争尚未爆发的今天，就要有步骤地准备变帝国主义战争为国内战争，同时提示各支部，必须鼓动群众实际行动起来，并在广泛的统一战线的基础上把群众的行动组织起来，以制止帝国主义发动的战争"。① 国际局势的改变迫使国际共产主义运动需要一个新的政策，在共产国际第七次代表大会召开之前，"由于各国共产党和共产国际领导机构的共同努力，由于把列宁的思想创造性地应用到新的形式中，国际共产主义运动新的政治方向形成了"。②

从1933年中旬共产国际就开始筹备第七次代表大会，1933年12月，共产国际执委第十三次全会决定于1934年下半年召开共产国际第七次代表大会，并在1934年5月决定了会议议程、开幕程序和代表资格问题。③ 7月1日，季米特洛夫就共产国际第七次代表大会的第二项日程问题致信共产国际执行委员会，并提交了《法西斯的进攻以及共产国际在争取工人阶级团结起来反对法西斯的斗争中的任务》的报告提纲草稿。

季米特洛夫这封信的第三部分是关于共产国际领导问题的，他认为"莫斯科要在一切问题上有效地领导处于各种不同情况下的共产国际的六十五个支部，是不可能的"，所以"必须改变共产国际的工作方法和领导方法"。共产国际"必须集中注意力于：对共产主义运动实行总的政治上的领导；在基本的政策和策略问题上给予各国共产党以指导；在各地建立起共产党的坚强的布尔什维克；以精简共产国际执委会的庞大官僚机构来加强

---

① 《国际共产主义运动史文献》编辑委员会编译《第七次代表大会前的共产国际》，中国人民大学出版社，1993，第6页。
② 〔苏〕索波列夫：《共产国际史纲》，吴道弘译，人民出版社，1985，第366页。
③ 《共产国际执行委员会主席团关于共产国际第七次代表大会议事日程的决议》（1934年5月28日），《共产国际有关中国革命的文献资料（1929~1936）》第2辑，中国社会科学出版社，1982，第332页。

论马克思主义中国化早期三大形态对中国化命题提出的推动

各国共产党的工作人员"。① 季米特洛夫还提出要更新一部分共产国际干部来改变共产国际的领导方法和工作方法。这些意见得到了斯大林的赞同,斯大林在给季米特洛夫的信中表示"我肯定,联共(布)党中央政治局是支持你的"。② 这封信对于共产国际克服宗派主义错误和纠正过分集中的领导方法,对于国际反法西斯统一战线思想的形成,起了很重要的作用。③ 在7月2日的筹备会第二次会议上,季米特洛夫系统地提出了改变共产国际策略方针的意见,建议共产国际修改它的工作方法。此后预备委员会又召开了几次讨论会,"奠定了共产主义运动新政治方针的基础"。④

1935年7月25日,共产国际第七次代表大会开幕,来自65个党的510名代表出席了大会。季米特洛夫的报告《法西斯的进攻与共产国际在争取工人阶级统一、反对法西斯的斗争中的任务》是会议的中心议题,大会通过了《关于建立反法西斯统一战线的决议》报告。共产国际"七大"对马克思主义中国化命题的提出具有重要的推动作用。关于共产国际对中国革命的影响,毛泽东曾指出,它"前后两段还好,中间有一大段不好:列宁在世的时候好,后来季米特洛夫负责的时候也较好"。⑤ 毛泽东这里所说的季米特洛夫负责的时期比较好,主要是指他领导召开了共产国际"七大"。

这次大会不仅确定了在各国建立反法西斯统一战线的方针,而且做出了改变共产国际工作方法和领导方法的决定,提出"要考虑到不可能从莫斯科对处于完全不同条件下的所有65个共产国际的支部就一切问题实行领导。必须把注意力集中到对共产主义运动一般政治领导上面";⑥ 提出共产国际"要避免机械地把一个国家的经验套用到另一个国家,避免用一成不变的方法和笼统公式代替具体的马克思主义分析",⑦ 指出"就是苏联共产党的工作形式和方法,也不可以机械模仿,因袭抄写"。尤其提出,各国共产党要"善于利用马克思列宁主义分析问题的武器,仔细研究具体环境",

---

① 《季米特洛夫就代表大会第二项日程给委员会的信》(1934年7月1日),《共产国际有关中国革命的文献资料(1929~1936)》第2辑,第333~336页。
② 保加利亚共产党中央党史档案馆藏,全宗146,目录4,卷639,第7~8页,转引自〔苏〕莱布索恩、希里尼亚:《共产国际政策的转变》,求实出版社,1983,第91页。
③ 黄修荣:《共产国际与中国革命关系史》下册,中共中央党校出版社,1989,第191页。
④ 〔苏〕索波列夫:《共产国际史纲》,第371页。
⑤ 《毛泽东文集》第7卷,人民出版社,1999,第120页。
⑥ 〔苏〕莱布索恩、希里尼亚:《共产国际政策的转变》,第316页。
⑦ 〔英〕珍妮·德格拉斯:《共产国际文件(1929~1943)》,李匡武译,东方出版社,1986,第446页。

109

学会把马克思列宁主义的方法应用到各国的"具体环境中去,应用到具体条件中去"。季米特洛夫还特别强调:"列宁曾经再三说过:我们的理论不是教条,而是行动的指南",因此,各国共产党"所必须研究的,并不是列宁主义的字母,而是列宁主义的生动的革命精神",[①] 从而能够"越来越自主",并能够"根据实际""独立地决定自己的政策和策略"。[②]

第二,共产国际"七大"推动马克思主义中国化命题提出的路向。一是共产国际与中共中央联系的恢复。共产国际第七次代表大会新制定的政策和方针,通过的决议大体上是正确的,是正确运用马克思主义观点和方法的体现,这次大会对于共产国际各成员国的共产党正确认识和理解马克思主义,科学而灵活地运用马克思主义起到了很好的促进作用。作为共产国际的最后一次代表大会,共产国际"七大"纠正了"左"倾教条主义和宗派主义错误政策,"标志着共产国际新政策的确立和新的战略转变的实现"。[③]

中国共产党派出了20多人出席这次大会,其中王明、康生、周和森当选为大会主席团成员,孔原当选为大会代表资格审查委员会成员,周和森、康生、孔原、王明、梁朴、欧阳生、王荣(吴玉章)、李光(滕代远)、赵毅敏、宋一平等在大会上发了言。[④] 陈云、陈潭秋、杨之华等在共产国际七大闭幕的当天才到达莫斯科,[⑤] 并将中国工农红军第五次反"围剿"失败以及有关长征和游击战争的消息汇报给了共产国际。1935年8月25~27日,中共驻共产国际代表团举行会议,王明在会上做了《为争取建立反帝统一战线和中国共产党当前任务》的报告,对红军做出了悲观的估计。

为了向中共中央传达共产国际"七大"的精神,恢复两者之间的联系,共产国际与中共驻共产国际代表团决定派参加共产国际"七大"的代表林育英(张浩)回国。11月中下旬[⑥],林育英到达陕北,向张闻天介绍了共产国际新政策以及《八一宣言》的内容,11月20日张闻天致函毛泽东通报

[①] 《季米特洛夫文集》,解放出版社,1950,第164、196~198页。
[②] 〔苏〕莱布索恩、希里尼亚:《共产国际政策的转变》,第326页。
[③] 沈云锁、潘强恩:《共产党通史·在资本主义国家的共产党》上册,人民出版社,2011,第427页。
[④] 向青:《共产国际和中国革命关系史稿》,北京大学出版社,1988,第191页。
[⑤] 陈云:《回忆与潭秋同志同赴苏联情况》,中共黄冈县委编《回忆陈潭秋》,湖北人民出版社,1981,第5页。
[⑥] 具体日期不详,有学者推测在11月13日到11月28日,参见向青《共产国际和中国革命关系史稿》,第201页。另有11月18日或11月19日之说,参见《张闻天年谱》上卷,中共党史出版社,2010,第196页。

了此消息,"同时立即研究共产国际新精神,结合中国的实际情况,着手制定党的新的策略路线方案",① 并在同日召开了林育英也参加的中央政治局会议。林育英的到来,使中共中央了解了共产国际最新的政策转变和指示。共产国际"七大"在中共面临生死存亡的严峻关头给了中国共产党极大的政治灵活性,增强了中共继续生存下去的能力,使中国共产党恢复了政治上的活力。② 这为中国共产党努力探索运用马克思主义的新方法提供了相对宽松的外部环境,为"马克思主义中国化"命题的提出提供了有利契机,对"马克思主义中国化"进程产生了极为重要的推动作用。

二是共产国际"七大"对"马克思主义中国化"的积极作用。共产国际"七大"的这些变化,无疑对中国共产党产生了重大的影响。1935年12月,在《拥护苏维埃政府与工农红军的抗日救国宣言》一文中,张闻天提出中国共产党目前最中心的任务是"教育我们的同志,灵活的运用广泛的统一战线"。在这篇文章中,张闻天所描绘出的关门主义者之诸多特点其实又恰恰是教条主义者的表现,他说:"关门主义者往往以背诵共产主义的真理或党的基本口号为满足。不论在何种具体环境下,关门主义者就是只有那一套法宝。"张闻天认为,这些人"活动范围就非常狭窄,同时他的活动方式也只能限于抽象的共产主义真理或党的基本口号的宣传鼓动",这样下去"必然是完全脱离群众"。最后,张闻天批评道:"想把群众的行动限制在我们的教条之内,处处符合于我们的法宝,这实是一种最可笑的儿童的幼稚思想。"③

1935年12月17日,中央政治局在瓦窑堡举行会议,这是中国共产党政策转变上的一次重要会议。会议制定的抗日民族统一战线的策略方针,显然是受到共产国际"七大"影响的,但它又不仅仅是对共产国际"七大"内容的全部承袭,而是"从本国的实际情况出发,把国际七大规定的反帝统一战线在国内具体化,独立自主地解决本国革命中的重大问题的产物"。④ 瓦窑堡会议通过的决议比《八一宣言》更前进了一步,其中就明确提出要

---

① 《张闻天年谱》上卷,第196页。
② 沈志华:《中苏关系史纲——1917~1991年中苏关系若干问题再探讨》(增订版),社会科学文献出版社,2011,第57页。
③ 张闻天:《拥护苏维埃政府与工农红军的抗日救国宣言》,《斗争》第76期,1935年12月5日,转引自《建党以来重要文献选编》第12册,第494~496页。
④ 杜文焕、刘德喜:《共产国际和中国革命关系研究》,江苏人民出版社,1991,第348~349页。

把马克思列宁主义"活泼的运用到中国的特殊的具体环境中去"。[1]

1936年6月16日，中共中央利用新建立起的大功率电台发出了给中共驻共产国际代表团的电报，至此恢复了和共产国际断绝一年多的电讯联系。随后共产国际得到了中共中央瓦窑堡会议通过的政治局决议，针对决议中"抗日反蒋"方针，季米特洛夫表示了不同意见，在发给中共中央的政治指示中，他提出应该"联蒋抗日"并被中共中央所接受，使中国共产党的统一战线政策有了更广泛的群众基础。[2]

此后党的领导人开始广泛地运用共产国际的新政策、新思路来阐明怎样正确对待共产国际决议和苏联革命经验的问题。1936年3月，张闻天在晋西地区召开的中央政治局会议上做的《共产国际"七大"与我党抗日统一战线的方针》报告中提出，应该把共产国际"七大"通过的决议"民族化，使之适合于我们具体的环境"。[3] 1936年10月，张闻天又在《关于白区工作中的一些问题》中指出，要"能够使用马克思列宁主义的方法，去分析具体的环境，并从这种分析中得出一定的行动方针"。[4] 毛泽东也发表了《中国革命战争的战略问题》《实践论》《矛盾论》等文章，提出"我们固然应该特别尊重苏联的战争经验……但是我们还应该尊重中国革命战争的经验"，[5] 并要求人们要对"具体的事物作具体的分析"。[6] 在随后的《中共中央告全党同志书》中也明确指出，由于"中国革命的复杂性与变化多端性"，"马克思列宁斯大林主义的原则必须使之具体化，成为具体行动的指南针"，而能否做到这一点，"将决定此次大革命能否胜利的命运"。[7]

中国共产党人关于马克思主义与中国实际相结合的思想，在共产国际"七大"后如此短的时间内密集出现，这绝不能说是偶然现象。此外在党的文献中也出现了"民族化""具体化"等提法，在毛泽东、张闻天、周恩来等当时党的领导人的文章中（后来编成选集），这两个词也多次出现，如《毛泽东选集》出现了4次，《张闻天选集》出现了6次，《周恩来选集》出现了10次。在这种现象的背后，是共产国际政策的转变，以及共产国际允

---

[1]《建党以来重要文献选编》第12册，第547页。
[2] 杨奎松：《毛泽东与莫斯科的恩恩怨怨》，广西师范大学出版社，2012，第57页。
[3]《建党以来重要文献选编》第13册，中央文献出版社，2011，第54页。
[4]《张闻天文集》第2卷，中共党史出版社，1993，第188页。
[5]《毛泽东选集》第1卷，第172页。
[6]《毛泽东选集》第1卷，第317页。
[7]《建党以来重要文献选编》第14册，中央文献出版社，2011，第169页。

论马克思主义中国化早期三大形态对中国化命题提出的推动

许各国共产党灵活地运用统一战线政策、探索符合自己实际情况的革命策略的尝试。

三是共产国际与毛泽东领袖地位的确立。共产国际的作用还突出地表现在毛泽东领袖地位的确立过程中。在中共中央与张国焘"第二中央"、毛泽东与王明的对立之间，共产国际都站在了以毛泽东为中心的中共中央一边，这无疑是毛泽东领袖地位得以确立的重要原因。毛泽东领袖地位的确立，是"马克思主义中国化"命题提出的重要组织条件之一。

在红军的长征过程中，发生了张国焘另立中央的事件，中国共产党经受了一次导致分裂的重大危险。1935年6月，中央红军与红四方面军在四川懋功会师，而在接下来的战略行动方向问题上，张国焘与中共中央发生了严重分歧：周恩来、毛泽东等主张红军继续北上，建立川陕甘革命根据地；张国焘却主张应该向西退至新疆、青海、西康等地。① 6月26日，在两河口召开的中央政治局会议上，通过了北上的决议，"我们的战略方针是集中主力向北进攻"，"创造川陕甘苏区根据地"。② 会后中共中央率领红一方面军北上，但张国焘却不执行军委计划并提出"统一指挥"和"组织问题"，在中共中央已采取了让步，如中央政治局常委会决定增补张国焘为中革军委副主席的情况下，张国焘仍然坚持其错误主张。最后中共中央被迫先行北上，途中多次促其北上，张国焘却拒不接受，9月12日，中央政治局在甘肃俄界召开会议并通过了《中央关于张国焘同志的错误的决定》，批评了张国焘"机会主义和军阀主义倾向"，③ 要求其改正错误。10月5日，张国焘在四川理番县卓木碉宣布另立"中央"、"中央政府"及"中央军委"，并对毛泽东、周恩来、博古、洛甫"开除中央委员及党籍，并下令通缉"，④ 12月5日更是提出中共中央"不得再冒用党中央名义"，⑤ 至此双方决裂。

1935年11月中下旬，林育英回到国内，显然无论是对于此时的中共中央还是对于张国焘的"第二中央"来说，林育英代表的是共产国际，他的意见就在这次事件中起着举足轻重，或者说决定性的作用。1935年12月22

---

① 《中国共产党历史》第1卷，中共党史出版社，2011，第391页。
② 《建党以来重要文献选编》第12册，第226页。
③ 《建党以来重要文献选编》第12册，第309页。
④ 《中国工农红军第四方面军战史》，解放军出版社，1991，第340页。
⑤ 《建党以来重要文献选编》第12册，第520页。

日，林育英致电张国焘，通报了共产国际"七大"情况，对张国焘所提问题表示"当转交代表团及国际"，同时提出两点意见望其注意"党内争论，目前不应弄得太尖锐"，可组织地方局使全党统一。① 1936年1月16日，林育英再次致电张国焘"共产国际派我来解决一、四方面军问题"，"兄如有电交国际弟可代转"。② 张国焘以"第二中央"名义致电林育英，表示"为党的统一和一致对敌，必须坚持反对反党的机会主义路线"，"服从共产国际的指示"。③ 1月24日，林育英告知张国焘"共产国际完全同意于中国党中央的政治路线"，"兄处可即成立西南局"，④ 2月14日，林育英、张闻天致电朱德、张国焘："育英动身时曾得斯大林同志同意，主力红军可向西北及北方发展。"⑤ 伴随着红四方面军与国民党军事战争的失败，张国焘也不得不在6月6日宣布取消"第二中央"。

在另外一起党内争论中，即毛泽东与王明之间，共产国际依然选择了支持毛泽东。抗日战争爆发后，1937年11月29日，王明从莫斯科回到延安，王明自恃有共产国际背景，认为自己是莫斯科的代言人，总想凌驾于中共中央之上，甚至对其他领导人颐指气使，又因为在统一战线策略上的意见不同，王明与毛泽东两人在12月政治局会议上发生争执，使毛泽东感到很"孤立"。尽管王明回国前季米特洛夫已经提醒王明："你回中国去要与中国同志关系弄好，你与国内同志不熟悉，就是他们推你担任总书记，你也不要担任。"⑥ 但他仍带着右倾主义，以共产国际"钦差大臣"自居。这时仍是国产国际和季米特洛夫做出了关键性的抉择，肯定了"中共的政治路线是正确的，中共在复杂的环境及困难条件下真正运用了马列主义"，⑦ 并让王稼祥传达"在领导机关中要在毛泽东为首的领导下解决，领导机关中要有亲密团结的空气"。⑧

共产国际明确肯定中共中央的政治路线是正确的，"激发了毛泽东把马克思主义中国化的责任感和使命感。使毛泽东核心地位确立，增进了内部

---

① 《建党以来重要文献选编》第12册，第519页。
② 《中共党史教学参考资料》第15册，国防大学出版社内部印刷，1986，第475页。
③ 路海江：《张国焘传记和年谱》，中共党史出版社，2003，第154页。
④ 《建党以来重要文献选编》第13册，第9页。
⑤ 路海江：《张国焘传记和年谱》，第155页。
⑥ 徐则浩编著《王稼祥年谱》，中央文献出版社，2001，第186页。
⑦ 《共产国际、联共（布）与中国革命档案资料丛书》第20卷，中共党史出版社，2012，第561页。
⑧ 《共产国际、联共（布）与中国革命档案资料丛书》第20卷，第563页。

论马克思主义中国化早期三大形态对中国化命题提出的推动

团结"。这也为随后召开的六中全会上,毛泽东提出"马克思主义中国化"命题打好了基础。正如毛泽东自己所说:"六中全会以前虽然有些著作,如《论持久战》,但是如果没有共产国际指示,六中全会还是很难解决问题的","六中全会是决定中国之命运的"。①

纵观共产国际与中国革命关系的历史,它对马克思主义中国化可以说是起着正反两方面的作用,在某个时期和某些事件上阻碍着马克思主义中国化进程,但又在另一个时期和事件上有利于马克思主义中国化的进程。这就是既有消极又有积极的"双重效应",这种既有积极又有消极的作用"有时同时并存,有时以某个方面为主,各个时期有所不同。马克思主义中国化既吸取了共产国际关于中国革命的有益思想,并得到过它的帮助,又是在同它把马克思主义教条化及其对中国共产党的禁锢作斗争中得以发展和实现的"。②

中国共产党的成立在很大程度上就是借助于苏俄和共产国际的帮助,使党在创立之初就以马克思列宁主义为指导,而实现马克思主义中国化的首要前提是以马克思主义为指导,否则无从谈起"中国化",在这个意义上讲,"实际上为马克思主义中国化创造了前提条件"。③ 当然,共产国际最明显的消极作用就是在中国共产党内扶植了以王明为代表的"左"倾教条主义者,照搬俄国的革命经验,不顾中国的实际情况,完全听命于共产国际的指示和指令,致使中国革命遭受了重大的损失。也正是在经历了惨痛的失败以后,以毛泽东为代表的中国共产党人吸取中国革命正反两方面实践经验,运用马克思主义的立场和方法来对待马克思列宁主义本身、俄国革命经验以及共产国际的指示,而提出了"马克思主义中国化"的命题。

总之,在新启蒙运动和延安革命文化运动等实践形态的推动下,在以毛泽东为代表的中国共产党人马克思主义中国化思想理论形态的推动下,在中国共产党人长期以来的革命政策策略和共产国际政策的调整转变等政策形态的推动下,1938 年在党的六届六中全会上,毛泽东正式提出了"马克思主义中国化"的命题。

---

① 《毛泽东文集》第 3 卷,人民出版社,1996,第 425 页。
② 郑德荣:《毛泽东与马克思主义中国化》,东北师范大学出版社,1997,第 69 页。
③ 王占仁:《共产国际、联共(布)与马克思主义中国化研究(1919~1943)》,中央文献出版社,2010,第 49 页。

马克思主义与中国传统文化的契合性研究[*]

李安增　王梅琳[**]

摘　要　马克思主义与中国传统文化的关系问题，既是马克思主义能够中国化的前提，也是当前中国面临的一个重大理论问题，是学者们长期关注的理论热点。二者作为化解当代世界性社会问题的思想框架，理论上有相通互补之处，现实中有功能一致之处。研究马克思主义，关键是坚守马克思主义意识形态本位，从方向保证性、层次结构性和战略指导性方面体现马克思主义的指导地位。研究中国传统文化，必须处理好中国传统文化的资源性、社会伦理行为规范性的价值。马克思主义与中国传统文化统一于马克思主义意识形态体系，最终表现为中华民族精神价值体系的形成。

关键词　马克思主义　中国传统文化　中华民族精神价值体系

马克思主义要想实现中国化，首先要解决马克思主义与中国传统文化之间的契合性问题。从规范意义上的现代国家建构而言，马克思主义与中国传统文化统一于马克思主义意识形态体系，表现为中华民族精神价值体系的最终形成。马克思主义最初作为一种外来的哲学和文化，它与中国本土的传统文化从历史上来说已经实现了结合，但这种结合是历史的，是实践层次上的。早期中国的马克思主义者已经很好地完成了这种实践意义上的结合任务，现在的任务是在历史发展的事实基础上，更加注重它们在学

---

[*]　本文系国家社科重点课题"中国共产党理论创新的传统文化向度研究"（项目号：15ADJ008）、孔子与山东文化强省战略协同创新中心科研创新项目"民族复兴进程中马克思主义与传统文化的关系及功能定位研究"（项目号：KZXT01ZD03）的阶段性成果。

[**]　李安增，曲阜师范大学政治与公共管理学院教授；王梅琳，曲阜师范大学政治与公共管理学院 2016 级博士研究生。

理上的结合的研究。本文从一个学术命题的角度，尝试对马克思主义与中国传统文化的契合性进行探讨。

一 马克思主义与中国传统文化：化解当代世界性社会问题的思想框架

（一）思想缘起：化解当代世界性社会问题

近代以来，人类文明经历了一场前所未有的大变局。西方资本逻辑指导下的现代化和全球化引发了社会结构系统的分化。从历史变迁来看，传统以农业为主导的生产方式在向以现代工业为主导的生产方式转变过程中，资本始终"在场"。资本增殖的本性意味着无节制、无限度地追求剩余价值。相比延长劳动时间和提高劳动强度两种手段的有限性，革新技术和变革生产方式的手段对资本增殖而言则具有无限性。技术在创造和满足人们新需求的同时，也在更广范围内传播着技术本身，由此而来的是传统社会产业结构的根本分化以及工业和服务业成为现代社会的主导产业。而伴随着资本急速运动的过程，资本主导下的商品经济逻辑上也要求经济上的平等和自由，这种要求反映在政治上就意味着打破封建社会的专制等级制度，建立形式上自由和平等的政治结构，从而为资本增殖开拓道路。由此，资本的代理人即资产阶级进行了资产阶级的革命，最终建立起资产阶级国家。

资本从经济向政治领域的扩展与泛化，虽然使西方社会积累了巨大的物质财富，但也在社会达尔文主义、历史进化论、科学技术理性等相关理论推波助澜下，陷入了意识形态资本化的困局。也就是说，在资本主义生产方式的决定作用下，出于获得最大利润的目的，资本主义造就出了"文化工业"——这种文化工业以一种大众文化的外观出现，它关心的不是人们创造能力、批判能力、鉴赏能力和文化素质等精神层面的提高，而是如何操纵大众意识、消解独立个性、遏制有害思想，使人成为一种单向度的人。由此，文学、道德和信仰等精神层面的内容日益出现商品化态势，物质主义成为人们的道德主宰和生活方式，整个社会陷入无所不在的物化文化操纵之中。正如马克思指出的："在资产阶级看来，世界上没有一样东西不是为了金钱而存在的，连他们本身也不例外，因为他们活着就是为了赚钱。"[①] 资

[①] 《马克思恩格斯全集》第2卷，人民出版社，1957，第564页。

产阶级意识形态资本化带来的最大恶果是技术困境与价值虚无这两大现代性难题,使得人们虽然外表生活富足,但内在精神却极度贫乏。雅斯贝斯在描述西方社会的精神状况时指出:"今天,无信仰成了与时代合拍的强大潮流。"

西方社会普遍的技术困境、价值虚无以及由此而来的蔓延于全世界的所谓"现代性问题"——自然病态引发的生态危机、社会病态导致的社会危机、文明病态引发的价值危机等,实质是西方社会资本逻辑运作以及西方文化内在矛盾演化的必然结果。如果放任自流,那么后果可能不堪设想。而要解决上述问题,显然不能从资本逻辑衍生出来的西方文化出发,还需要在西方文化之外寻找。审视当今世界思想战场,马克思主义与中国传统文化无疑是比较有效的解决之道,正如欧文·拉兹洛提出,我们可以通过改变人类的内在限度(特别是意识深层的价值观和道德观)的方法,来为人类的进步指出一条光明大道。①

(二)马克思主义化解之道:人的解放

马克思主义者极为深刻地剖析了西方资本主义社会的弊端。马克思主义者从资本这一逻辑起点出发,对资本主义展开批判,并提出从人的解放的角度去应对现代性问题。对马克思主义而言,其思想的逻辑主线是分析与批判资本本身的内在结构和运行逻辑,从而明晰资本逻辑强大的统摄作用,揭示资本主义结构化趋势不断演进中的内在矛盾并在此基础上超越它,最终实现资本主义社会历史向世界历史的重大跨越。

在理论展开过程中,马克思着重从三个方面——资本的生产过程、资本的流通过程和资本主义生产总过程分析了资本的逻辑。在此基础上,马克思发现了资本逻辑结构化的演进趋势——资本主义社会愈来愈趋于总体化,即试图把全部事物都吸收容纳在自身庞大的体系之中。而在资本逻辑的结构化和总体化趋势演进过程中,无论是所谓的先验的理性主体还是声称自身永恒不变的结构都是不存在的,须知资本的运行过程是一个危机涨落不断的、有着内在裂变关系的总体化过程。不过资本在运行过程中是不会主动凝固化的,因为一旦成为既定的总体,那么资本主义社会也就宣告灭亡,成为过去式了。因此,在资本结构化总体中,无论是主体还是物抑

---

① 〔美〕欧文·拉兹洛:《人类的内在限度》,黄觉、闵家胤译,社会科学文献出版社,2004。

或是结构，都成为资本逻辑不断建构与创造新秩序的内在构成部分。

在马克思看来，唯有以实践观为基础，重新理解人的生命本性，才能真正解决现代社会普遍存在的精神危机问题。为此，马克思从分析人类生活必需的外在衣食住行入手，从满足人类最基本物质需要而进行的物质生产实践着眼，主张先通过政治解放、经济解放，再来实现人的解放。"共产主义，作为完成了的自然主义，等于人道主义，而作为完成了的人道主义，等于自然主义，它是人和自然界之间、人和人之间的矛盾的真正解决，是存在和本质、对象化和自我确证、自由和必然、个体和类之间的斗争的真正解决。"①

（三）中国传统文化化解之道：回归精神生活世界

如果说马克思主义侧重于从社会个体作为社会性生命追求外在解放的维度来思考问题，那么中国传统文化更多的是偏向于从人作为精神主体的内在超越与精神解放的维度，从生活世界尤其是个人精神生活世界的角度来治疗和化解当今世界人类面临的严重问题。

反思西方社会资本结构化的逻辑不难发现，西方社会主要是基于人性恶的假设，通过理性的力量，推动资本主义社会的发展。然而，无论是资本逻辑还是理性主义的功效都是有限的。这是因为，一方面从马斯洛的需求层次理论来看，在具体的物质生存条件得到改善、政治权利得到保障之后，人们必然会追求更高层面的精神需要；另一方面，如果不借助善对理性力量加以制约，那么人类在把理性的利刃对准外在的同时，也可能伤及自身。正如李约瑟指出的，现代科技几乎"每天都在作出各种对人类及其社会有巨大潜在危险的科学发现"。② 因此，资本和理性架构的社会，其功能不但是有限的，而且可能会使人类误入歧途。

面对上述境况，学者们纷纷把目光转向了经过历代实践检验的、基于人性善理论衍生出来的以儒学为代表的中国传统文化。李约瑟指出："对它的控制必须主要是伦理的和政治的，而我将提出也许正是这方面，中国人民中的特殊天才，可以影响整个人类世界。"③ 对于当今社会的技术困境和现代人的精神无家困境，中国传统文化确实有此功效。中国传统文化蕴含

---

① 《马克思恩格斯文集》第 1 卷，第 185 页。
② 《李约瑟文集》，辽宁科学技术出版社，1986，第 311 页。
③ 《李约瑟文集》，第 311 页。

了一种关于人生价值的学问，关切的是源于忧患的终极关怀，其根本精神在于修身为本。中国传统文化的主流思想——儒学以人性善为理论依据，以人性民情在社会中的合理实现和确证为焦点，以"仁"为核心，认为人应该追求理想人格——知情意的统一与真善美的统一。需要指出的是，这种理想人格确证人是一种道德存在，它以善为本位，不仅对个人内在德性有要求，而且对个人外在德行有所要求，也就是知行合一。而要实现理想人格，可以遵循"修道"的方法。因为，人皆有道，不过有得道和失道之分，所以必须借助于"修道"才能完整地将"道"更好地体现在每个个体身上。修道是外求于物或人吗？儒学给出了否定的回答。在儒学看来，道是人之本性，所以修道贵在自求，即"君子求诸己"。在"正己"的基础上，追求"内圣外王"。"内圣"指涉个体修身，旨在通过社会化的实践与验证方式，达到个体内在精神世界的完满，从而满足人们的身心需要；"外王"关乎改造世界，由内圣而外王，由内在而达于外在，从而"为天地立心，为生民立命，为往圣继绝学，为万世开太平"，① 最终使外在世界与人之存在融为一体，使此世界成为人之世界，使人成为世界之人，也就是达到天人合一、人自我身心内外合一的极境，实现个人价值和外在世界的和谐统一。可见，从传统文化尤其是儒学中我们可以剥离出普遍意义的道德精神动力，从而成为超越现代性的精神资源，解决人类面临的问题。

由此可见，面对当前人类共同的难题，马克思主义与中国传统文化作为两种不同的思想框架，虽然提供了不同的智慧理念启示与具体的样式样法，但二者异曲同工，具有共同的人本宗旨，都致力于解决人的安身立命的问题，这也为二者的融合提供了可能性。

二 马克思主义与中国传统文化的融合：在理论与现实之间

（一）理论上相通互补：马克思主义与中国传统文化融合的前提

马克思主义与中国传统文化存在相通性，这是马克思主义能够为中国本土文化理解并接纳的重要原因。具体而言，第一，二者都具有鲜明的实践性。实践的观点是马克思主义哲学的理论基石。而"力行""践履"则是

---

① 黄宗羲：《宋元学案》第1册，中华书局，1982，第664页。

中国传统文化的典型品格。二者虽侧重点有所差异，前者更多指向生产实践与社会实践，后者更多偏重道德实践，但二者实质是相互渗透和相互转化的关系。就马克思主义而言，虽然它是从生产实践和社会实践出发展开对资本主义的批判，但最终的价值追求共产主义包含着道德实践的诉求。就中国传统文化而言，内圣外王之中的"外王"，也包含了生产实践和社会实践的要求。第二，二者都坚持人本性。马克思把现实的人作为其理论的出发点，以人的生存境遇为研究重心，以人的全面发展为价值目标，最终把人本立场深化为对人民群众主体地位的确认。中国传统文化把人作为理论学说的中心，建构整个社会的宗法秩序，具有明显的人本特色。由此，二者在价值建构上具有了契合和相似之处。第三，二者都追求人的解放。马克思主义实现人的解放主要是一条外在解放的路径，即通过生产斗争和社会斗争，在社会历史的现实冲突与对立中，最终实现"对人的本质的真正占有"。中国传统文化实现人的解放的方式主要是一条自我内在超越的路径，即不是通过外在的斗争方式，而是依赖于通过社会之中的每个道德主体超越社会历史现实的具体限制，实现"天地一心""民胞物与"的生命之境而自然达于大同社会形态。不过，虽然表象上二者对人的解放的求取路径不同，但它们都符合人性本质的内在要求，表达了人的自我超越性诉求。

马克思主义与中国传统文化虽然同为我们理解世界的一种方式，都是人类的生存样法，存在诸多相通之处，但是马克思主义与中国传统文化作为思想战场上两种不同的理论架构，二者具有明显的不同，这构成了它们互补的基础。具体而言，二者的不同点在于以下几个方面。第一，二者的立论背景不同。前者产生于欧洲资本主义社会的文化背景，而中国传统文化则产生于中国封建社会农耕文明的宗族血亲文化背景。伴随地域性和时代性差异而来的文化背景的差异，使得它们关注的时代问题有所不同，反映出的世界观、价值观更是显著不同。第二，二者的阶级取向不同。马克思主义具有为无产阶级服务的价值旨趣，它是无产阶级的精神武器和行动指南。马克思主义从资本主义内在固有的矛盾——资本主义社会化大生产与生产资料私人占有之间的矛盾出发，着力强调矛盾中的斗争性，从而为无产阶级实现人类解放和自身解放提供了理论武器。中国传统文化作为中国封建社会的官方意识形态，以维护封建统治阶级的利益为基点，具有明显的守成特色。

（二）现实中功能一致：马克思主义与中国传统文化融合的必要

就当前马克思主义与中国传统文化的关系来看，二者的关系并不十分紧密。从功能性的视角出发，进一步达成二者的有机联系是中国社会现实发生巨大变化后的必然要求。

第一，当代中国建构社会民众终极关怀信仰体系的实践需要。马克思主义虽不是宗教，但它为我们树立了"为实现共产主义而奋斗"的崇高目标。中国传统文化也不是宗教，但它包含的道德理想主义和伦理中心主义意蕴为我们提供了一种道德实践理性的信仰。代表时代走向的马克思主义与体现中华民族价值观源流的中国传统文化的结合，不但能够有效化解民众对本身来自西方文化的马克思主义天然的疏离感，而且能够继承中国优秀传统文化基因。当今中国，社会民众普遍出现了信仰迷惘、价值困惑和道德焦虑等社会精神现象，其深层根源实质是人们缺少具有约束力的做人的信仰系统及其精神资源。如果把马克思主义与中国传统文化有效融合，那么其结合的产物对治疗社会"信仰坍塌"无疑有所裨益。

第二，当代中国社会主义文化实践需要马克思主义与中国传统文化的结合。马克思主义进入中国是历史的必然，这是历史的定论；传统文化是当代中国文化的底色，这也是历史的事实。二者是我们国家两种势力强大、影响深远、理论切合中国具体实际的文化学说。因此，任何企图离开马克思主义与传统文化的努力，都无济于解决中国文化乃至中国向何处去的问题，都只能将中国文化乃至中国引入歧途。传统文化乃中华民族"固有之物"和内在灵魂，是民族特质的重要成分构成，维系着我们的精神信仰、风俗习惯伦理道德等精神要素；马克思主义虽系"外来之物"，但由于它是当今中国的治国方针，在政治领域占据统治地位，它事实上已经深深扎根于中国文化土壤之中。实际上，马克思主义中国化与中国传统文化现代化已成为当代中国社会主义先进文化建设实践中最为核心的构成部分，试图忽略二者的联系与结合，是相当困难的。

第三，马克思主义与中国传统文化各自发展需要二者融合。马克思主义无论是理论本身还是理论发展从来都不是一个封闭的体系，它具有鲜明的开放性和包容性。马克思主义中国化过程其实也是一个不断吸收中国传统文化优良基因的过程。窦宗仪指出："传统文化在马克思主义中国化的进程中具有三种价值：作为文化载体的符号价值、实现现代化的互补价值、创新马克思主义的发展价值。"[①] 可以说，中国传统文化蕴含的独特文化要素，可以极大丰富马克思主义思想体系。中国传统文化在当下的现代化过程中实际上存在限度约束，其义理之说常被世人认为"前现代"，而作为一种社会发展阻滞力。同时，经过数十年"现代化"的实践，普通民众在一定程度上已然对中国传统文化产生了疏离感。不过，当中国传统文化达成内在关联并以新的形式彰显时代特色时，情况自然会发生改变。让马克思主义中国化与中国传统文化现代化相得益彰，无疑有利于中国社会未来发展。

需要强调的是，其一，这里所说的马克思主义与中国传统文化可以达到有机联结，并非意味着二者等同。二者毕竟分属于两个不同类型的文化，无论是马克思主义还是中国传统文化均有各自的学科路向与问题视阈。所谓的"有机联结"更多地表现在二者在各自发展中可以汲取对方的有益资源，并能共生、共存。其二，二者有机联结的现实进程必须由马克思主义主动开启，这是因为马克思主义是我们的主流意识形态，政治上处于绝对主导地位。

三 马克思主义的指导地位：方向性、结构性与战略性

作为化解当代世界社会问题的思考框架，马克思主义与传统文化的融合，构成了我们分析当下中国马克思主义与传统文化契合性的理论前提。不过，合宜地处理两者的关系定位，避免它们陷入意识形态霸权争夺的对峙状态，需要在当代中国现行体制给定的刚性框架下，首先必须坚持马克思主义的指导地位，然后在相互尊重的对话状态下，充分呈现出马克思主义与传统文化各自切合中国发展需要的现实性品格。

（一）坚持马克思主义指导地位：历史与现实、理论与实践的必然

坚持马克思主义的指导地位，具有充分的历史依据、理论依据和现实依据，与我国的国情、马克思主义的理论特质以及当代中国的现实密切相关。

"理论在一个国家实现的程度，总是决定于理论满足这个国家的需要的

---

① 〔美〕窦宗仪：《儒学与马克思主义》，刘成友译，兰州大学出版社，1993，第 150～154 页。

程度。"① 马克思主义进入中国并成为我们立党立国的指导思想，首先是基于特定的历史情境——近代中国西方列强展开对中国的侵略与掠夺。近代以来，西方列强凭借坚船利炮打开中国的国门，急于救国图强的中国人在经历了失败之后，质疑传统文化的有效性，全面迎接西方文化的到来，中西文化进入相互论争的阶段。此时，马克思主义以质疑、批判西方文化的姿态进入中国人的视野，其鲜明的批判精神与强烈的革命热忱适应了旧中国变革图强的需要，在应对中华民族危机中彰显了自己的价值。伴随着中国无产阶级的兴起与壮大以及随之而来的工人运动的蓬勃发展，以马克思主义为指导的中国共产党成立，并领导中国人民取得了革命、建设和改革的辉煌成就，从而确立起马克思主义在我们党和国家的一元指导地位。

马克思主义指导地位的确立，还与马克思主义本身的理论特质密切相关。马克思主义是开放的科学思想体系，是在借鉴和汲取人类优秀文明成果基础上产生并不断丰富的关于全人类解放的科学理论。它以辩证唯物主义和历史唯物主义为认识世界和改造世界的理论武器，以实现最广大人民的根本利益为根本政治立场，以共产主义为价值追求，具有鲜明的实践性、革命性、科学性和人民性。

马克思主义指导地位的确立还是基于当代中国的现实需要。新中国成立以来，我们党坚持马克思主义的指导地位，开创了中国特色社会主义道路、理论和制度，在实践中取得了巨大的进展，保证了国家长治久安和繁荣富强。反观苏联，由于动摇乃至放弃了马克思主义的指导地位，引发了解体，结果走向了亡党亡国的悲剧之路，国际共产主义运动也陷入了低谷。正反两方面经验启示我们："马克思主义指导地位是社会主义国家人民的命运所系。"② 我们必须坚持马克思主义的指导地位不动摇，既不走封闭僵化的老路，也不走改旗易帜的邪路，高举中国特色社会主义旗帜，为实现中华民族的伟大复兴而奋斗。

（二）坚持马克思主义指导地位：方向保证性、层次结构性、战略指导性

马克思主义是党和国家的意识形态，而意识形态通常具有形式的内敛化和功能的扩张化倾向。因此，我们坚持马克思主义的指导地位，并不是要把马克思主义建构成为一种无所不包、无所不能的理论形态，也不是借

---

① 《马克思恩格斯选集》第1卷，人民出版社，1995，第11页。
② 邓纯东：《论坚持马克思主义指导地位》，《世界社会主义研究》2016年第1期。

助于扩张于社会各领域、各阶层、各向度来保证其地位,而是体现在方向保证性、层次结构性和战略指导性,重点是通过凝聚自己的力量、聚合指导思想的能力来实现的。

第一,坚持马克思主义的方向保证性。马克思主义揭示了人类社会发展的规律、无产阶级革命的规律、社会主义建设的规律和共产党执政的规律,为我们实现两个百年目标、实现中国梦,最后实现共产主义的伟大工程提供了指南和方向。"只有坚持以马克思主义为指导,才能正确制定和宣传贯彻党的路线方针政策,才能发展先进思想、克服落后思想。如果放弃马克思主义的指导地位,在指导思想上搞多元化,势必导致人心大乱、天下大乱,给党和国家带来灾难。这是绝不允许的。"[1] 因此,在中国特色社会主义事业推进过程中,必须始终坚持马克思主义的指导,确保马克思主义的方向和道路。

第二,坚持马克思主义的层次结构性。层次结构性要求我们在坚持马克思主义的指导地位问题上,分清不同的层次,遵循意识形态自我建构的策略,确定合理的逻辑进路。具体说来,最重要的是遵循从理论到实践的逻辑进路,其中首先要着力于增强马克思主义的理论吸引力。须知,要巩固马克思主义的指导地位,仅仅凭靠居高临下的权力优势而产生出粗暴的意识形态霸主要求,是不可能长久的。唯有增强学理性魅力,实现马克思主义意识形态、学术形态和文化形态三者的有机统一,方能获得人民群众内心的认同和自觉的需求,才是永葆马克思主义意识形态指导地位的长久之策。在此基础上,在实践中运用和发展马克思主义,推动马克思主义的时代化。同时,我们要遵循思想和制度相结合的路线。坚持马克思主义的指导地位不仅要对社会上存在的形形色色的社会思潮和思想进行指导和引导,对错误思潮进行理直气壮的批判和斗争,积极地应对西方国家无孔不入的意识形态渗入,还要通过制度的手段保证其指导地位。

第三,坚持马克思主义的战略指导性。"马克思主义的精神实质是要以科学的理论为指导开展社会批判活动,为人类的解放指出前进的道路和实现的方法。"[2] 因此,谈及马克思主义必须明确"马克思主义作为一种指导我们实践的理论,所提供的不是囊括一切的具体细则,而是宏观的方向指

---

[1] 《江泽民文选》第3卷,人民出版社,2006,第86页。
[2] 包毅:《詹姆逊的马克思主义观》,《社会科学论坛》2009年第4期。

引,是为人们认识世界和改造世界提供最一般的指导思想"。[1] 马克思主义不是启示录,不可能为我们提供一切问题的现成答案。因此,面对当今中国新环境新形势下出现的新情况新问题新矛盾,要善于运用马克思主义的立场、观点和方法,指导我国各项工作的开展,指引我国意识形态活动的进行。

四 中国传统文化的时代价值:结构之中的文化传承性与社会伦理性

在坚持马克思主义指导地位的前提下探讨、省思中国传统文化的时代价值,一方面是因为单单依靠马克思主义这一国家层面给定的意识形态,并不能完全解决处于转型关键期的中国现实问题,需要借用中国传统文化的补充性效用整合我们的精神世界,补充供给国家理念、制度安排与生活方式;另一方面是因为中国传统文化退出历史舞台并不足以从根本上否定中国传统文化的文化传承价值和社会伦理意义。因此,谈及中国传统文化的时代价值,并不适合从中国传统文化与马克思主义融合的视角切入,而应本着一种正本清源的学术姿态,在当下中国社会的境遇中接续传统文化的精神生命,挖掘中国传统文化的正面功能,从而为中国传统文化的正当存在提供理由。

(一) 中国传统文化价值的挖掘:传统文化的时代使命

李大钊指出:"自从实在的孔子死去的那一天,便已活现于吾人的想象中,潜藏于吾人的记忆中,今尚存于人类历史中,将经历万劫而不复。"[2] 中国传统文化留给我们丰富的精神遗产,在当今时代背景下如何对待中国传统文化,这显然是一个需要我们深思的问题。

毫无疑问,与封建专制政治联姻的中国传统文化确实制约了中国迈向世界吸收西方文明的脚步。但是,近代中国的政治现实并不能否认传统优秀文化的思想精华。中国传统文化在中国历史上绵延发展几千年,其精髓在几千年的文化传承过程中得到了很好的保留,并深入社会伦理性之中,深化为中华民族信奉的处世哲学。对此,杜维明先生在谈及中国传统文化

---

[1] 王玲仙:《马克思主义时代化的当前使命及其路径建构》,《浙江学刊》2012年第3期。
[2] 《李大钊文集》下册,人民出版社,1984,第718页。

时总结说:"没有充分体现自由的价值,却有公益的价值;没有理性的价值,却有同情的价值;没有法的价值,却有理的价值;没有权的价值,却有责任的价值;没有个人主义的价值,却有社群伦理的价值。"① 因此,我们需要对中国传统文化进行系统梳理和现代调适,重新审视中国传统文化的传统观念,充分挖掘中国传统文化的价值意蕴,重新诠释中国传统文化的时代使命,尤其是充分发挥中国传统文化的文化传承和伦理调节作用。

(二) 中国传统文化的时代价值之一:文化传承价值

人类历史的发展一般遵循两条进路——不断变革生产力与生产方式的物质性进路和通过文化传承积淀的承接性精神进路。在我们的视野中,前者往往比较突出,后者则隐而不彰,以至于我们常常忽视了它的作用。事实上,"文化传承是人类社会发展的内在精神动力。人类创造文化,必然同时出现文化传承。如果每代人都从头开始,文化就不可能积累,社会发展也必然陷于停滞"。② 因此,文化传承是一个不容忽视的现代性问题。

毋庸置疑,在传统—现代二元划分的现代性价值冲击下,在经济、政治、文化全球化潮流裹挟下,以西方文化为范式和标准的全球文化对不同民族的文化造成了极大冲击,中华民族文化亦不例外。这种冲击主要以三种精神面向呈现于我们。首先是民族性特色的削弱。文化与民族通常是融为一体的,在民族文化传统受到西方异质文化冲击下,民族特色的减弱自然也是意料之中的事。其次是超越性因子的减少。以西方文化为主的全球文化,消解了不同的民族文化传统,整个人类社会呈现出趋同化、世俗性取向,传统文化中的超越精神和人文价值逐渐消弭。再次是地方性知识的消亡。全球化加速了地方文化传统的消亡,地方性知识话语受到现代性知识话语的全方位挤压,自身的合法性不断减弱。上述三种精神面向愈演愈烈,显然会使不同的国家和民族丧失存在和统一的基础,陷入自我身份混乱状态。

因此,发挥中国传统文化的时代价值首先就对传统文化的文化传承性功能提出了要求。充分发挥中国传统文化的时代功能,能够在不同程度上应对上述三种困境。第一,面对民族性特色的减弱,从民族文化自觉的角度去发展中国传统文化,激活中国传统文化蕴藏的精神生命力,显然有助

---

① 杜维明:《现当代儒学的转化与创新》,《社会科学》2004 年第 8 期。
② 陈先达:《文化传承的自觉性和制度性》,《光明日报》2017 年 4 月 17 日。

于突出我们的民族特色。事实上,在中华民族走向复兴的关键时期,必须明确作为中国文化主体面貌的中国传统文化是我们必须秉承的精神基础。正如梁漱溟先生所言:"吾民族实负有开辟世界未来文化之使命,亦为历史所决定。所谓民族自觉者,觉此也。"① 第二,面对超越性因子的减少,着力从生命生活、心性本体、宗教等多种维度挖掘中国传统文化的精神价值,不难发现,中国传统文化蕴含的终极关切具有超越性的价值,能够有效缓解甚至消解世俗化、趋同化带来的精神紧张。第三,面对地方性知识的消亡,着力挖掘中国传统文化具有的普世价值意义,无疑能够保存、改造、提升作为一种地方知识存在的中国传统文化价值。须知"每一个文化系统中的价值都可以分为普遍与特殊两类",② 因此挖掘和彰显中国传统文化的普世价值就十分重要,而"我们现在面临的课题是让本土知识具有全球普世的意义"。③

(三) 中国传统文化的时代价值之二:社会伦理价值

中国传统文化的价值不仅在中华民族精神传承方面有所体现,在社会伦理重构方面也有彰显。不容否认,传统封建社会的结构与当今中国的社会结构之间存在内在的冲突和张力,这也是近代中国批判传统文化的根基所在。然而,我们历史上批判传统文化的彻底性,并不能否定上述批判事实上的条件性——仅仅是基于结构性社会重构的目的。因此,在当代中国结构性社会重构之时,我们整个社会依然存在对传统文化伦理价值的自然需求。

中国传统文化中积淀着非常丰富的道德理念和道德规范,这是几千年传统留给我们的宝贵遗产之一。从时代性的视角审视,中国传统文化的伦理价值主要体现在两个方面。第一,个人层面上的道德理想主义。它围绕人生价值这个轴心运作,主要关注的是个人的身心安顿与理想寄托问题。在传统文化伦理视域下,传统文化重视的是身边切实的人伦情怀和日常的"洒扫应对"。中国传统文化把人作为一种道德性的存在,认为人必然具有良心——仁爱道德,这是人之为人的根本。除非丧失了人性,否则任何人都不能回避也无法回避中国传统文化包含的伦理。并且,对于作为"类"

---

① 梁漱溟:《中国民族自救运动之最后觉悟》,中华书局,1932,第96页。
② 余英时:《从价值系统看中国文化的意义》,台北,时报文化出版公司,1985,第14页。
③ 杜维明:《儒家传统与文明对话》,河北人民出版社,2006,序言。

存在的人类而言，伦理道德必然具有相似性，因此中国传统文化在道德理想方面的追求实质上具有超越历史和地域的普遍性意义。第二，社会层面上的伦理中心主义。它以政治制度的安排为轴心，侧重于思考社会秩序的建立与维护问题。中国传统文化引导人们寻求良善生活，具有一种长久影响社会稳定秩序的内在精神动能，这点在当今社会依然具有借鉴意义。在中国传统文化看来，个体要想实现自己的价值和生命的意义，前提条件是国家整体秩序和谐。如果国家动乱，社会失序，那么个体的自由也就无从谈起。需要强调的是，中国传统文化上述两方面伦理价值并非截然分开，二者具有相通性。在思想主题上，二者展开思考的路径都是天人关系、人性善恶、内圣外王和德主刑辅四个方面的内容。在思想意图上，都是为了实现人心和社会秩序的整顿。在政治理想上，都以实现大同社会为理想蓝图。

五　中华民族精神价值体系建构：马克思主义意识形态本位下中国传统文化现代化

在理解马克思主义与中国传统文化同为化解世界社会问题的思想框架基础上探讨二者融合，然后在坚持马克思主义指导地位的前提下分析中国传统文化的时代价值，这样一条逻辑进路铺展开来，指向的乃是中华民族精神价值体系建构这个目标。当然，这是一项庞大的系统工程，这里我们需要理清的是在这一建构目标指引下，如何在遵循主流意识形态马克思主义建设基本思路的前提下，实现中国传统文化的现代性转化，张扬其基本价值，并彰显其时代特色。

（一）马克思主义与中国传统文化：中华民族精神价值体系建构的视角

从政治给定上而言，中国传统文化与古代中国国家封建权力直接结合，是古典意识形态；马克思主义与现代国家权力直接结合，是现代意识形态。作为两种指向不同的意识形态，马克思主义与中国传统文化之间处于紧张的关系定式，换句话说是古典意识形态与现代国家意识形态实现历史交替的状态。不过，这种紧张状态并不是绝对的，作为完备性的思想体系，[①] 中

[①] "完备性"是美国学者约翰·罗尔斯在《政治自由主义》中提出的概念，其最大特点是它自有相互支撑的基本价值、基本制度与生活方式。

国传统文化如果能在民主宪政的条件下与马克思主义达成交叠共识,那么也能与马克思主义融洽相处。在当代中国特色社会主义建设过程中,中国共产党人尤其是以习近平为核心的党中央实际也在现代国家建构的基础上,搭建政治平台,提供政治契机,寻找二者的交叠共识,使中国传统文化成为治国理政中合宜的思想资源,从而有效补给马克思主义中的治国理政资源。

从更深层的意义上理解马克思主义与中国传统文化的融合,不能仅仅局限在它们在治国理政中的现实功效,更重要的是从中国人的精神层面意义上,建构中华民族精神价值体系。马克思主义是当代中国的主流文化,这点毋庸置疑。但是,仅仅依靠马克思主义,显然不能真正建构起支撑中华民族伟大复兴的中华民族精神价值体系,我们的视角必须转向中国传统文化。传统文化是中华文化的重要组成部分。"由于人是历史性的创造物,所以人不能靠遗传继承。不过,人必须保存祖先造福后代的发现。代替遗传的在此必须是保存的纯粹精神形式。这种保存的另一种形式,便是传统。"[①] 传统的影响强大而持久,对于个体的存在往往具有先在的给定性和强制性。对于中国而言,"儒家孔学的重要性正在于它已不仅仅是一种学说、理论、思想,而是融化浸透在人们生活和心理之中了,成了这一民族心理国民性格的重要因素"[②]。中国传统文化作为一种现实存在,虽然其依赖的经济基础可能已不复存在,但只要还具备其存在的社会基础与群众基础等,那么它按照历史的逻辑继续存在也并非不可能。虽然它也会有所变化,但这种变化通常缓慢而持久。因此,对马克思主义与中国传统文化的融合要着眼于中华民族复兴大计,从中华民族精神价值体系建构入手,着力实现中华文化的现代跃升。

(二)马克思主义和中国传统文化:主导意识和支援意识

在确立了从中华民族精神价值体系这一视角理解马克思主义与中国传统文化的契合性之后,随之而来的就是明确马克思主义与中国传统文化的角色定位问题。

在当代中国,马克思主义决定着我们的社会制度、国家体制和大政方针等内容,居于政党和国家意识形态的高位,具有意识形态本位的位置,

---

[①] 衣俊卿:《文化哲学十五讲》,北京大学出版社,2004,第10页。
[②] 李泽厚:《中国现代思想史论》,三联书店,2008,第281页。

这是客观事实。不容否认,马克思主义确有巨大的理论力量与强大的解释能力,为中华民族的解放、社会主义的建设做出了历史贡献。因此,中华民族精神价值体系建构显然要立足于马克思主义的主导意识前提之下,无论我们怎样强调中国传统文化,这都是不可逾越的。而在中华民族精神价值体系建构中,中国传统文化显然只能充当支援意识角色。这是因为,尽管其中具有积极性的要素,也存在现代化转化的可能,但从本质上说,中国传统文化建立在狭小的共同体生活经验之上,理论面向是前现代社会的观念形态和制度设计,这就决定了它不能成为共产党和社会主义国家的指导思想。我们之所以在中华民族精神价值体系建构中强调中国传统文化的价值,主要是因为中国传统文化是我们的文化血脉,是民族主体价值,在社会转型和文化整合中居于无可替代的重要地位。[①] 中华民族精神价值体系如若没有传统文化的支撑是难以构建的,中华民族复兴的精神信仰也就无从谈起。传统文化规范着我们的伦理道德、风俗习惯,维系着我们的民族认同。因此,中华民族精神价值体系的建构,必须坚定马克思主义意识形态本位的政治立场与学术立场,角色定位上明确马克思主义主导意识与中国传统文化支援意识之分,以马克思主义中国化的理论立足点和发展逻辑为着眼点和入手处,着力推动中国传统文化理论的逻辑建构,在马克思主义与中国传统文化的融合中搭建解决世界社会性问题的框架,满足中国的现实性需要。

(三) 马克思主义指导下的中国传统文化现代化:可行路径

承接角色定位而来的就是在坚守马克思主义意识形态本位基础上,实现中国传统文化的现代化转换。实际上,中国传统文化具有自身现代化变革的趋势。遗憾的是,进入近代时段的中国,以天朝自居的清王朝被迫打开国门,中国不可避免地被卷入了由西方列强侵略开启的世界现代化进程,中国传统文化成为中国落后挨打的归咎对象,中国传统文化自身的现代化道路被迫中断。梁晓杰指出:"作为一个后发的现代化过程中的社会,中国缺乏现代西方文明社会的道德结构积累,同时也无成功的现代化的传统道德治理经验可寻,中国传统文化才在历史发展中失去了明确的方向。"[②] 时至今日,在中国转型的关键时期,推进中国传统文化现代化,纠正过去的

---

① 刘宗贤:《试论儒学传统文化在当代中国的定位》,《济南大学学报》2012年第6期。
② 梁晓杰:《德治及其中国路径的比较与反思》,《孔子研究》2002年第3期。

"制度变革与思想演变之间的错位"乱象,① 就变得刻不容缓。那么如何实现中国传统文化的创造性转化和创新性发展呢?

首先,我们要坚持文化自觉的立场。换言之,中国传统文化现代化的转变,不应仅仅从中国传统文化自身出发,而应从更宏观的视野——中华民族精神价值体系角度来思考,着眼于社会整体的文化发展问题。这样一种立场的好处在于,不仅能够使中国传统文化现代化的主体从自我复归到社会,而且能从知识分子的自身体验转换到民众真实的世俗情感之中,中国传统文化的精神也就能够真正切合于现当代中国人的精神生活和历史实践,获得现实的价值认同基础。从中国传统文化现代化到整体性的中华文化发展,跳出了从中国传统文化自身的立场来发展中国传统文化的视野,重点也就由主体性的体用思维模式转变为现代性建构视野下的"综合创新"思维模式,中国传统文化由此不仅不会成为"孤芳自赏""无所寄托"的"孤独游魂",更不会成为"遭人唾弃""花果飘零"的"封建残余"。相反,它在此过程中主动投入思想交流与竞争的天地,从而实现自我扬弃。在此基础上,中国传统文化必然走上传承和创新之路,传承之路能够使中国传统文化的普遍价值影响民众,创新之路能够使中国传统文化形成宏大的话语建构气势。传承和创新融汇下的中国传统文化,也就逐渐在社会机体中获得了新的形态,实现自身的新生。

其次,中国传统文化的现代化应借鉴历史中关于中国传统文化现代化的主张,由表及里,遵循物质—制度—文化的路径。以中国传统文化的基本精神为本位,一方面逐层剥去中国传统文化中那些僵化过时的部分,保留中国传统文化中超越时代的价值意涵并进行普世化传承与发展;另一方面对中国传统文化负面价值进行现代性改造和剔除。对此,学者郭齐勇总结认为,"既要系统清理传统中国传统文化的礼乐文明和心性文明资源,抽绎出其中能为当代中国法治社会的建设提供养料的思想资源和能在中国现代化的社会生活中起到积极作用的核心价值观念;又要深入考察儒家价值与环境伦理、生命伦理、社群伦理、职业伦理的关系,儒家与现代民主、权利意识、公民社会及现代政治文明的关系"。② 在剥离出中国传统文化核心价值的基础上,重回文化经典的初始状态,重建中国传统文化的形上之学。同时,"在中国现代化建设的过程中实现其价值,即将儒家内圣之学在

---

① 干春松:《制度化儒家:问题与方法》,《哲学动态》2003 年第 10 期。
② 郭齐勇:《儒学与马克思主义中国化及中国现代化》,《马克思主义与现实》2009 年第 6 期。

现代化事业中制度化、器物化，从而实现中国传统文化的现代化"。①

最后，现代化并不意味着西方化。中国传统文化现代化的基本价值维度不是追随西方现代的价值理念和机制，而是表达一种多元现代化的期盼。中国传统文化的现代化不会不承认西方现代价值之于中国传统文化的检视和扬弃作用，但它同时也承认自身和其他文明中蕴含的现代化思想因子。

---

① 吕鹏：《儒学现代化的根本方向》，《孔子研究》2011年第3期。

专题研究

1966～1967年全国性"流脑"的暴发与防治[*]

张晓丽 陈东林[**]

摘 要 新中国成立后，曾暴发四次全国性的"流脑"流行，其中1966～1967年的"流脑"疫情是最严重的一次。红卫兵"大串连"导致的全国人口大规模无序流动，对社会单位结构的"打倒"导致防疫体系的破坏，以及其带来的衣、食、住、行四方面问题，是这次"流脑"疫情暴发的直接诱因。为抑制疫情，中央及地方党政机构紧急叫停红卫兵"大串连"，并组织领导机构，积极开展防治工作，于1968年后逐步控制了"流脑"疫情。传染性疾病的暴发与社会政治及科学研究密不可分，因此，为有效防止传染病的侵袭，保障人民群众的生命健康，务必保持社会政局稳定，推动科学进步，加强科学研究。

关键词 "流脑" 红卫兵"大串连" "文化大革命" 传染病防疫

"流脑"全称"流行性脑脊髓膜炎"，是细菌感染导致的化脓性脑膜炎。症状为高热、头痛、呕吐，多在冬春季发病，传染性强，发病率与死亡率很高，危害很大。新中国成立以来，在1949年、1959年、1966～1967年、1977年曾出现四次全国性"流脑"流行。其中1966～1967年的"流脑"疫情是最严重的一次，缘于"文化大革命"初期1966～1967年红卫兵"大串连"的传播和扩散。这次全国性"流脑"大暴发，全国患者高达304.4万

---

[*] 本文为国家社科基金项目"建国以来党处理重大公共卫生事件的历史考察与经验研究"（项目号：2011BDJ018）的成果。
[**] 张晓丽，安徽医科大学教授；陈东林，中国社会科学院当代中国研究所研究员。

人，共死亡16.7万多人，大多数是青少年，是新中国"流脑"历史发病的最高峰，给人民造成了严重危害。

但是，不仅当时的报纸电台对这次"流脑"大暴发没有任何公开报道，几十年过去后，研究"文化大革命"和红卫兵"大串连"运动的论著，对此也几乎没有提及。因此，本文试图从医学角度，结合社会学，进行一些史实的探讨和分析。

一 1966~1967年"流脑"大暴发的背景及原因

历史上，传染病的流行，与社会、政治、经济因素有密切关系。政治动荡、战争、饥荒、自然灾害、人口流动迁移等都极易造成疾病流行。20世纪60年代中国发生"文化大革命"政治运动，运动初期发生的红卫兵"大串连"，人口大规模无序流动，是1966~1967年"流脑"大暴发的重要社会因素。

1966年5月16日，中共中央政治局扩大会议通过了《中国共产党中央委员会通知》，指出党内有"睡在我们身边的赫鲁晓夫"及资产阶级代表人物，要予以揭发批判，揭开了"文化大革命"的序幕。清华大学附中、北京大学附中一些以干部子女为核心的学生，自发成立了群众造反组织——红卫兵。8月5日，毛泽东写出了《炮打司令部——我的一张大字报》。其后，又写出给红卫兵的一封信，表示对中学生的革命造反活动予以坚决支持。1966年8月18日，毛泽东身着绿军装，佩戴红卫兵袖章，在天安门广场接见了几十万红卫兵和师生群众。接见后，一些北京红卫兵开始走出北京，到全国各城市去宣传鼓动造反，成为红卫兵"大串连"的先锋队。8月31日，毛泽东在天安门广场第二次接见百万红卫兵和师生群众，明确表示支持红卫兵的全国"大串连"行动。9月5日，中共中央、国务院发出通知，要求组织外地师生代表来北京参观学习，开展"文化大革命"运动，规定交通一律免费。到1966年11月26日止，毛泽东在北京先后8次接见了1100万名师生和红卫兵。红卫兵"大串连"运动席卷全国。12月15日，中共中央又发出《关于农村文化大革命的指示（草案）》，提出可以组织一批革命学生下乡"串连"，使红卫兵运动风潮迅速推广、深入到农村。1966年底到1967年初，是红卫兵"革命大串连"的高峰，相当于一个中等国家人口的几千万红卫兵、学校师生在全国到处奔波,起初是北京等地红卫兵到各地鼓动造反,后来主要是各地到北京学习取经,去延安、井冈山、瑞金、韶山等革命圣地参观。这是新中国有史以来第一次人口集中大流动。

红卫兵"大串连"带来的衣、食、住、行四方面问题,是造成"流脑"流行的直接诱因。

穿衣方面,当时中国民众经济条件很差,南方师生在本地过冬是没有棉衣的,来北京"串连"也是单衣。1966年10月26日,北京刮起7级西北风,气温降至零摄氏度,27日夜有冰冻,气温继续降至零下3摄氏度。当时在京的外地师生有百万人之多,御寒能力甚弱,许多外地师生受冻生病。10月27日深夜,北京市委接待处连夜赶写《关于去北京串连要带好御寒衣被的紧急通知》,请全国铁路沿线各站代为广播,并抄成大字报张贴。通知强调,希望来京"串连"的革命师生,一定要穿好棉衣,带上棉被。① 但是,这依然没有阻挡住各地来京者的脚步,各接待单位只得动员内部职工大量支援旧衣服、被褥,借给衣着单薄的外地师生临时穿用。北京市又通过租赁公司,租用数量不菲的棉被分发使用。其他外地城市大多数没有北京这样的条件,"串连"师生难以抵御寒冷带来的大面积感冒,这成为"流脑"侵袭的第一个突破口。

饮食方面,对上千万人的供应成为刚刚走出三年困难时期的国家面临的最严重问题。1966年8月30日,北京市服务管理局向上级报告说,外地革命师生来势很猛,短短半个月内已出现两次来京高潮,现在最大的问题是吃饭解决不了。报告中称,8月27、28、29日三天,每天都有大批外地师生吃饭没有得到妥善安排,有的师生一天只吃了一顿饭。② 如笔者之一参加红卫兵"串连"到井冈山途中,起初地方供应红米饭或者南瓜,后来也难以满足,饿肚子走一天是常事。饮食不周、营养不良,是"流脑"侵袭的第二个突破口。

住宿方面,1966年国庆过后,几十万大量外地师生滞留北京不归,大都穿梭在国家重要机关参与"文化大革命"运动。北京市只得仓促决定在市区街道、空地搭建临时席棚。北京市土产经营处10月11日报告称,这次供应搭席棚用的席子、竹尖、毛竹、草帘、厚草垫、蒲草褥子、草袋子、

---

① 陈徒手:《红卫兵大串联北京接待记》,《炎黄春秋》2013年第12期。
② 陈徒手:《红卫兵大串联北京接待记》,《炎黄春秋》2013年第12期。

草片就总值 400 多万元，共计 1000 多节火车的物资。全市搭建席棚约 28 万平方米，几乎把中心城区空地覆盖。① 外地则没有这样的物力，只能动员腾房。如笔者之一到江西南昌以后，住在接待条件比较好的省委党校，仍然无法应付，只能几百人住在一间大礼堂里，男女混杂打地铺。到新余，则住在农村草棚里。冬春正是"流脑"流行的季节，上述恶劣住宿条件，无疑使流行疫病如虎添翼，一触即发。

交通方面，拥挤的火车、汽车成为"流脑"的主要传播渠道。红卫兵"大串连"由于人数众多，路线集中，火车超载几倍，通常运载一百多人的一节车厢，甚至塞满了四五百人，连座椅下面都躺满了人，水泄不通，动弹不得，上厕所都要踩着长椅背上一点点挪步过去。当时参加"大串连"的大多是大中学生，缺乏生活自理常识，不注意卫生，加之车厢里缺少饮水食品，抵抗力严重下降。由于交通堵塞严重，往往在一个车站就要停十几个小时。火车外寒冷，车厢里又没有暖气，只能封闭窗户，几百人挤压在一起，空气十分浑浊肮脏，一有感冒，立即引起大面积传染。如笔者之一参加红卫兵"串连"去井冈山，卡车上挤得如沙丁鱼罐头，想抬腿松弛一下麻木的脚都困难。因为有人发生呕吐，只好下车在深山里步行两夜，也幸免了被井冈山地区暴发的"流脑"传染。

与"大串连"同时进行的夺权斗争，打倒了许多医疗卫生领域的领导干部，也造成从国务院卫生部到各省卫生厅的瘫痪、半瘫痪，使中国的卫生防疫体系出现严重紊乱，各地疫情不能及时上报，难以及时组织预防治疗，疫情严重地方急需的药品和医护人员不能及时送达。1966 年 9 月初，北京市为应付全市性的接待难题，很快筹建"市委接待外地革命师生委员会"，由市副食品局、服务局、粮食局、供销社、卫生局五个局人员组成。原来指定在饮食业领导工作经验丰富的金映光挂帅，没想到"文化大革命"运动一深入，金映光却被群众组织停职反省。北京新市委无奈之下只得焦急地从市级机关找出一个或几个革命性强、具备超强解决能力的专人来主事。②

"大串连"造成衣食住行方面的问题，很快导致了疾病的暴发。据周恩来的保健医生张佐良回忆："高峰时，每天进出北京的红卫兵数量达到 150

---

① 陈徒手：《红卫兵大串联北京接待记》，《炎黄春秋》2013 年第 12 期。
② 陈徒手：《红卫兵大串联北京接待记》，《炎黄春秋》2013 年第 12 期。

万—170万人之多！……是年秋末冬初，南方来京串连的青年学生，身上衣着单薄，不适应北方的季节气候，加之旅途劳顿、饮食不周等因素，引起呼吸道与肠胃道传染病流行；北京各医院凡是能呆人的地方……包括走廊上都躺满了病人。"[1] 可见当时疫情已经比较严重。

根据资料记载，"流脑"首例病人，是广东省阳春县潭水中学一名学生。该生北上"大串连"回到学校后，于1966年11月17日在马水公社家里发病。从他开始，"流脑"自南至北沿公路干线西侧地区传播蔓延，产生暴发流行。直到1967年，该县发病共4452例，死亡312例。[2] 该县中学生又通过"大串连"，把"流脑"疫情向全国各地迅速传播。"流脑"先在各大城市暴发，又迅速向中小城市及边远农村地区扩散。很多偏僻山区及农村由于红卫兵"大串连"带来感染，引起自然村疫病暴发流行。有医疗卫生专业研究者认为，因有的地方偏僻闭塞，流脑死亡患者实际数字可能比统计到的要多一些。

在我国1949年、1959年、1966～1967年、1977年出现的四次全国性"流脑"暴发中，1966～1967年的"流脑"疫情有发病率和病死率奇高、传播迅速突起、发病覆盖地区广大的特点。1967年春季全国"流脑"病人达304.4万，发病率高达403/10万，死亡16.7万人；[3] 发病人数几近全国参加"大串连"人数的1/10，发病率相当于次高的1977年"流脑"发病率的6倍以上；在几个月里传播之快也是惊人的，1966年全国"流脑"病死率起初仅为1.1%，1967年初即高达4.04%，到1967年春季病死率高达5.49%；发病地区，在当时全国29个省、自治区、直辖市（除台湾外）中就有23个出现集中发病现象（见表1）；"流脑"病死万人以上的省份，由高到低依次是河南、广东、山东、安徽、江西5省。以病死人数居第二的广东为例，1966年11月至1967年2月上旬，总计广东省患病51834人，死亡3394人。到1967年3月15日统计，广东全省患病人数已达195745人，病死10770人。[4]

1950～2004年全国"流脑"报告发病率情况见图1。

---

[1] 张佐良：《周恩来的最后十年》，上海人民出版社，1997，第23页。
[2] 《阳春县志》，广东人民出版社，1996，第886页。
[3] 连文远：《计划免疫学》，上海科技出版社，2002，第12页。
[4] 邓铁涛：《中国防疫史》，广西科技出版社，2006，第622页。

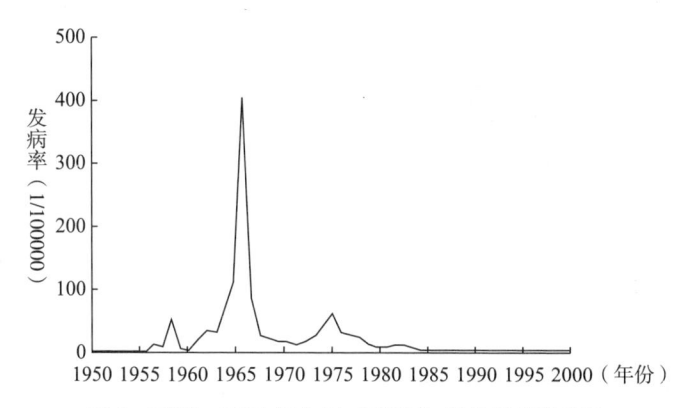

1966~1967年全国性"流脑"的暴发与防治

图1　1950~2004年全国"流脑"报告发病率情况

资料来源：李宏军《我国流行性脑脊髓膜炎的流行概况及预防控制》，《疾病预测》2005年第4期。

可见，1966~1967年的"流脑"疫情确实是新中国成立以来最为严重的，给民众健康造成很大的危害，教训十分沉痛。

表1　部分省、市、自治区1967年"流脑"发病及死亡人数

单位：人

省、市、自治区	发病人数	死亡人数	数据来源
广　西	123864	8373	广西通志·医疗卫生志
黑龙江	38900	2146	黑龙江省志·卫生志
新　疆	7090	445	新疆通志·卫生志
安　徽	254961	12748	安徽卫生志
吉　林	27762	不详	吉林省志·卫生志
山　东	336666	13933	山东省志·卫生志
广　东	312658	15290	广东省志·卫生志
江　西	26500	11000	江西省志·江西省卫生志
福　建	92626	4628	福建省志·卫生志
河　北	101838	7495	河北省志·卫生志
北　京	32371	1208	北京卫生志
天　津	14243	不详	天津通志·卫生志
山　西	26616	不详	山西通志·医药卫生志
辽　宁	51931	3013	辽宁省志·卫生志
陕　西	39754	不详	陕西省志·卫生志
甘　肃	7978	874	甘肃省志·医药卫生志

续表

省、市、自治区	发病人数	死亡人数	数据来源
宁 夏	3654	376	宁夏卫生志
青 海	843	92	青海省志·卫生志
江 苏	170166	不详	江苏省志·卫生志
上 海	约 3000	不详	上海卫生志
河 南	356082	18516	河南省志·卫生志
湖 南	164902	不详	湖南省志·医药卫生志
四 川	122155	8674	四川省医药卫生志
重 庆	3710	337	重庆市志·卫生志
海 南	4452	不详	海南省志·卫生志
（湖北）武汉市	26535（1966年）	497（1966年）	武汉市志·卫生志
（贵州）贵阳市	2039	211	贵阳市志·卫生志
（内蒙古）赤峰市	1985	227	赤峰市志
（浙江）杭州市	约 15000	不详	杭州市志·卫生志
（浙江）宁波市	37690	不详	宁波市志
（浙江）嘉兴市	15176	不详	嘉兴市志

资料来源：邓铁涛《中国防疫史》，第 620～621 页。

二 "流脑"大暴发事件的应对措施

面对危情，中央及地方党政机构采取了紧急措施进行应对。

首先是停止红卫兵"大串连"。

"大串连"造成了全国交通、经济的严重问题。据国家计委1966年11月27日报告，铁路运输到年底估计有1000万吨物资被积压待运。欠运的物资主要是煤炭、木材、水泥、钢铁、矿山建筑材料、食盐、农副产品等，大部分是江南地区和三线建设需要的。公路运输普遍紧张，黑龙江省11月、12月汽车货运量共有900万吨，但运力只有500万吨，有98万吨粮食集中不起来，7万吨甜菜运不到糖厂；湖北省第四季度汽车货运量共有204万吨，但只能安排130万吨；湖南省积压物资77万吨，天津市积压物资56万吨，辽宁省有80万吨粮食集中不起来，山东和四川各积压物资30万吨左右，河北和安徽各积压物资20万吨，陕西省积压物资12万吨。水运、港口物资积压也十分严重，上海港积压14万吨，广州港积压14万吨，重庆港积压3.4万吨。这些都对生产、建设、人民生活带来了严重影响。西南地区由于水泥运不进去,成昆线有63个隧道口停工,攀枝花选矿厂工地有4500工人停工,华东电网11月22日煤炭库存量只够9天的周转量。①

周恩来代表国务院向毛泽东为代表的"无产阶级司令部"紧急建议,立即停止"大串连"。毛泽东同意暂停"串连",到明年春天再进行。1966年11月,周恩来亲自起草了《关于北京大、中学校革命师生暂缓外出串连的紧急通知》。11月15日,中共中央正式发出通知,规定从11月21日起暂停到北京和各地"串连"。12月1日,中共中央、国务院又发出《关于大、中学校革命师生进行革命串连问题的补充通知》,规定12月20日以前在外"串连"的革命师生必须返回原地,从12月21日起,乘交通工具不再免费,在北京的红卫兵吃饭和乘车也不再免费。当时宣布明年春季再恢复"大串连"。

第二年春天,没有继续进行"大串连",应该是考虑"流脑"暴发的原因。1967年2月3日,中共中央、国务院发出《关于革命师生和红卫兵进行步行串连问题的通知》,规定全国停止长途步行"串连"。3月10日,中共中央最终发布《关于停止全国大串连的通知》宣布:中央决定,取消原定春暖后进行"大串连"的计划。"合法"的全国"大串连"终于停止。以后,虽然仍然有不少群众组织自发地到各地去"支左""串连",但规模大为缩小。中央果断终止"大串连"的这一系列紧急措施,对控制当时人口的盲目大流动,减少"流脑"等疾病感染,遏止"流脑"疫情蔓延起到了关键作用。

其次是排除干扰,组织成立专门防治领导机构。

因"文化大革命"的冲击,包括国务院卫生部部长钱信忠在内的许多干部都受到"造反派"批斗,难以开展正常工作。面对"大串连"造成的"流脑"严重疫情,周恩来心急如焚,1967年3月7日,他批示要求立即组织卫生干部建立专业机构防治"流脑":"请富春、先念两同志立即找卫生部孙正、钱信忠、崔义田、黄树则四同志,最好建立一防治脑膜炎办公室,以钱、崔二人和三个造反派各出一人,马上开始工作。这些人要全力以赴,不要再以其他工作干扰他们。"② 由于卫生部机构已经瘫痪,3月24日周恩来又召集卫生部和"造反派"组织开会,询问防疫情况。他强调说:"我点

---

① 国家计委档案:《全国计划、工业交通会议简报》第1期,1966年11月27日。
② 《毛泽东、周恩来关于卫生防疫和医疗工作的文献选载》,《党的文献》2003年第5期。

钱信忠、崔义田抓'流脑'办公室，四个组织都要支持抓防疫，这个工作是最紧急的，一天都不能迟缓。"①

在周恩来的多次过问下，卫生部迅速成立了"流脑"防治专业机构，开始指导全国的"流脑"防疫工作。1967年3月10日，卫生部成立了防治脑膜炎办公室，组织对于"流脑"的预防治疗工作。3月11日，卫生部发出《关于立即组织医疗队下乡防治脑膜炎的通知》，要求各地卫生部门组织医疗队深入基层进行"流脑"防治工作。各地成立防治"流脑"办公室，组织医务防治队伍奔赴疫区治疗。

在中央成立"流脑"防治办公室之前，各地已经采取了一些相应的防治措施，疫情严重的地区成立了防治"流脑"的机构。如1967年1月30日，广东省委发出批复文件，成立流行性脑膜炎防治领导小组，组织防治工作，印发疫情动态及防治情况反映等，下拨各地经费80多万元用于防治工作。如江西井冈山地区，由于疫情蔓延，又遇到大雪，交通阻隔，当地驻军派出了直升飞机，向被困在山中的红卫兵投放了药品。北京市委接待处报告规定，外地革命师生的医疗费、住院伙食费，按实际用量报销；外地学生死亡火葬费，死者的直系亲属来京往返车费，可以报销；等等。

最后是各地积极开展防治工作。

"流脑"疫情引起了严重的社会问题，各地政府在动乱中勉力组织进行了"流脑"的防治。1967年1月26日，广东省卫生厅向广东省委提交《关于当前流行性脑膜炎防治工作情况的报告》，并发出防治的紧急通知，指出"流脑"已经波及全省很多地区："目前省内各地'流脑'发病率迅速上升，尤其广州地区'流脑'发病率每天300多例，医院非常紧张。为了抢救阶级兄弟生命，扑灭疫情，建议各级医药卫生部门及医药院校等有关单位……千方百计发掘所有潜力，迅速组织队伍，奔赴疫区，参加防治工作……"②

一是广泛宣传预防知识。其中最重要的是宣传戴口鼻罩。广东省卫生厅1967年1月26日给省委的报告说："流脑是一个呼吸道传染病……只要将侵入途径切断和限阻，就会收到预防的效果。因此，要求大、中城市的居民、革命师生人人戴口鼻罩……戴口鼻罩比吃预防药效果好得多，必须认真推行。"针对口罩不足的情况，各地想了不少办法。如恩平县，"尽了很大力量才供应10万个，才达人口三分之一。各地发动群众用旧布自制口

---

① 《周恩来年谱》下册，中央文献出版社，1997，第140页。
② 邓铁涛：《中国防疫史》，第622页。

罩，解决了不少问题，但用起来不大雅观，不敢带上圩"。① 同时，党政机构也大力宣传搞好环境卫生，采取晒被通风等卫生措施（见图2）。

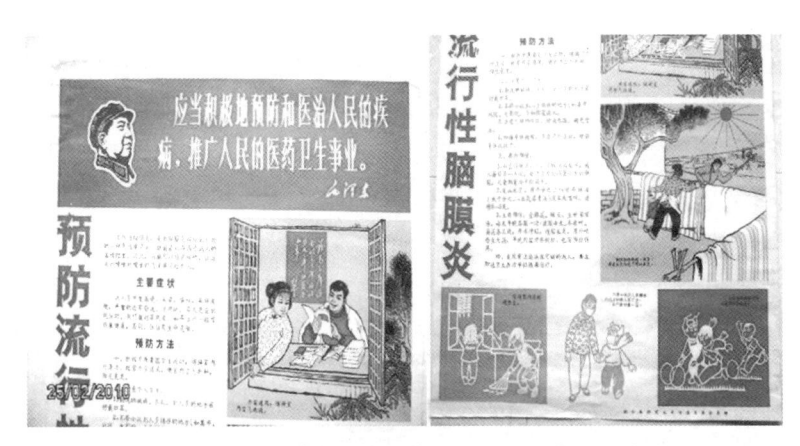

图2 流行性脑膜炎防治宣传画（浙江丽水县预防站）

二是采取药物防治。当时最主要的防治药物是磺胺类，十分紧缺。广东卫生厅报告提到磺胺类药物数量不多，应首先保证在治疗上使用，预防方面只在小范围对密切接触者使用。治疗用的磺胺针剂更是紧缺，广东省防治"流脑"办公室组织省市医药、药检、生产部门和药剂专业师生组成工作组，到部分疫情严重的地方自行试制磺胺类针剂以解决问题。提出医护人员抢救病人时，要注意结合中医药疗法，推广针灸疗法和中医诊治，另外各地在预防上也应用中成药或中草药。广州曾大力推行薄荷含片作为全民含服预防药，不少地方则抢购中草药，服大桉叶、龙胆草、松毛甘草等清凉解毒药。

三是限制人口流动和减少接触。有的地区采取了把守村口的检疫办法，"在流行期间10～15岁以下儿童一律不准出村，外来者只在村口接治，非进出村不可的人动员其自觉戴好口罩，滴鼻漱口"。② 另外，减少集会，注意隔离病人的密切接触者等。这些方法都是有效的。

四是大面积消毒。对广东新会、恩平两地的调查表明，"许多小队、大队，甚至公社都进行了全面的消毒，双水公社卖出2000斤漂白粉，供群众自

---

① 《关于新会、恩平二县防治"流脑"情况的调查报告》（1967年2月），广东省档案馆藏，档案号：317-1-148，第32页。
② 《关于新会、恩平二县防治"流脑"情况的调查报告》（1967年2月），广东省档案馆藏，档案号：317-1-148，第32页。

己买回去消毒,恩平县卖去8000斤。恩平横陂公社1月29～31日三天买回白醋1900斤,花了约1400元,每户发半斤进行全面蒸熏"。① 经过医疗部门的积极救治,并采取疫苗注射、服药等预防工作,"流脑"最终得到控制。

1968年后全国"流脑"发病率逐年下降,至1973年发病率降为112/10万。② 这次全国"流脑"疫情大暴发终于结束。

这场"流脑"暴发虽然一直没有见诸报刊广播公开,但是对于很多青少年患者造成的心理创伤,是历久弥深的,民间记忆也颇为不少。两位历史学者的亲历回忆可资参考。

一位是中国社会科学院历史所研究员。她心有余悸地说:"我当时14岁。12月,中央下令停止串连后不久,我从广州返回北京,火车上待了两天两夜。我在广州住在母亲朋友家,条件还不错,我认为是在火车上同行者传染的。火车上很拥挤,因为寒冷,根本无法通风。疲劳,穿衣单薄,饮食又差。到家后即高烧,剧烈头痛嗓子痛,不能起床,后来全身发冷。记得是父亲抱我急送儿童医院,医生果断确诊'流脑'。后来人事不省,醒来应是一两天之后。""我在昏迷前听到的最后一句话,是医生填表问家庭出身,我不知道父亲是如何作答的(父亲当时已经是'走资派')。""出院前出现许多幻觉,比方说我班的革命小将来了。""打那时起,我一有重病,就会出现幻听、幻视。"③

另一位是首都师范大学历史学院教授梁景和。他回忆说:"1967年2月13日是正月初五……发现我发烧了……第二天天还未亮,爸爸妈妈冒着东北零下30度的严寒把我送到医院,大夫当即诊断我患了流行性脑脊髓膜炎,也叫流脑,民间还叫它大脑炎。当时大夫说:这孩子再晚来20分钟就没命了。入院后的第三天我才醒过来,我当时用的是红霉素,说是当年最好的消炎药。出院那天,是爸爸背着我回家的。……当年我们就听说社会上正在流行大脑炎,说这种病传染性很强,死亡率很高,病愈后很多人也会留有后遗症。记得比我们高一年级的一名女生患流脑死了,她是县长的女儿,又是班长,长得高高大大的。"④

---

① 《关于新会、恩平二县防治"流脑"情况的调查报告》(1967年2月),广东省档案馆藏,档案号:317-1-148,第32页。
② 中国疾病预防控制中心,http://www.chinacdc.cn/tjsj_6693/fdcrbbg/。
③ 2016年4月2日她向笔者提供的回忆笔录,应她要求隐去名字。
④ 2016年4月9日,在"当代中国与社会(1966～1976)"学术研讨会上,梁景和教授评述本文时做了回忆。4月19日他写成正式回忆录交给笔者,同意署名引用。

在民间，亲历者们也有不少回忆。一位当时是西安外语学校学生的患者2008年在博客写道："1966年我12岁，那时文化革命刚开始，学校停了课。……果然学校没去几个学生，大家都被脑膜炎吓住了。……不妙的是回家后我就开始发烧、头痛。爸爸从楼下借了一辆板车，拉着我就向医院跑！急诊室的医生一看症状，二话没说，就在诊断证明上写了两个字：流脑！急诊室里一排排放了十来个脑膜炎病人，我的症状最严重。医生们立即围过来。'打针！'一个医生指挥着。医生打针，吊瓶子，我丝毫没反应。第三天我开始说话了。后来我慢慢能坐起来吃点东西了。我没傻，脑子反应比过去迟钝了许多。"① 一位到广州"串连"的梧州五中学生回忆："在广州市，由于到来的人多，我们在中南局里坐了一个通宵。最后，在陶书记的责令下，我们终于住进了荔湾区的一个学校接待站里，那里的教室横七竖八的人满为患。那时由于流动人口急剧增多，各地都流行着一种疾病流行性脑膜炎，广州也不例外，那时人们真正谈病色变，晚上还好端端地睡着，第二天就见有人被抬走了，是用白布兜头兜面盖住那种呢，而且还是隔三岔五地就有人被抬走。"②

三 "流脑"大暴发事件的教训

（一）社会动乱是导致和扩大传染病的主要因素

传染性疾病与社会政治有重要的关系，是引发公共卫生问题的温床。1966~1967年中国的"流脑"大暴发，可以说有两方面的原因。首先，当时的医疗卫生条件差，"流脑"难以避免。其次，"流脑"大流行甚至形成暴发，是"文化大革命"的政治动乱促成的。16.7万多人死于"流脑"，其中大多数是青少年，令人痛心，教训极为深刻。我国对于"文化大革命"历史的研究很多，但是对于"文化大革命"时期的打乱社会单位结构造成疾病流行，尚缺乏认识总结。

单位是中国城市社会中的一种特殊的组织形式和社会调控形式，即基本的社会调控单位和资源分配单位。③ 单位社会是新中国公有制和计划经济

---

① 《脑膜炎亲历》，"还差200字"的新浪博客，2008年3月16日。
② 《红卫兵长征》，"一叶知秋"的博客，2007年11月1日。
③ 王沪宁：《从单位到社会：社会调控体系的再造》，《公共行政与人力资源》1995年第1期。

体制的产物和保障。各级单位代表国家管理着社会的生产和工作，也是治理、改造社会的工具，在我国社会主义建设和发展中发挥了巨大的作用。除了工作单位之外，城镇居民居住的街道办事处、居民委员会等社区组织也具有准单位性质，主要管理未就业人员和离退休人员，发挥治安保卫和调解人民内部矛盾、服务居民生活的辅助职能。

"文化大革命"中，在"踢开党委闹革命"的口号下，单位党组织普遍瘫痪，无政府主义泛滥，出现了自发成立的形形色色的群众组织，进行"造反夺权"。在其冲击下，很多单位组织机构陷入混乱，连国务院也是在"流脑"暴发四个月后才勉强成立卫生部的专门领导防治机构。红卫兵走出单位横向甚至全国"大串连"，各级单位失去了管理和制约作用，新中国成立之初行之有效的基层防治疾病管理制度被破坏，使得"大串连"中发生了许多反常的现象。"流脑"大暴发只是大自然乘虚而入，对我们的惩罚之一。但是当时在极左思潮影响下，为了避免干扰政治运动，对此不做公开宣传报道，实际上纵容放大了这种灾难的后果。

因此，通过深入剖析1966~1967年的"流脑"事件，必须认识到，在中国这样一个幅员辽阔、人口众多、经济落后的大国，社会稳定是压倒一切的。如果没有稳定的社会结构和秩序，一旦发生"文化大革命"这样的政治灾难，必将导致疾病、饥荒、犯罪等方面严重的社会性灾难。

（二）要积极进行科学研究防疫

1949年以来，我国对于传染病防治主要依靠群众性卫生运动，忽视疫苗药物的科学研究，导致"流脑"防治缺乏科学有效的药物防治。50年代我国运用磺胺及青霉素药源，60年代发现脑膜炎对磺胺有耐药性，大多无效，但是没有进行深入的科学研究。当时上海、北京生物制品研究所开始研制菌体疫苗，反应大且效果不好。由于缺乏有效的疫苗预防，1966年"流脑"疫情蔓延，传染者甚多，没有有效的药物及时救治导致死亡。1969年我国生物制品所试图研究无毒活疫苗未获成功。70年代我国研制成多糖疫苗、A群疫苗，提高预防效果，"流脑"发病率才不断下降。60年代"流脑"事件的经验教训表明，传染病防治仅仅依靠群众运动是远远不够的，依靠科技进步、加强科学研究，才是防控传染性疾病的根本。这方面，也有一些重要经验。虽然在"文化大革命"动乱之中，1966~1967年的"流脑"暴发造成严重损失，付出惨重的代价，但最终得到有效的控制，由此引发国家对于"流脑"疫苗研制的重视。1974 年研制的 A 群菌苗，预防效果不断提高，人群保护力达到 86%～92%。[1] 科技进步促进"流脑"的防治，我国"流脑"的发病率不断降低，1967 年为 403/10 万，1977 年为 60.1/10 万，此后疫情持续下降，至 90 年代发病率维持在 1/10 万以下的水平，至 2000 年发病率则维持在 0.2/10 万以下的水平，2004 年年报告发病率为 0.2/10 万。2011 年为 0.022/10 万，基本控制了"流脑"发病。[2]

保持稳定政局，依靠科技进步，才能有效防控传染病的侵袭，保障人民群众的生命健康，促进社会的文明进步发展。这是一个被中国历史不断证明并继续证明的规律，本文在这里，只不过用一个鲜为人知的例子，50 年后来再次说明，引发人们对于历史的反思。

---

[1] 《当代中国》丛书编辑部编《当代中国的卫生事业》（上），中国社会科学出版社，1984，347 页。
[2] 根据中国疾病预防控制中心网"传染病疫情统计数据"统计，http://www.chinacdc.cn/。

"赤脚天堂"里的劳动叙事

——多重紧张情境下的延安大生产运动

王建华[*]

摘 要 延安时期，大生产运动是中共走出生存困境的应急之举。当领导者拿起锄头，带着知识分子走进乡村时，它在政治与精神方面的溢出效应，不亚于其创造的物质财富，也因此被赋予了更多的附加意义。其中，大生产与整风的偶然结合，使得劳动被赋予了思想规训的意义，而"权力控制"也成为解释"延安道路"的新范式。事实上，对于奔赴延安的左翼知识青年而言，与其说是劳动改造了知识分子，毋宁说是知识分子在劳动中找到了精神的家园。大生产运动是中共生存政治的最好诠释，而生存逻辑也是理解现当代中国政治的一把钥匙。

关键词 大生产运动 延安 中国共产党

一 引言

在一个延续了几千年农耕文明的古老帝国进行共产革命，本身就似一个"天方夜谭"式的神话。而一群被南京国民政府称为"赤匪"的"流寇"居然使共产主义"幽灵"在贫瘠的陕北高原形成了燎原之势，更是超出了西方市民社会的想象。从埃德加·斯诺开始，猎奇与探秘就成为西方世界研究中国红色革命的精神冲动，其中，被称为"东方莫斯科""青年人的耶路撒冷"的革命圣地延安，更是西方学界关注的焦点。

根据台湾收藏的档案和美国斯坦福大学胡佛研究所的档案，20世纪60年代，美国学者詹姆斯·约翰逊（Chalmers A. Johnson）提出，日本的侵略、

---

[*] 王建华，南京大学马克思主义学院副院长、教授。

占领和镇压使农民接受了民族主义的宣传,"中国的大众把自己置于共产党的领导之下,以服从民族主义的目的",这是中共获胜的关键。① 由于对中共战时政策缺乏研究,约翰逊的观点引发了有关民族主义的论战。② 批评者认为,将一切都归结于日本的侵略,实际上是忽略了中国的社会经济现实和相互竞争的政治势力。③ 1971年,美国学者马克·塞尔登（Mark Selden）的博士学位论文出版,他从收藏于美国、台湾地区与日本的文献中,发现了不同于麦卡锡主义的共产革命形象,提出了"延安道路"的概念——人们可以超越阶级、经验、意识形态的局限,创造一个新中国,其特色包括民众参与、简政放权、社区自治等。④ 这一超越价值判断的理论概括表明,塞尔登看到了中国共产革命的独特性。塞尔登的著作出版后,《亚洲研究》《中国季刊》等权威刊物纷纷发表评论文章,称其为研究中国共产主义运动提供了新的解释路径。⑤ 在此后的近半个世纪里,"延安道路"成为学界解释中国革命无法绕开的主题。

有肯定就有质疑。台湾学者陈永发指出,在涉及中日战争对共产主义运动的影响时,塞尔登未加批评地接受了共产党对自己放弃土地改革的解释,因而无法理解战时共产主义看似对立的目标调和。⑥ 面对学界批评,塞尔登在反思"延安道路"时指出,由于自己在早期研究工作中的疏忽,"在我总结出来的'延安道路'中又掩盖了专横与倒退的倾向"。这些倾向在人民共和国时期,特别是1957年后被发展到极端。⑦ 可以看出,"延安道路"

---

① Chalmers A. Johnson, *Peasant Nationalism and Communist Power: The Emergence of Revolutionary China, 1937–1945*, Stanford: Stanford University Press, 1962, pp. 2–19.
② 1964年, Donald G. Gillin 向 Chalmers A. Johnson 的观点提出挑战。参见 "Peasant Nationalism in the History of Chinese Communism," *The Journal of Asian Studies*, Vol. 23, No. 2 (Feb., 1964), pp. 269–289。
③ 南开大学历史系中国近现代史教研室编《中外学者论抗日根据地——南开大学第二届中国抗日根据地史国际学术研讨会论文集》,档案出版社,1993,第610页。
④ Mark Selden, *The Yenan Way in Revolutionary China*, Boston: Harvard University Press, 1971, p. 210.
⑤ Donald G. Gillin, "Review," *The Journal of Asian Studies*, Vol. 31, No. 3 (May, 1972), pp. 659–660; Steven I. Levine, "Review," *The China Quarterly*, No. 144, *Special Issue: China's Transitional Economy* (Dec., 1995), pp. 1190–1192.
⑥ Yung-fa Chen, *Making Revolution: The Communist Movement in Eastern and Central China 1937–1945*, Berkeley: University of California Press, 1986, pp. 4–6.
⑦ Mark Selden, "Yan'an Communism Reconsidered," *Modern China*, Vol. 21, No. 1, *Symposium: Rethinking the Chinese Revolution, Paradigmatic Issues in Chinese Studies*, IV (Jan., 1995), pp. 8–44.

只是描述了中国共产革命的独特性,没能形成有解释力的理论范式,塞尔登最终还是没能超越意识形态的偏见。

冷战结束后,西方学者更加关注中国革命的多样性。新西兰学者纪保宁(Pauline Keating)对"延安道路"在陕北不同地区的差异性表现进行了分析。他认为,在"延安道路"中有如此多的民主成分,是因为根据地政府财政困难,不得不依赖资源丰富的农村建设者,不得不给予他们更多的自主权。这些地方的建设者也甘愿给予新的执政者以更多的忠诚。① 纪保宁发现了民主生成的实践逻辑,但他的论述缺乏一贯性,或者说,没能形成完整的解释链。此后,在南开大学召开的第二届中国抗日根据地史国际学术研讨会上,法国学者毕仰高(Lucien Bianco)从分析中共乡村动员的复杂性入手,指出有关中国共产革命的论断"可能在某一根据地的某一时期是与事实相符的,而在另一根据地的另一时期则未必如此"。② 与会学者看到了中国革命的复杂性。

进入21世纪后,洛杉矶加州大学教授黄宗智以土改、"文革"为研究对象,提出在中共政治动员中文本话语的表达性现实与客观性现实间存在差异问题。③ 客观地说,在共产革命动员过程中,文本与现实的差异是存在的,但把中共社会动员手段上升到革命正当性的高度来认知,同样也存在以偏概全之虞。总体说来,相关研究成果虽不乏客观分析中国革命的典型个案,但囿于意识形态的隐性偏见,无法真正贴近或进入"东方共产革命"的历史情境。同时,过分注重细节的社会史研究,悬置或淡化了关于中国革命和乡村社会改造的普遍性问题。近年来,理论的困乏,使得西方学界没有提出新的理论假设与分析模式,④ 而关注现实的旨趣转移,又使得有关中国革命研究陷入沉寂。

回到国内学界,受国外研究影响,有关共产革命研究,长期以来存在解构与建构两种范式。批判者以大量的档案资料,特别是当事人的回忆文

---

① Pauline Keating, "The Yan'an Way of Co-operation," *The China Quarterly*, No. 140 (December, 1994), pp. 1050 – 1051.
② 〔法〕毕仰高:《抗日根据地中农民对中共动员政策的反映:一些西方的观点》,南开大学历史系中国近现代史教研室编《中外学者论抗日根据地——南开大学第二届中国抗日根据地史国际学术研讨会论文集》,第642~648页。
③ 黄宗智:《中国革命中的农村阶级斗争》,《中国乡村研究》第2辑,商务印书馆,2003,第70页。
④ 〔英〕班国瑞:《华中与华北抗日根据地之比较》,冯崇义、古德曼编《华北抗日根据地与社会生态》,当代中国出版社,1998,第239~240页。

章为素材,把价值预设融入逻辑推理,结果是以学术的形式放大共产革命过程中存在的问题。建构主义者往往通过简单的文献排比,论述中国共产革命的正当性,理论准备的不足,使得建构革命正当性的努力往往成了批判者嘲弄的注脚。在一定意义上说,这一领域的研究还没有真正走出意识形态的二元对立,其中,有关延安时期大生产运动的研究,无疑就是一个典型例证。

延安时期的大生产运动是中共巩固红色政权的重要手段,也是关注的热点之一。近期,有学者借用福柯(Michel Foucault)的权力规训理论,论述了"生产是如何成为一种社会控制手段",强调在以"生产"为国家议题进行乡村政治动员的过程中,执政党是如何利用这一议题实现了对边区社会各阶层民众的规训,从而实现了对边区社会的控制。[①] 这一论点提出后,受到了一些知名学者的肯定。[②] 笔者并不否认"规训"在革命与国家治理中的意义,但一定要放到具体的语境中来思考。就大生产运动而言,这一分析模式立论的前提是把政党放到了社会的对立面,强烈的价值预设必然影响叙事的客观性,同时,当"权力控制"成为文本分析的核心概念时,至少遮掩了大生产运动的实践逻辑。

聚焦延安红色政权,需要回到历史原点思考问题。革命是一个社会动员的过程,而不是一个社会控制的过程。当3万红色力量到达陕北后,其考虑的首先是生存与发展问题,如此,政党一定希望与社会紧密联系在一起,而不是与社会对立起来,这也是中共群众路线的实践逻辑。在根据地社会动员内化于社会改造与民主政权建设的过程中,大生产运动无疑是政党解决生存危机的产物。1939年到达延安的美术青年蔡若虹发现,所有走进延安的男男女女都不穿袜子,光脚穿鞋,由此感慨:"啊,延安!好一个赤脚天堂!"[③] "赤脚天堂"的感慨反映了知识青年主动融入底层社会的欲求。本

[①] 《记忆的政治》导论开篇就引用英国左翼作家乔治·奥威尔(作者误写为大卫·奥威尔)作品里的名言:"谁控制过去就控制未来;谁控制现在就控制过去。"贯穿全书的主题就是政党对社会的规训与控制。参见周海燕《记忆的政治》,中国发展出版社,2013;〔英〕乔治·奥威尔:《一九八四》,董乐山译,上海译文出版社,2010,第229页。

[②] 参见哈佛大学教授裴宜理、弗莱堡大学教授史明对《记忆的政治》的推荐语;田丰:《规训与重塑——革命文学论争对茅盾文学观念转变的深远影响》,《广州大学学报》(社会科学版)2014年第1期;刘文楠:《规训日常生活:新生活运动与现代国家的治理》,《南京大学学报》(哲学·人文科学·社会科学)2013年第5期;郭玉琼:《发现秧歌:狂欢与规训——论二十世纪四十年代延安新秧歌运动》,《中国现代文学研究丛刊》2006年第1期;等等。

[③] 蔡若虹:《赤脚天堂》,湖南美术出版社,2000,第1页。

文以此为题，旨在超越"权力控制"解释范式的局限，揭示中国共产革命中的生存政治与知识分子精神家园的内生逻辑。

二 20世纪40年代延安的生存危机

1939年2月28日，中共掌控下的陕北二十三县民众代表"请求（重庆国民）政府撤消陕甘宁边区政府及绥米葭吴清警备区"，理由是中共回避抗战，扩充实力，煽动青年，诱惑儿童。① 今天虽然无法考证这份南京图书馆藏请愿书的来历及其背后的诸多因素，但可以肯定的是，在陕北，最晚自此时起，国共摩擦开始升级。据中共文献记载，西安事变后，南京国民政府行政院会议通过决议，给予中共对苏维埃区域二十三县的管辖权，但其后并没有发文给予确认。② 在延安、鄜县、甘泉、延长、定边、环县、合水等地仍有国民党的县长、县政府，形成两重政权。③ 就此而言，中共在陕北的存在与发展引起国民党政权的忌惮便不足为怪了。

重庆国民政府如何回应民众的"请愿"？据陕甘宁边区政府工作报告，在国共共同控制区，国民党"摩擦专家"——绥德专员何绍南组织绥德、清涧、吴堡三县保安队，攻打八路军与陕甘宁边区。同时，在绥德、富县、环县、靖边、安定等县，也有国民党"顽固势力"组织的暗杀队、破坏队、土匪队。在中共控制区域内，他们则以公开的或秘密的组织建立特务机关，混入民众团体、政府机关、武装部队以至党组织内部，使得中共生存与发展面临挑战。④

为巩固中共在陕北的地位，1940年初，王震率三五九旅从山西前线回撤绥德。⑤ 2月15日，陕甘宁边区政府主席林伯渠、八路军后方留守主任兼河防边防司令萧劲光联电呈请国民政府最高当局，表达惩办绥德专员何绍

---

① 《陕北二十三县民众代表请求政府撤消陕甘宁边区政府及绥米葭吴清警备区请愿书》（1939年2月28日），南京图书馆藏，第1页。
② 《陕甘宁边区政府工作报告》（1941年4月），陕西省档案馆、陕西省社会科学院合编《陕甘宁边区政府文件选编》第3辑，档案出版社，1987，第161页。
③ 《陕甘宁边区民主政权与"三三制"》，中央档案馆、陕西省档案馆《中共中央西北局文件汇集（1944年）》甲5，内部出版，1994，第444~445页。
④ 《陕甘宁边区政府工作报告（1941年4月）》，陕西省档案馆、陕西省社会科学院合编《陕甘宁边区政府文件选编》第3辑，第161~162页。
⑤ 毛泽东：《复兴中国，舍此再无他路——致邓宝珊》，杨庆旺编著《毛泽东致国民党人》，中共党史出版社，2014，第140页。

南的诉求:"任职两年余,抗建国策未见奉行,磨擦事件积案盈尺,贪赃枉法,怨声载道。"① 以此为由,何绍南被三五九旅驱逐出境。3月间,萧劲光再次致电天水行营主任程潜、陕西省府主席蒋鼎文,请求撤回由省府委派的边区县长。天水行营复电萧劲光,延安、甘泉、富县、安塞、安定、保安、靖边、定边、延川、延长、合水、环县等十二县,准由中共保荐县长,对中共控制的陕北其他各县则没有涉及。据陕甘宁边区政府工作报告,在靖边、定边,西安省府委任的县长并未撤退,而甘泉、富县、延安、延长、延川、环县、合水等撤退的县长,仍麋集于洛川、镇川堡、西峰等地进行"收复失地"的活动,陕、甘两省政府仍按月拨给他们经费及活动费。②

事实上,中共不仅要应对来自国民政府的压力,在地广人稀、土地贫瘠、千沟万壑的黄土高原,生存困境与脆弱的基层政权使得流寇、土匪,特别是会党成为乡村社会生活的一部分,每当社会出现动荡,这一力量就变得更为活跃。当1911年的武昌起义波及西北内陆之时,势力遍及十县的哥老会一夜之间成了延安府的掌权者。③ 目睹延安城乱象,英国浸礼会传教士司慕德感叹:革命党是有道义、有抱负的人,而土匪、强盗纯粹只是为了个人私利。④ 红军到达陕北后,生存危机使得哥老会成为共产党人联合的对象,但旧式会党的兄弟情义显然与共产党人的同志友情间有着无法跨越的鸿沟,一旦生存危机缓解,两种力量的决裂是组织发展的必然逻辑。其后,如何应对会党的挑战不时见诸边区政府的工作汇报,成为中共乡村社会改造遇到的难题之一。

在根据地与国统区的接壤地带,土匪、会党与国民党地方势力交织在一起,"骚扰不断"。在安定县西二区、涧峪岔区的边界,经常发生土匪抢劫拉票之事,边界乡民不能安心耕作,人心惶惶,以致土地荒芜。在镇原、合水的哨嘴,曲子的三岔,环县的车、毛、洪、虎等区,庆阳的赤、驿、桐等地,不时有国民党保安队、便衣队的"骚扰破坏";他们暗编保甲(合水),组织哥老会(镇原、庆阳)。其时,在镇原九个保,庆阳、合水各一

---

① 《陕西二区专员何绍南贪赃枉法案》,《新中华报》1940年2月21日,第3版。
② 《陕甘宁边区政府工作报告》(1941年4月),陕西省档案馆、陕西省社会科学院合编《陕甘宁边区政府文件选编》第3辑,第163页。
③ 史红帅编著《西方人眼中的辛亥革命》,三秦出版社,2012,第131页。
④ Emest Frank Borst-Smith, *Caught in the Chinese Revolution: A Record of Risks and Rescue*, London: Fisher Unwin, 1913, p. 53.

个保,中共地方组织已不能开展工作。①

相对于国共冲突与边境纷扰,经济危机才是中共面临的最大难题。抗战初期,陕甘宁边区政府财政收入的70%来自国民政府的军饷与海外华人的援助。皖南事变后,国民党方面除停发60万军饷,还令胡宗南部向陕北纵深推进,构筑了由碉堡、工事组成的五道封锁线,切断了中共通往外界的道路,边区经济完全依赖自给。同时,作为中共中央所在地,延安非生产性人员每年都在以几何数字增长。1937年,边区政府各机关单位仅有脱产人员14000余人,至1941年则高达73117人,占到边区总人口的5.37%。随之而来的是群众公粮负担加重,1937年边区公粮是13895石,人均负担1升;1941年为20万石,人均负担1斗5升。② 1941年,陕甘宁边区税收总额只有865万元,③ 无法维系政权的运转,同年2月,边区政府决定,再发行救国公债500万元,买粮5万石。④

对于可能面临的困难,中共已有思想准备。早在1940年底,边区政府就发布训令,责成"各分区各县,直到区乡的党政军(保安部队除外)民教,1941年除粮食仍由公粮供计外,其余一切费用统统自给。自1月1日起,不再发给经费"。⑤ 2月,停止法币在边区使用。⑥ 同时,禁止粮食出境,凡边区所有粮食不问属于原料或制成品(如面粉),一律禁止私运出境。⑦

抗战最困难时期,正逢陕甘宁边区自然灾害多发期。以陇东分区为例,据1941年曲子县政府报告,八珠区连续三年歉收,自4月8日起,又遭遇了霜冻、风灾,麦苗全被冻坏。调查显示,全区3991亩冬麦,此次被冻后,

---

① 《陇东分区专署呈文》,陕西省档案馆、陕西省社会科学院合编《陕甘宁边区政府文件选编》第3辑,第308页。
② 闫树声、胡民新、李忠全主编《陕甘宁边区史(抗日战争时期)》,西安地图出版社,1993,第61页。
③ 陕甘宁边区财政经济史编写组、陕西省档案馆编《抗日战争时期陕甘宁边区财政经济史料摘编》第8编,陕西人民出版社,1981,第10页。
④ 《陕甘宁边区政府推行建设救国公债宣传大纲》(1941年2月4日),陕西省档案馆、陕西省社会科学院合编《陕甘宁边区政府文件选编》第3辑,第62页。
⑤ 《陕甘宁边区政府训令——关于生产自给问题》(1940年12月9日),陕西省档案馆、陕西省社会科学院合编《陕甘宁边区政府文件选编》第2辑,档案出版社,1987,第517~518页。
⑥ 《陕甘宁边区政府关于停止使用法币的通知》,陕西省档案馆、陕西省社会科学院合编《陕甘宁边区政府文件选编》第3辑,第69页。
⑦ 《陕甘宁边区禁止粮食出境条例》,陕西省档案馆、陕西省社会科学院合编《陕甘宁边区政府文件选编》第3辑,第149页。

翻耕 2451 亩，稍有零苗暂未翻者，有 1540 亩，估计将来收获已不足种子，群众生活痛苦不堪。全区 757 家 5648 人中，仅有 120 家 1396 人暂能维持生计。多数农户每天仅食"两顿榆皮、草根稍合米面之饭"。其中，有 181 家 894 人，家徒四壁，束手无策，尽食树皮、草根；有离家行乞者 23 人，举家搬走者 5 户。① 其他，如环县的洪、耿、甜、虎四个区及华池、镇原、庆阳、合水的部分地区，天旱、冻灾、风灾不断，群众同样食不果腹，多以榆树皮、苦苦菜、苜蓿等为生，期盼政府设法救济，或准予逃荒。②

对于八珠区灾情，陕甘宁边区政府决定：第一，酌量减轻该区救国公债；第二，警备二团去年买群众粮款，应交涉发还；第三，由边区政府拨五千元移民款，以便安置当地乞丐与搬家的难民。③ 陇东分区的灾情在根据地具有一定的普遍性。神府、三边分区灾荒同样严重，灾民"饿殍载道，情殊可怜，极［急］待赈济"。④ 与频发自然灾害相伴而行的是，根据地的社会动荡不安，在安塞、志丹等县发生了多起抢粮事件。⑤ 虽然陕甘宁边区政府宣布 1942 年只收 16 万石公粮，各县仍多有离家躲避者。⑥

可以看出，外部势力对生存空间的挤压，非生产性人口激增与自然灾害的叠加，使得根据地社会矛盾有激化的趋势。更为深层次的问题是，由于国民政府并未公开行文承认中共对陕北的管辖权，如果不能通过对根据地的有效治理来证明自身的能力，中共在陕北的命运是堪忧的。如何走出生存的困境？在中共看来，当税收不能不征，也就是毛泽东所说的，不能单纯强调政府应施行"仁政"时，⑦ 缓解矛盾、提升执政合法性的最有效途径就是提高根据地各阶层社会政治地位，并给予他们受教育的机会。基于

---

① 《陕甘宁边区政府训令——令减发曲子县公债募集数额》（1941 年 5 月 16 日），陕西省档案馆、陕西省社会科学院合编《陕甘宁边区政府文件选编》第 3 辑，第 273 页。
② 《陇东分区专署呈文》，陕西省档案馆、陕西省社会科学院合编《陕甘宁边区政府文件选编》第 3 辑，第 305~306 页。
③ 《陕甘宁边区政府训令——令减发曲子县公债募集数额》（1941 年 5 月 16 日），陕西省档案馆、陕西省社会科学院合编《陕甘宁边区政府文件选编》第 3 辑，第 274 页。
④ 《陕甘宁边区政府训令——速拨粮款救济神府、三边灾民》，陕西省档案馆、陕西省社会科学院合编《陕甘宁边区政府文件选编》第 3 辑，第 315 页。
⑤ 《陕甘宁边区政府指令——彻查并详报六区抢粮款案》（1941 年 7 月 14 日）、《陕甘宁边区政府关于志丹发生抢粮事件制止办法的批复（1941 年 7 月 24 日）》，陕西省档案馆、陕西省社会科学院合编《陕甘宁边区政府文件选编》第 4 辑，档案出版社，1988，第 32、58 页。
⑥ 《西北局关于春耕运动中一些问题的指示》，中央档案馆、陕西省档案馆编《中共中央西北局文件汇集（1942 年）》甲 2，内部出版，1994，第 113 页。
⑦ 《建党以来重要文献选编》第 19 册，中央文献出版社，2011，第 618 页。

此，1941年，中共在陕甘宁边区全面推行民主选举与拉丁化新文字运动，是为解决生存困境的当然选择。

三 大生产运动的实践逻辑

1941年6月11日上午，延安市东区第一行政村直选乡参议员，300名选民到会只有一半，"大家对开会总不感兴趣，有人总是托故不到，有人将到会作为应付"。会场上，还有人因闷热的天气而打起了瞌睡。① 同样的情况还发生在延安县。作为革命老区，延安县的征粮征兵工作一直走在其他各县的前面，但农民对选举没有太高的积极性，部分群众怕当选为议员或乡长。东一区有个妇女被选为乡参议员，大发脾气，连会也不参加了，她说，"你们随便给人放了一个差事"，并说众人把她"咬着"② 了。随后，她和区妇女主任大吵一场，结果开参议会也没来。东二区区妇女主任是乡长候选人，可是，她在妇女中大量活动，让群众不要选她。③

延安市、县的选情显然达不到中共对根据地民主选举的要求。当年1月30日，陕甘宁边区政府向各分区专员及各县县长发出了"民主政治，选举第一"的指示。④ 在根据地，除汉奸外，给予人民完全的民主权利。不但人民有言论、出版、集会、结社、武装的完全自由，而且要实现普遍、直接、平等、无记名的民主选举。同时，承诺改进司法制度，厉行廉洁政治。⑤ 从1月到9月，根据地各县均发起了改选参议会与政府的运动，中共要把陕甘宁边区建成民主的模范抗日根据地、实行三民主义最彻底的地方。⑥ 问题是，对根据地群众而言，在生存问题没有解决之前，把他们动员起来并不

---

① 郁文：《选举浪潮中的一角：记延市东区一行政村选民大会》，《解放日报》1941年6月14日，第2版。
② 土话，意思是大家连累她。
③ 《1941年延安、延长、安塞、固临、富县县乡选举工作计划总结报告》，陕西省档案馆藏，档案号：2-1-830。
④ 指示信提出：边区是民主的政府，凡事由老百姓作主，民主的第一着，就是由老百姓来选择代表他们出来议事管事的人。参见《陕甘宁边区政府为改选及选举各级参议会的指示信（1941年1月30日）》，中共延安地委统战部、中共中央统战部研究所编《抗日战争时期陕甘宁边区统一战线和三三制》，陕西人民出版社，1989，第419~420页。
⑤ 《陕甘宁边区施政纲领》，《建党以来重要文献选编》第18册，中央文献出版社，2011，第242页。
⑥ 高岗：《抗战四年来陕甘宁边区的建设（1941年6月16日）》，中央档案馆、陕西省档案馆编《中共中央西北局文件汇集（1941年）》甲1，内部出版，1994，第373页。

是一件容易的事情。

群众对民主选举热情不高，在陕甘宁边区具有普遍性。中共负责人张闻天对神府地区调查发现：依照选举条例，村长、村主任选举，应由全村有选举权的公民投票，而事实上只做到各村各户有选举权的代表参加。即便如此，有的农户还"不上会"。由于村长、村主任的工作比较忙，常常"误工"；这样的工作，大家都怕做，相互推诿。结果，当选村长、村主任的多数为中农或富裕中农，老百姓认为"他们家里过得好"，"误得起工"，上面来人，还可以应酬招待（请吃饭等）。①

在陕甘宁边区，任职基层政权的工作人员，除乡长与乡文书有一定生活补贴外，其他干部与群众团体负责人是完全没有生活补贴的，群众直白地把他们称为"公家人"，意指为政府办事的人。当选"公家人"就意味着奉献，这是部分选民拒绝成为参议员或候选人最朴实的理由。由于民主选举与改善民生脱节，且占用了生产的时间，群众自然对选举采取消极态度，有根据地群众就抱怨："民主又不好吃。"② 民主选举在乡村的遭遇表明，走出生存困境，政党还需另辟蹊径。

与选举动员相伴而行的是识字运动。1941年初，陕甘宁边区政府决定，在三边、陇东、关中、绥德等四个分区及包括延安县在内的直属九县推广拉丁化新文字（以下简称新文字）。据此，延安县计划成立41处冬学，其中新文字冬学39处，计划动员男生1120人，女生175人，共计1295人。③动员过程中，大部分群众不愿入学，④ 为躲避入学，哭、叫、吵、偷跑、装

---

① 张闻天：《陕甘宁边区神府县直属乡八个自然村的调查》，张闻天选集传记组编《张闻天晋陕调查文集》，中共党史出版社，1994，第75页。

② 《淮北苏皖边区行政公署训令——关于继续开展民主运动，改造基层行政的指示》（1943年8月16日），豫皖苏鲁边区党史办公室、安徽省档案馆编《淮北抗日根据地史料选辑》第2辑第2册，内部出版，1985，第4页。

③ 动员的目标为15~30岁之成青年，条件是除本人外，家中尚有劳动的人。参见《边区教育厅新文字冬学辅导团延安县工作组的工作报告及信件》，陕西省档案馆藏，档案号：10-400。

④ 丰富区四乡左联生借口公粮重，"连家躲避到柳林区"。川口区二乡罗家沟姓的儿子逃跑，经再三解释才回来；三乡杨富贵听到动员学生即逃走，后因怕妻子入学才到校；八乡两名男子逃跑，动员干部要把其家人送区府，才到校。牡丹区二乡左旺成的媳妇"怀中装着小枕头，假装肚子大了"。乌阳区二乡史海才、张文财的妻子逃走了，一乡姜有喜的媳妇假装有病。川口区六乡跑了一名妇女干部，七乡跑了一名妇女，八乡的妇女主任也跑了。《延安县1941年10月、11月工作报告》，陕西省档案馆藏，档案号：2-1-178。

聋、装哑、装病的都有。① 在边区教育厅看来，说服教育当然是好的，但如果不强迫，是"不易完成计划的"。② 1942 年底，中共中央西北局高干会在延安召开，会议提出边区政府工作应从根据地实际情况与抗战救国的大环境出发。③ 鉴于新文字运动收效甚微，陕甘宁边区教育厅全面终止了 1943 年的新文字运动。④

及至 1942 年下半年，根据地的经济与社会发展并没有明显好转。10 月 2 日，从绥德回到延安的青年作家柳青向萧军私言，根据地群众"第一个感到负担重"，群众不乐意选举，当选被认为是倒霉的事，妇女工作困难，农民"怕自己的女人开通了离婚"。同时，下级干部贪污腐化，中共如果不在方法上"实施资本主义化"，在思想和行动上"不真正的工农化"，就不容易获得人民的支持，前途将是恐惧的，"中国共产党是世界最艰难的党"。⑤ 显然，从 1941 年开始的民主选举与新文字运动未能破解中共面临的困境。

如何破解困局？在中共西北局高干会上，任弼时对部分干部"把选举偶像化，神圣化"的行为提出批判："似乎民主的主要内容就是选举，似乎不断选举就是改进边区政治与保卫边区的唯一法宝。"⑥ 对此，毛泽东指出："一切空话都是无用的，必须给人民以看得见的物质福利。"就当时陕甘宁边区的条件说来，就是组织人民、领导人民、帮助人民发展生产。⑦ 在延安，由于部队、机关工作人员较之根据地人口所占比例太大，如果不自己生产，势将饿饭；如果取之于民太多，则群众负担不起，也势将饿饭。破解这一困局，唯有大生产运动。⑧ 民主的具体内容应是"人人都有事做，有

---

① 水草：《延安县金盆五乡新文字冬学调查》，《解放日报》1942 年 10 月 17 日，第 2 版（该文是 1941 年冬学的调查材料）；《延安县冬学工作总结报告》，陕西省档案馆藏，档案号：10 - 356。
② 《边区教育厅新文字冬学辅导团延安县工作组的工作报告及信件》，陕西省档案馆藏，档案号：10 - 400。
③ 林伯渠：《政权工作中两个根本思想问题》（1942 年 12 月），《林伯渠文集》，华艺出版社，1996，第 310～312 页。
④ 王建华：《陕甘宁边区的新文字运动——以延安县冬学为中心》，《南京大学学报》（哲学·人文·社会科学）2011 年第 3 期。
⑤ 萧军：《人与人间——萧军回忆录》，中国文联出版社，2006，第 387 页。
⑥ 《中共中央西北局高干会文献（1942 年 10 月 19 日～1943 年 1 月 14 日）》，陕西省档案馆藏，档案号：17 - 317。
⑦ 《经济问题与财政问题》（1942 年 12 月），《建党以来重要文献选编》第 19 册，第 629 页。
⑧ 毛泽东：《必须学会做经济工作》，《毛泽东选集》第 3 卷，第 1017 页。

饭吃，人人丰衣足食"。①

早在瑞金时期，为解决生存困境，中共就曾要求干部参加生产。苏维埃人民委员会第 35 次常会就曾通过"苏维埃政府工作人员帮助农民春耕并自己种菜"的训令。② 1939 年初，从应对抗战可能带来的财政经济困难出发，陕甘宁边区第一届参议会提出了"发展生产，自力更生"的口号，号召边区人民和部队、机关、学校全体人员开展必要的生产。其后，访问延安的中华基督教青年会成员江文汉看到，"边区正在进行狂热的垦地运动"，目标是全年开荒 60 万亩，增加农产品 20%。③

较之 1939 年的未雨绸缪，此时，根据地的经济困局已经超出了中共的预期，重提大生产运动多了一份悲壮与急迫。1943 年 1 月，陕甘宁边区政府要求各单位详细总结抗战以来生产建设的经验教训，"每一伙食单位均应作该单位的总结与计划"，内容包括机关生产与个人生产两部分。④ 为便利各机关单位与个人制订生产自给计划，边区政府制定了生产自给标准。⑤ 同时，由边区建设厅派人，帮助各机关制订生产自给计划。⑥

位于延安城北五里的杨家岭是中共中央书记处和党政领导机关所在地。⑦ 大生产运动首先得到了杨家岭各机关的响应。据《解放日报》报道，1943 年 2 月 14 日下午，机关干部与工作人员齐集中央新大礼堂，举行生产动员大会，制订以农业和手工业为主的生产计划，本年度每人需生产 700 元的劳动产品。⑧ 3 月 4 日，延安各机关、部队、学校生产总动员大会在八路军大礼堂举行。1500 余名代表冒着雨雪，踏着泥泞的道路前来参加会议。

---

① 《高岗同志在边区劳动英雄代表大会与生产展览会开幕典礼上的讲话》，《解放日报》1943 年 11 月 27 日，第 1 版。
② 《人民委员会第三十五次常会》（1933 年 2 月 26 日），中共江西省委党史研究室等编《中央革命根据地历史资料文库·政权系统》第 7 册，中央文献出版社、江西人民出版社，2013，第 617 页。
③ 任宏、高梅主编《精神的魅力：延安时期生活往事》，济南出版社，2005，第 12 页。
④ 《陕甘宁边区政府关于总结机关生产及个人生产的通知》，陕西省档案馆、陕西省社会科学院编《陕甘宁边区政府文件选编》第 7 辑，档案出版社，1988，第 8～9 页。
⑤ 《陕甘宁边区政府关于各机关制定自给生产计划的通知》，陕西省档案馆、陕西省社会科学院合编《陕甘宁边区政府文件选编》第 7 辑，第 7～8 页。
⑥ 《陕甘宁边区政府关于制定本年生产自给计划的指示》，陕西省档案馆、陕西省社会科学院合编《陕甘宁边区政府文件选编》第 7 辑，第 6～7 页。
⑦ 中央办公厅、组织部、宣传部、统战部、农村工作部、政治研究室等都驻这里。
⑧ 《杨家岭各机关举行生产动员会，自己动手完成任务》，《解放日报》1943 年 2 月 15 日，第 1 版。

按照计划,中央、军队与留守兵团直属机关,边区政府系统共种地50200亩。① 为完成生产任务,中央财政经济委员会第一副主任李富春号召,在机关与机关之间,系统与系统之间,开展生产竞赛,把机关生产变成群众运动。②

总结陕甘宁边区1943年生产成绩,据边区政府工作报告,原计划增产细粮8万石,实际达到16万石以上,超过计划100%。其中,开春荒97万余亩(包括军队开荒在内),产粮14.5万石;改进耕作方法,增产1.5万石。边区粮食总生产量约184万石,消费量(公粮在内)约162万石,可余粮22万石。③ 同年,中央直属机关的生产总值折合小米3.1万石,每人平均有3石,其中,各机关学校公共生产占73%,个人生产占10%。除个别单位外,绝大多数机关解决了吃饭、穿衣等基本生活问题,④ 大生产运动的经济效益得到了充分体现。

把陕甘宁边区民主选举与新文字运动作为中共破解生存困境的逻辑起点,是基于中共工作重心转移的演进路线。1941年,根据地经济进入最困难时期,共产党人陷入"几乎没有衣穿,没有油吃,没有纸,没有菜,战士没有鞋袜,工作人员在冬天没有被盖"的困境。⑤ 但当年,边区政府不是把发展生产作为工作的第一要务,而是把民主选举作为政府的中心任务,同时,强力推动新文字运动,希冀通过精神的力量渡过难关。这一时期,边区军队和机关学校虽然也发展了自给经济,但并没有以运动的形式全面展开,而是基于生存困境的部门行为。对此,即便从当时《解放日报》刊文的主题也可以看出,大生产成为政府工作的中心是在中共西北局高干会后。大生产运动开启了中共调整脚步、重塑自我的新阶段,运动的实践逻辑折射了中国革命的复杂性与独特性,成为共产革命本土化的最好诠释。

---

① 《更正》,《解放日报》1943年3月13日,第2版。
② 《李富春同志号召把机关生产竞赛变成群众运动》,《解放日报》1943年3月14日,第2版。
③ 《1943年边府工作报告》,陕西省档案馆、陕西省社会科学院合编《陕甘宁边区政府文件选编》第7辑,第441~442页。
④ 李富春:《更向前一步——1月25日在中央直属生产运动总结会上的结论》,《解放日报》1944年2月26日,第1版。
⑤ 毛泽东:《抗日时期的经济问题和财政问题》,《建党以来重要文献选编》第19册,第617页。

四　大生产运动的溢出效应

1944年春节前夕，陕甘宁边区政府新年墙报上发表了林伯渠的个人生产节约计划，包括完成细粮2石，棉衣、单衣完全自给等内容。为表达个人生产决心，林赋诗一首："待客开水不装烟，领得衣被用三年。淡巴菰（烟草）一亩公粮缴，糖萝卜二分私费赡。施肥锄草自动手，整旧如新不花钱。发动男耕与女织，开辟草菜增良田。边区子弟多精壮，变工扎工唐将班。"① 其后，《解放日报》又陆续刊载了朱德、张闻天、任弼时、李富春等中央领导参加劳动的情况，种菜、纺线、植棉、挑粪，轻重体力劳动都有，大量的细节描写表明了首长们参加劳动的真实性。②

朱德、林伯渠等中共领导人参加劳动的政治意义无疑大于劳动本身。皖南事变后，根据地群众负担的增加使得干群关系更为紧张。1941年6月3日，陕北上空电闪雷鸣，延川县代县长李彩云不幸触电身亡，同时，一户农民饲养的一头毛驴也被雷电击死。这位农民逢人就说："老天爷不开眼，为什么不劈死毛泽东？"③ 大生产运动无疑缓解了紧张的干群关系，同时也回应了王实味《野百合花》中对根据地"衣分三色，食分五等"的批评。另外，在部分国统区知识分子的笔下，延安是一个春风吹不到，没有太阳的地方，除了破碎了的古城，冻死了的延河，就是毒蛇一样猖獗的花柳病。④ 大生产运动无疑使延安充满了生机与活力。

据《解放日报》报道，中共领导人的躬耕不辍，感动了根据地的干部群众。在中共中央与军队直属机关（包括直属企业）掀起了请求替首长完成生产任务的代耕运动。延安县劳动英雄杨步浩"送给朱总司令代耕麦一石，总司令热情款待，并以西红柿饼干还礼"。⑤ 领袖与群众的礼尚往来，凸显了根据地干部群众间的平等、友爱。经过大生产运动，边区群

---

① 《林主席李副主席以身作则，订出生产节约计划》，《解放日报》1944年1月28日，第1版。
② 雷英夫：《朱总司令在生产中》，《解放日报》1944年5月3日，第4版；《抬粪目击记》，《解放日报》1944年3月30日，第2版。
③ 参见延安革命纪念馆"延安革命简史陈列"。
④ 马季铃：《陕北特写》，韶关中心出版社，1941，第4页；崔允常：《陕北轮廓画》，新中国出版社，1939，第52页。
⑤ 《延县劳动英雄杨步浩送朱总司令代耕麦1石，总司令热情款待，以西红柿饼干还礼》，《解放日报》1944年7月30日，第2版。

众生活水平有了显著提高,农民歌手李有源创作的《东方红》——"共产党像太阳,照到哪里哪里亮",以农民的歌声回应了延安有无"太阳"的问题。

大生产运动的溢出效应还表现在知识分子身上。以鲁迅艺术学院为例,1943年3月16日,中共中央西北局决定将它并入延安大学。合并后的延安大学设有四院一部,鲁迅艺术学院更名为"鲁迅文艺学院"(以下简称"鲁艺")。11月,毛泽东在陕甘宁边区劳动英雄大会上提出,把一切老百姓的力量、一切部队机关学校的力量、一切男女老少的全劳动力半劳动力,只要是可能的,就要毫无例外地动员起来,组织起来,成为一支劳动大军。① 响应毛泽东的号召,鲁艺成立了工业合作社与农业合作社,以组织全校的轻重劳动力。据1944年1月22日《解放日报》报道,自动报名要求脱离学习,专门参加生产者200余人。②

经过辛苦劳动,鲁艺学员戈壁舟收获了17石粮食。面对自己的劳动成果,他在诗歌中写道:"用我这苍白的手,用我这握笔杆子的手,拿起粗重的镢头。经过了多少风吹日晒,淋过多少雨,流过多少汗,多少次腰疼腿酸,多少次和自己作战,才得到这第一次为人类的贡献。""我再不是苍白的知识分子,而是钢筋铁骨的庄稼汉。我做了农民的儿子,有了劳动人民的情感,比写一篇漂亮的文章,发表一个动人的讲演,更能减轻老百姓的负担。我生产了十七石,但和劳动人民比起来,还是很小很小的一点。"③

鲁艺教员王大化在体验了乡村劳动生活后感慨:过去,"我们的一套学生腔,一套远离生活实际的东西,当群众'解不下'的时候,还要责怪群众。这正说明我们自己的无知和丑。的确,群众是英雄,他们不但创造了生活,也创造了艺术"。据王大化的夫人任颖回忆,在鲁艺的院子里,经常看到许多年轻、年老的农民和民间艺人,文艺工作者和广大劳动群众的隔阂被打破了,"日益密切和融洽起来"。④ 在鲁艺,以劳动英雄命名的生产小

---

① 《毛泽东选集》第3卷,人民出版社,1991,第928页。
② 《延大农业合作社员积极准备春耕,专门纺毛者全年纺百余斤》,《解放日报》1944年1月22日,第2版。
③ 戈壁舟:《我生产了17石》,阮章党主编《中国解放区文学书系·诗歌编》(1),重庆出版社,1992,第171~172页。
④ 任颖:《回忆王大化》,《延安鲁艺回忆录》编委会编《延安鲁艺回忆录》,光明日报出版社,1992,第180~185页。

组不胜枚举，除"吴满有农业生产小组""李国泰老婆纺毛小组"外，还有"马杏儿纺毛小组""马丕恩小组"等生产组织。①

从群众替中共领导人代耕到知识分子的劳动感悟，大生产运动带来了根据地干群关系的融洽，也增强了知识分子的劳动情感。毋庸置疑，中共在根据地社会动员过程中存在问题，特别是，过重的经济负担是不能令群众满意的，或者说，满意度不高。但机关干部与知识分子的劳动实践，使根据地群众切身感受到中共主张的阶级平等、经济民主的真实所在，同时，也以自己的行动诠释了共产革命的中国特色。

在延安，每天晚饭后，在骡马行走过的大道上，到处可以看到抬着筐子拾粪的人，文学系的社员计划每天拾粪1筐，在自己将来经营的土地上，除了全社规定的标准外，计划每亩至少增加肥料2袋。② 1944年6月访问延安的《新民报》主笔赵超构感慨，"曾听说大学生掏粪的新闻，但是到这里来看，掏粪也不成为新闻"。③ 大生产运动取得的成绩是显著的，连近乎名士与游侠的鲁艺教员萧军也认为，"在这样荒寒的地方，在共产党领导下居然能有这样可惊的成绩"，这不是国民党所能比拟的，"记得哥白尼说：'苟给我以地位，可把地球翻一个身！'这可用于共产党和中国人民——苟给以政权和时间，中国将要翻个身"。④

可以看出，当领导者拿起锄头，带着知识分子走进乡村时，它在政治与精神方面的溢出效应，不亚于其创造的物质财富。虽然施米特在《宪法学说》中指出，现代民主政治给人类政治生活带来的根本变化之一是统治与被统治的关系，不在于统治者质的优异性，而是基于与人民的同一性；⑤ 但对于一个还徘徊于现代社会大门外的国家而言，传统等级制在人们心灵中的烙印是根深蒂固的。因而，中共领导人的生产劳动，对乡村群众乃至知识分子的心灵震撼是任何"先进"理论都不能比拟的，它以无声的语言向根据地内外宣布一个新时代的到来，那就是一个完全不同于此前国人乃至西方世界情感认知中的共产革命时代。

---

① 《鲁艺生产热潮：4月制鞋300双，牙刷500支》，《解放日报》1943年3月25日，第2版。
② 《延大农业合作社员积极准备春耕，专门纺毛者全年纺百余斤》，《解放日报》1944年1月22日，第2版。
③ 赵超构：《延安一月》，上海书店出版社，1992，第148页。
④ 萧军：《人与人间——萧军回忆录》，第439页。
⑤ 〔德〕卡尔·施米特：《宪法学说》，刘锋译，上海人民出版社，2005，第252~253页。

五 劳动"符号"的征用

1938年来到延安的知识青年何方被分到抗日军政大学第四大队，回忆1939年的大生产运动，何方坦言，那时大家的劳动热情很高，每天扛着镢头、排着队、唱着歌上山。路上也很热闹："各个班自己分别唱歌，互相拉着唱歌，或者大家来个齐唱。"到了开荒地，各级领导已事先分配好一天的任务，各班就分散成一个扇面，用镢头朝着山头向上挖。至1943年大生产运动，因整风"抢救"运动，不但被"抢救"的人火气很大，就是一些"抢救"别人的积极分子，不是感到孤立就是有其他想法，也提不起劲儿来，劳动热情下降，情绪普遍不高。但劳动收获带来的生活改善，还是给他留下了诸多难忘的瞬间："过个10天20天还可会一顿餐"，每人分到一大碗红烧肉，可以完全吃饱。每次"会餐"后都有不少人出洋相。由于吃得太饱爬不上山，饭后总有些人在回宿舍的路上躺到半山上，东一个，西一个，"我和另一些人的办法是，在窑洞前不停地跑步来促进消化"。[①] 可以想象以何方为代表的学员们分享劳动果实时的喜悦心情。

享受劳动快乐的人还有很多。留法文学博士陈学昭从事纺线劳动，每月除完成上缴的任务，还能扩大生产，积攒几个零用钱。在陈看来，这是无比欣慰的事情，因为拿着劳动的收获到市上去买麦芽糖吃，"麦芽糖涂在馍馍上比果子酱还好吃"，每到星期天，她还可以买几个鸡蛋带给女儿吃。字里行间早已没有了每日纺线的辛劳。[②] 原鲁艺音乐系学员苏林以《值得永远怀念的学习生活》为题，表达对大生产运动的怀念，"回顾那时整日披荆斩棘、挥镢挖地，有时披星戴月奋战在荒山僻岭的情景，如今仍历历在目，回忆起来也很觉欣慰"。[③] 可见，即便是整风时期，劳动还是一件愉快的事情。

在延安，劳动更是一件光荣的事情。1943年4月8日《解放日报》刊发社论，在介绍陕甘宁边区大生产运动取得成绩的基础上指出，在许多群众与知识分子中，还有着旧的劳动观念的残余，"阻碍劳动的积极性的提

---

① 何方：《从延安一路走来的反思——何方自述》（上），香港，明报出版社，2007，第90~95页。
② 陈学昭：《延安访问记》，中国国际广播出版社，2013，第256页。
③ 苏林：《值得永远怀念的学习生活》，《延安鲁艺回忆录》编委会编《延安鲁艺回忆录》，第349页。

高",影响生产运动的推动,必须加以彻底清除,建立新的劳动观念。为督促知识分子参加生产,文章强调:在延安,浮在上层,空闲无事,脱离实际的"读书人"不但是不应该有地位的,而且是可耻的。只有参加劳动,为经济发展做出贡献,才能赢得社会地位,因为劳动最光荣。①

劳动与思想改造的结合源于动员个人生产。据陕甘宁边区政府工作总结,1943年,延安还有部分脱产人员没有投入到大生产运动中去,1944年的大生产运动应以个人生产为主,目的是让每一个人都参加生产。1月4日下午,李富春出席杨家岭女同志生产节约动员大会,强调劳动可以"改造世界,改造自己",也只有在生产劳动中,才能"克服小资产阶级的冲动性,散漫性"。据《解放日报》报道,全场女同志以最高的劳动热忱,"接受富春同志的指示",制订了生活全部自给的生产计划。② 显然,李富春讲话的主题是扩大生产,劳动能否改造思想还需关注生产者的感受。

劳动改造思想的叙事更多地见于延安知识分子的回忆文章中。对于一般学员而言,一天纺4两头等线是很吃力的,"腰酸背痛,腰直不起来,腿也站不起来"。③ 生长在"筷来伸手,饭来张口"家庭里的陈学昭感到摇动一辆纺车,比开动一辆汽车、对付一架钢琴更困难。但经过努力,她可以很耐心地坐在纺车旁,纺起纱来了。④ 在纺线的时候,"我什么都不想了",一手摇着车,一手拉出又细又匀的线,感到满意和幸福,"简直愿意一辈子这样"!⑤ 诗人艾青为自己在大生产运动中不尽如人意的劳动成绩感到难过:"我们这些文化人真不抵事,关于生产一直搞不好。"花的力量真不少,说起成绩真可笑,苞谷像指头那么小,高粱长得像小米;卖钱不值钱,煮熟吃不饱,"假如人人都像我,那样还得了"。⑥

近年来,部分学者正是基于上述材料阐释劳动对知识分子的规训作用。其中,代表性的规训是对陈学昭劳动前后思想变化的描写。对此,纠结于相关作者资料来源的科学性已没有实际意义,⑦ 因为以陈学昭为代表的知识

---

① 《建立新的劳动观念》,《解放日报》1943年4月8日,第1版。
② 《富春指示》,《解放日报》1944年1月12日,第2版。
③ 吴咸:《忆式廓同志》,《延安鲁艺回忆录》编委会编《延安鲁艺回忆录》,第426页。
④ 陈学昭:《延安访问记》,第266~267页。
⑤ 陈学昭:《天涯归客》,浙江人民出版社,1980,第177~178页。
⑥ 《欢迎三位劳动英雄》,《解放日报》1943年2月17日,第4版。
⑦ 关涉陈学昭思想转变的资料,《记忆政治》一书均引用于朱鸿召的论文《留洋作家陈学昭三进延安》(《炎黄春秋》2001年第12期),但朱著的引文很多没有注明出处。

分子的思想确实发生了转变。问题是，如何理解劳动与思想改造间的关系？或者说，基于生存的大生产运动为什么能改造知识分子的思想？探讨这一主题，需从知识分子群体的来源入手。新文化运动开始后，从胡适的《人力车夫》到鲁迅的《一件小事》，知识分子对普罗大众的关切，逐渐榨出自己的"小"来，而延安知识分子群体无疑是其中更为激进的一部分。1941年2月3日，萧军在日记中写道："高贵的灵魂常是藏在最卑下生活中人们的身中，从事高贵事业的人，不一定有高贵的灵魂，常常是相反的。"① 由此可以看出，从《八月的乡村》到《第三代》，萧军的作品关注、同情与歌颂底层民众，也是其内心真实情感的流露。

1939年秋，出生于长江南岸书香门第的蔡若虹来到延安城后，赶快脱下皮靴，因为他发现所有走进"天国"的男女都是光脚穿鞋。在富贵人眼里，只有种田的"乡巴佬"和城市中的苦力才打赤脚，由此感慨延安为"赤脚天堂"。至于为什么把延安叫作天堂？蔡认为天堂有两个特点："第一是它必定建立在贫困而艰苦的物质基础上，第二是它必定要有一个崇高而广阔的精神世界作先导。"他惊喜地发现，这些赤脚站在黄土高原上的延安人，每一个戴着军帽的头脑里都"洋溢着崇高理想"。② 可以想象，在蔡若虹的精神天堂里生活着的就是社会底层的民众，而他也以自己的行动表达了要成为其中一员的意愿。

与旧世界决裂，寻找新生活，是大多数知识青年奔赴延安的直接动因。1940年，诗人何其芳在《一个平常的故事》中写道："一个诚实的个人主义者除了自杀便只有放弃他的孤独和冷漠，走向人群，走向斗争。"来到延安后，"完全告别了我过去的那种不健康不快乐的思想，而且象一个小齿轮在一个巨大的机械里和其他无数的齿轮一样快活地规律地旋转着，旋转着。我已经消失在它们里面"。③ 可见，蔡若虹、何其芳们正是为了改造自我才奔赴延安。在此意义上，与其说是劳动改造了知识分子，毋宁说是知识分子在劳动中找到了自己的精神家园。

20世纪40年代，延安大生产运动与整风的结合是偶然的，但大生产运动的溢出效应，使得劳动不仅给参与者留下了诸多美好的回忆，也被赋予了更多的政治意义与精神价值，成为中共累积合法性的传统资源。新中国

---

① 《萧军日记（1940~1945）》上卷，香港，牛津大学出版社，2013，第113页。
② 蔡若虹：《赤脚天堂》，第1~2页。
③ 何其芳：《一个平常的故事》，百花文艺出版社，1982，第40、44页。

成立后，大生产运动的历史价值，使得劳动"符号"再次被征用，成为政治生活的一部分；但离开了生存目的的生产劳动与延安大生产运动已经具有完全不同的主题，成为培养干部与改造知识分子的一部分。其后，对右派知识分子以及革命队伍中的"变节者"进行劳动改造，更是为了"改造思想，重新做人"，而劳动的强制性也使得这一符号成了规训的同义语。

六　结语

中国革命的复杂性决定了革命传统中还有大量未被认知或未被充分认知的资源，大生产运动被赋予的"规训"与"控制"意涵忽视了问题本身的内在逻辑，有如塞尔登对"延安道路"的修正，都是没能超越意识形态的偏见。他们在开展本课题研究之前已有预设的结论，其后，采用结论逆推的方式寻找历史"真相"。如此，即便是旁征博引的复杂叙事，也无法跳出基于共产革命的简单逻辑。破除党史研究的目的论，需要学者回到历史的原点，思考中国革命的丰富内涵。

总结历史，大生产运动使根据地政权走出了生存的困境，当荒无人烟的南泥湾都变成"陕北的好江南"时，劳动创造财富的生活体验无疑鼓舞了干群士气，催生了共产党人的革命浪漫主义情怀。1945年6月11日，在中共第七次全国代表大会闭幕式上，毛泽东提出，要以"愚公移山"的精神，推翻帝国主义与封建主义"两座大山"。[1] 显然，这一精神力量的产生，离不开大生产运动创造的奇迹。此后，自力更生、艰苦奋斗就成为中共治国理政的精神力量。

回到问题本身，大生产运动是中共解决生存问题的应急之举，而生存逻辑也是理解现代中国政治的一把钥匙。1944年参加中外记者西北访问团的《商务日报》记者金东平坦言，中共的一点点土地和人民，"绝不能供给他的军政经费的需求，稍一不努力，马上便有断炊之虞"。[2] 当劳动是目的而非手段时，所谓劳动的规训意义也只能是大生产运动的溢出效应而已。把劳动与思想改造联系在一起，既是对历史现象的简单概括，也是基于新中国成立后劳动改造思想的观念先行。退而言之，即便延安大生产运动存在任务到人的强制性，但人人参与的集体劳动决定了强制内涵的非指向性；

---

[1] 《毛泽东选集》第3卷，第1102页。
[2] 金东平：《延安归来》，商务日报社，1944，第20页。

而延安知识分子对"赤脚天堂"的向往,也使得劳动改造思想更多的是一种生活体验。

事实上,大生产运动也是中共理论本土化的最好诠释。对共产主义政党而言,其面临的最大问题就是如何处理好主义与生存的关系。当主义面临生存危机时,理论的本土化就成为化解冲突的最好理由。基于此,中国共产革命留下来的精神遗产多是方法论意义上的。从促成革命胜利的三大法宝,即统一战线、武装斗争与党的建设,到共产党人的三大优良作风,即理论联系实际、密切联系群众、批评与自我批评,共产党人强调的是行动的灵活,而不是主义的固化;是理论的本土化,而不是原教旨主义。中国共产革命留下了诸多解决生存困境的方法论遗产,还需学界进一步去挖掘与整理。问题是,一个民族的生存与发展如果没有了精神的力量,无疑就失去了发展的方向。今天,如何建构精神的家园,是一个走出生存困境的政党亟须解决的问题,基于此,社会主义核心价值观的提出也就有了更深刻的意涵。

国际革命背景下的中共东北党务
——以满洲省委时期为例（1927～1936）

何志明*

摘　要　由于东北特殊的地缘关系，中共东北党身处与关内党组织迥然相异的内外部局面。满洲省委时期的东北党务工作无论是组织机构完善还是武装力量发展方面，都取得了一定的成就，但在党员数量及群体构成方面却并不如意。此外，东北党在处理与东北联共（布）组织及原朝鲜共产党成员之间的关系上更是困难。东北党曾多次努力尝试建立与联共（布）的正式沟通渠道，但均因苏联自身的实用外交政策所制而未能如愿；在接收在东北原朝共党员入党后，其原有的派系纠葛非但没有消弭，反而随之延伸到中共东北党内。这一切，都使东北党成为国际革命背景下，中共地方党组织面临国际主义与地方利益两难困境的生动范例。

关键词　国际革命　满洲省委　联共（布）　朝鲜共产党

大革命失败后的中共地方党史研究是一个值得学界关注的领域，目前已经取得了一定的研究进展。但就研究地域而言，主要集中为中东部地区，如上海、广东、河北、四川等地，[①] 中共东北党的相关专题研究目前尚显薄

---

*　何志明，四川大学马克思主义学院讲师，四川大学历史文化学院博士后流动站研究人员。

①　参见王奇生《党员、党组织与乡村社会：广东的中共地下党（1927～1932年）》，《近代史研究》2002年第5期；王奇生：《革命与反革命：社会文化视野下的民国政治》，社会科学文献出版社，2010，第122～156页；陈耀煌：《统合与分化：河北地区的共产革命》，台北，中研院近代研究所专刊，2012；徐进：《党、革命动员与地域社会：论中共河北党组织（1928～1934）》，《史学月刊》2007年第12期；何志明：《早期共产党与青年团之间的组织纠纷及其调适——以四川地区为考察范围》，《党史研究与教学》2014年第5期；等等。

弱。① 事实上，早在九一八事变后，中共东北党就与日伪军在冰天雪地进行了艰苦卓绝的武装斗争，开启了抗日战争的序幕。较之其他地方党组织，中共东北党看似具有特殊的地缘优势，即背靠苏联，外接朝鲜，但正因如此，浓厚的"国际色彩"给东北党务工作的开展带来了若干消极因素。对此，本文拟对国际革命背景下满洲省委时期（1927～1936）的东北党务状况予以探讨，以期揭示东北党在复杂外界因素作用下面临的发展困境。

一　东北党务的总体概况（1927～1936）

东北党组织的发展起步较早，中共"一大"后，受中共北方区委派遣，时任区委及北方劳动组合书记部主要负责人的罗章龙就曾于1921年至1923年前往东北考察工运并筹备建党工作，② 并由此开启了东北党的发展序幕。随着北伐形势的不断进展，中共中央加快了在东北建立统一领导机构的步伐。1927年，东北已经建立了大连和北满两个地委，分别以邓和皋和吴丽实为书记，在哈尔滨即"有党员六十余名"。③ 八七会议后，鉴于东北的特殊位置，中共中央决定尽快建立领导东北党的统一组织。1927年10月，中共中央派遣顺直省委组织部部长陈为人前往东北传达八七会议精神，并筹建满洲省委。东北地区在该月下旬召开第一次党员代表大会并选举成立了满洲临时委员会，以陈为书记。当年底，东北党恢复与重建了哈尔滨市委、大连市委等党组织，"建有支部30余个，党员总数约270名"。④

---

① 目前关于东北党的专题研究论文（著），关注点大都在满洲省委，较具代表性的有沙青青《国际革命背景下的基层动员：以中东路事件前后的满洲省委为例》，《开放时代》2011年第4期；刘贵田等：《中共满洲省委史研究》，沈阳出版社，2001；初兴佳主编《中共满洲省委八十周年研究文集》，中央文献出版社，2007；辽宁社会科学院编《少奇同志在满洲省委：1929～1930》，辽宁人民出版社，1981；苑宏光：《论满洲省委所执行的政治路线》，东北师范大学博士学位论文，1997；等等。相较之下，西方学者重点关注的是共产国际（苏联）远东政策的调整与东北共产主义运动力量消长之间的关系，而对于中共东北党本身的微观考察不多。参见Chong-Sik Lee, *Revolutionary Struggle in Manchuria: Chinese Communism and Soviet Interest, 1922 - 1945*, Berkeley: University of California Press, 1983。据笔者所知，目前仅有李月军《东北地区中共地下党1927～1933年组织生态分析》（《党的文献》2007年第5期）一文对东北党的组织形态进行了概述。

② 罗章龙：《关于东北建党的回忆》，《罗章龙回忆录》下册，溪流出版社，2005，第682～690页。

③ 胡步三：《1927年中共满洲省委成立的情况》，中共黑龙江省委党史工作委员会编《黑龙江党史》第5辑，内部出版，1986，第47页。

④ 盖军主编《中国共产党白区斗争史》，人民出版社，1996，第70页。

12月1日，临时省委发布第一号通告，宣布中共满洲临时省委正式成立并"管理奉吉黑三省党务",① 由此开启了东北党组织的发展序幕。满洲省委成立后不久迎来了一项重要任务，即护送前往莫斯科参加中共"六大"的代表，这些代表经大连、哈尔滨转道满洲里前往莫斯科。1928年4～5月，东北党先后护送包括周恩来、瞿秋白在内的"六大"代表共计40多人。② 但满洲省委从成立到被撤销，可谓命运多舛："自一九二七年十月建立到一九三五年四月解体，历时七年零七个月，省委书记更换了十三人。"③这些省委书记中不乏后来为人们所熟知者，如刘少奇、陈潭秋、罗登贤、陈仲丹（张浩）等。省委书记更换频繁的一个重要原因就是满洲省委不断遭到破坏，甚至多次出现省委大部分成员集体被捕入狱的现象。④ 1928年12月及1930年4月，满洲党团省委两次遭到严重破坏，省委书记陈为人以及李子芬在内的省委成员几乎全部被捕。东北党务工作开拓之艰难，可见一斑。

关于满洲省委的组织构建问题，有论者在考察了1927～1933年东北党的组织形态后，指出此时"从中共中央到满洲省委直至满足各基层党组织之间已建立起了组织系统，确立了上级对下级进行领导和指导、下级向上级负责的关系"。⑤ 但自1933年起，东北党的上级领导发生了较大变化。中共驻共产国际代表团（简称中共代表团）于1933年1月26日对东北党发出指示信（史称"一·二六指示信"）后，满洲省委就处于前者与中共中央的双重领导之下。这种双头领导体制对于东北党执行上级指示十分不利，尤其是当两者政见出现分歧之时。为了解决该问题且鉴于此时中共中央处于国民党的"围剿"之中而无暇兼顾东北党，1934年9月16日，王明与康生致函中共中央政治局，称他们准备直接给满洲地方党组织发几个文件，"要求中共中央不要给满洲党发文件，以免双方意见不一致"，给满洲工作造成困难。⑥ 故而自1934年起，满洲省委就由中共代表团直接领导，直至其被解散。

---

① 《临字通告第一号——通告满洲省临委成立》（1927年12月1日），中共黑龙江省委党史工作委员会编《黑龙江党史》第5辑，第1页。
② 阮节庵：《东北党第一次代表大会及其他》，中共黑龙江省委党史工作委员会编《黑龙江党史》第5辑，第51页。
③ 安振泰等：《中共满洲省委组织演变概况》，中国革命博物馆党史研究室编《党史研究资料》第4辑，四川人民出版社，1983，第263页。
④ 1928年12月与1930年4月，满洲省委两次遭到严重破坏，省委主要负责人几乎全部被捕。参见张广思编《中共满洲省委简史》，内部出版，1987，第54、122页。
⑤ 李月军：《东北地区中共地下党1927～1933年组织生态分析》，《党的文献》2007年第5期。
⑥ 盖军主编《中国共产党白区斗争史》，第188页。

在组织方面，东北党先后设置直属满洲省委的特委（东满、南满、北满）、市委（哈尔滨、大连）、吉东局、中心县委（绥宁、饶河、珠河、汤原、海龙、磐石等）以及特支（长春、海伦等）等二级组织。由于这些机构常被日伪破坏，难以获得较为精确的数据统计。以东满为例，据1933年统计，党员总计为1200余人。① 据1934年3月中共代表团派遣吴平（即杨松）前来东北巡视时统计，满洲省委下辖哈尔滨市委、大连市委、东满特委、绥宁中心县委（后二者归吉东局领导）、饶河中心县委、珠河中心县委、黑龙江汤原中心县委、海龙中心县委、盘石中心县委、长春特支等机构。② 这些机构从上而下的建立，使东北党组织日臻严密。

在军事方面，九一八事变以后，满洲省委积极领导东北的抗日义勇军与日军展开武装斗争。东北抗日义勇军是九一八事变后东北出现的非正式武装抗日力量，1932年即达到30多万人，活动范围达93个县。满洲省委根据中共中央关于建立反日游击队和开辟游击区的指示，从1932年至1933年，先后建立了磐石、巴彦、海龙、延吉、和龙、珲春、汪清等十几支游击队，输送了大批党团员到这些军队中开展工作，其中广为人知的有赵一曼、杨靖宇、李兆麟、赵尚志等人。在东北党组织的努力下，1933～1936年，在义勇军控制区域的基础上相继出现了6支人民革命军，建立了区、县级政权。这些抗日武装的建立，与满洲省委的领导有着直接的关系。

但就组织发展规模而言，东北党拥有的党员人数与东北偌大的面积并不相称。1927～1934年，东北党员数量情况如表1所示。

表1 东北党员数量情况（1927～1934）

年份	1927	1928	1929	1930	1931	1932	1933	1934
人数	173	270	254	893	2132	2100	2607	2500

资料来源：《中共满洲省委所属组织、党员数量统计表（1927～1936）》，中共中央组织部等编《中国共产党组织史资料》第2卷（下），中共党史出版社，2000，第2122页。此处与1933年11月24日满洲省委报告给中央的党员数字略有出入。据时任满洲省委组织部长的何成湘报告，1933年东北党员为2500多人。参见《中共满洲省委何成湘关于最近满洲工作报告》（1933年11月24日），中央档案馆等编印《东北地区革命历史文件汇集（1933年9月～1933年12月）》甲16，1989，第376页。

---

① 《东满党、团等组织情况》（1933年），中共延边州委党史研究室编《东满地区革命历史文献汇编》下册，内部出版，1999，第1420页。
② 华西里（杨松）：《满洲工人阶级的情形与革命职工运动的任务》（1934年5月），中央档案馆等编印《东北地区革命历史文件汇集（1934年9月～1934年12月）》甲20，1990，第177页。

从表 1 中我们可以看出，随着时间的推移，东北党员总量逐步增长，特别是在 1929 年以后，党员数量增长明显加快，1931 年出现了一个小高峰，甚至接近 1928 年的 7 倍，但 1934 年较之 1933 年略有下降。尽管目前无法得知 1935 年及 1936 年的党员数据，但可以推知，1927～1936 年东北党员基本在 2000 余人。这个数据无疑是与东北拥有广阔的地域及为数众多的工业人口极不相称的。就党员规模本身而言，东北党的数量与面积相对较小的同期四川党基本持平。[1]

在党员职业构成方面，东北党中工人成分的党员所占的比例很小。实际上，东北有着关内难以比拟的产业工人数量优势。据 1927 年满洲省委统计，东北产业工人为 30 万，南、北满分别为 5 万、25 万。[2] 1930 年 9 月满洲省委报告，截至该年 8 月，全省"党、团员合计在二千人上下"，在支部建设上，东北党团支部"合计在一百八十个以上"，但"产业支部不过十二"，除五六个学校支部外，"此外都是农村支部"。[3] 同时，满洲省委也承认，在拥有将近 3 万工人的东北兵工厂、十余万人的抚顺煤矿以及其他各拥有"数千乃至数万工人"的本溪湖、穆棱等煤矿中，"党的力量也极为微弱"。[4] 而据 1932 年中共中央给共产国际的报告，东北党员中工人"只占百分之三点五"。[5] 这也与国民党"中统"的调查结论基本相同："满洲经日本帝国主义之长期经济侵略，工业较关内发达，产业工人亦较多。但共党在满洲赤色工会之活动，其力甚微。"[6] 因此，党组织力量整体微弱以及结构失衡，为后来东北党开展工人运动成效不彰埋下了隐患。这种情况一直

---

[1] 据统计，1927 年至 1935 年间，四川党员数在 1929～1930 年、1933 年出现了两次小高峰，前一阶段党员数甚至达到了 4000 左右，此后数量锐减至千余人，1933 年则升至 2000 余人，此后四川党员数则随着红军的战略转移又开始下降。详见《本时期四川党员人数统计表》，中共四川省委组织部编《中国共产党四川组织史资料（1921～1949）》，四川人民出版社，1995，第 120 页。

[2] 《满洲工人运动决议案》（1927 年 12 月 1 日），中央档案馆等编印《东北地区革命历史文件汇集（1923～1928 年 3 月）》甲 1，1988，第 176 页。

[3] 《中共满洲省委组织给中央的报告——关于八月份党、团和群众组织情况》（1930 年 9 月 9 日），中央档案馆等编印《东北地区革命历史文件汇集（1930 年 5 月～1930 年 10 月）》甲 5，1988，第 297～298 页。

[4] 《中共满洲省委组织部报告——官运党员、支部、地方党部、干部情形、发行工作、群众组织问题》（1930 年），中央档案馆等编印《东北地区革命历史文件汇集（1930 年 10 月～1930 年 12 月）》甲 6，1988，第 376 页。

[5] 《中共中央关于组织工作给共产国际的报告》（1932 年 2 月 20 日），中央档案馆编《中共中央政治报告选辑（1927～1933）》，中共中央党校出版社，1983，第 130 页。

[6] 中国国民党中央组织部调查科编《中国共产党之透视》，文海出版社，出版年不详，第 249 页。

持续到1936年满洲省委解散。

二 东北党与东北联共（布）党组织关系的调适

常理而言，东北外靠"无产阶级祖国"苏联，内有相对众多的工业人口，发展党务应较之关内其他地域更优。正如满洲省委成立后给中共中央的报告中所做的乐观估计："满洲东北、西北都是与革命的苏联、外蒙接近，这是为江南各省所不能及的地方，加之其有三十万的产业工人与广大的农民，这都是我们的主力军，只要我们去坚决的领导起来，成功自在反掌。"①但实践证明并非如此。晚清以来俄国即在东北取得了不少权益，这些权益后亦被苏联所继承。这种现状使得满洲省委在东北尤其是北满地区开展工人运动时常遭到来自苏方的掣肘。

"中东路事件"后苏俄继续控制着中东铁路并享有相关权益。除设立专门的铁路行政管理机构外，苏方也随之建立了相应的联共（布）党组织（简称联共）。满洲省委要在中东路工人扩大影响争取支持，就必须妥善处理与联共的关系，其自然成为摆在东北党面前的首要问题。在北满地区，据1924年统计，"工人最多的是铁路工人"，"单是北满中东路就有华工六千三百八十人"。②因此，满洲省委极为重视在中东路工人中建立组织，1927年12月初在给哈尔滨市委的信中，还特别予以提醒："你们今后的工作，要特别注意中东铁路的工运与沿路的农运。"满洲省委对在苏联控制下的中东路开展工运也颇具信心："中东路的工人，在苏联所影响之下，比其他工人自必易于领导。"③但出乎意料的是，当哈尔滨市委在中东路工人中不仅"工作困难异常消极"，而且试图建立组织时遭到了联共方面的峻拒，甚至新市委书记"因俄同志反对致未开始工作"。④

这使得东北党面临一个异常尴尬的局面：作为代表工人利益的动员型政党，应该积极在中东路工人中发展组织并为之争取权益；但作为信奉国

---

① 《中共满洲省临委政治报告——关于武装暴动问题》（1927年12月1日），中央档案馆等编印《东北地区革命历史文件汇集（1923～1928年3月）》甲1，第171页。
② 李震瀛：《东三省实情的分析（上）》（1924年1月20日），《向导》第51期，1924年1月9日。
③ 《中共满洲省临委复哈尔滨市委的信》（1927年12月1日），中央档案馆等编印《东北地区革命历史文件汇集（1923～1928年3月）》甲1，第192页。
④ 《陈为人关于中共满洲省临委工作情况给中央的报告》（1927年12月21日），中央档案馆等编印《东北地区革命历史文件汇集（1923～1928年3月）》甲1，第208页。

际主义的列宁主义政党，则应该主动放弃在其中发展组织，避免与兄弟党发生冲突。为了解决这个问题，满洲省委找到了一个看似行之有效的方式，即与东北联共组织建立正式而稳定的沟通渠道，以免"大水冲了龙王庙"。但满洲省委几次努力，均未能得到对方的积极回应。在苏方看来，中东路事关切身利益，中共在中东路发动工运为中方工人争取权益，自然会对苏方利益造成影响。在这种情况下，苏方在建立与中共满洲省委的沟通渠道问题上持消极态度自然就不难理解了。

1927年底，满洲省委向中共中央报告称在中东路开展工运方面"苏联的同志对于我们是拒绝合作的"，且有些事关中方工人的权益如中、俄工人待遇工资不平等问题，在满洲省委看来，苏联方面可以对铁路局"用命令式解决"，完全不需要中方通过发动"中国工人向路局罢工"来实现。同时，为了建立双方的沟通渠道，满洲省委曾试图向在哈尔滨的联共建议，由双方各派一人保持经常性的联络，但"他们严格的拒绝"。同时，省委还对联共方面不顾"国际主义友爱"愤愤不平："要他们帮助一点省临委（即正式满洲省委成立之前的临时省委——引者注）的经济，这点极小的应当的事，他们严格的拒绝，情愿将许多有用之款凭空浪费，前由伍廷康（即维经斯基——引者注）与鲁易写去的介绍信与密码的电报，他们置之不理（不看），他们只知道服从史达林、布哈林等的命令，不知道其他。"因此，满洲省委断言："如果两党（在东北）的关系仍如此下去，北满的工作是要受很大影响的。"[①]

对于满洲省委的要求，中共中央亦向共产国际建议，在东北正式建立两党的联系。1928年6月5日，中共中央领导人向忠发与苏兆征联名致函共产国际，建议东方部和联共中央在"给予海参崴的工作以极大的注意"的同时，重视"与海参崴相毗邻的地区，其中也包括满洲"的工作。[②] 为了直接与联共方面沟通，8月6日，中共代表团负责人瞿秋白致函联共驻国际代表团，要求其派遣一名负责人同中方讨论"苏联对远东和对华的外交政策与中国共产党的关系（中东铁路等）；苏联对远东和对华的外交关系与中国共产党的关系（中东铁路等）；中东铁路上的职工运动；联共驻哈尔滨省委和中国共产党的

---

① 《陈为人关于中共满洲省临委工作情况给中央的报告》（1927年12月21日），中央档案馆等编印《东北地区革命历史文件汇集（1923~1928年3月）》甲1，第211、213页。
② 《向忠发和苏兆征给共产国际执行委员会的信》（1928年6月5日），中共中央党史研究室第一研究部译《联共、共产国际与中国苏维埃运动（1927~1931）》第7卷，中央文献出版社，2005，第466~467页。

关系"。在接到中方的请求后，联共代表团负责人皮亚特尼茨基决定由他本人及波波夫、雅罗斯拉夫斯基三人与中方会谈来解决此问题。① 尽管会谈的细节目前尚不清楚，但就之后的情况看，此次双方高层会谈的效果并不明显。②

为了应对 1929~1930 年围绕东北中东铁路而出现的一系列事件，联共中央出于斗争需要，希望中共能在东北支持其行动，开始考虑在东北建立两党联系的事宜，但因其反应过于迟缓而未能成功。③ 九一八事变后，联共（布）中央为了不刺激日本，开始避免在东北与中共直接接触，但同时又需要中共在东北领导反日斗争来"武装保护苏联"。联共（布）方面主要通过共产国际设置的赤色工会国际太平洋书记处海参崴局对东北党施加影响，特别是 1932 年 3 月，维经斯基担任该局负责人后，对东北党的影响大为加强。1932 年 6 月 11 日，维经斯基决定为满洲省委提供经济援助之外，要求共产国际"派一些能干的同志去加强满洲州委（即满洲省委——引者注）"。④ 8 月 16 日，维经斯基致函联共代表团团长皮亚特尼茨基，建议在"立即毫不拖延地加强满洲的州委"的同时，"派遣成百上千名中国工人、受过我们远东边疆区理论和实践训练并经过考验的党员"加入东北党，并保证"只要善于组织调遣和极其细致地挑选人员，这就不应给日本帝国主义提供反对我们的任何理由"，更不会"出现任何'丑'闻"。⑤ 这正是苏联实用主义外交方针在处理与中共东北党关系中的直接体现。

此后国际局势的变化，使得联共在海参崴乃至远东的活动愈加谨慎。1933 年 6 月 22 日，希特勒政府采用快刀斩乱麻的手段取缔了社会民主党，将最后一个反对希特勒的大党清除出内阁，建立起纳粹统治，苏联方面亦

---

① 《联共出席共产国际第六次代表大会代表团核心小组会议第 3 号记录（摘录）》（1928 年 8 月 11 日），中共中央党史研究室第一研究部译《联共、共产国际与中国苏维埃运动（1927~1931）》第 7 卷，第 526 页。

② 如据哈尔滨市委报告，"与苏联党应即发生关系"，不单是为了中东路问题，但"曾给他们写过三次信，迄今一无答复"。《中共哈尔滨市委报告第十二号——关于中东路、工会、韩国党、反帝、农村、妇女工作等问题》（1930 年 1 月 3 日），中央档案馆等编印《东北地区革命历史文件汇集（1929 年 5 月~1936 年 11 月）》甲 32，1990，第 52 页。

③ 参见沙青青《国际革命背景下的基层动员：以中东路事件前后的满洲省委为例》，《开放时代》2011 年第 4 期。

④ 《维经斯基给福京的信（摘录）》（1932 年 6 月 11 日），中共中央党史研究室第一研究部译《联共、共产国际与中国苏维埃运动（1931~1937）》第 13 卷，中共党史出版社，2007，第 169 页。

⑤ 《维经斯基给皮亚特尼茨基的信》（1932 年 8 月 16 日），中共中央党史研究室第一研究部译《联共、共产国际与中国苏维埃运动（1931~1937）》第 13 卷，第 201~202 页。

明显察觉到由此潜伏的危险。为了避免给日本从东北进攻苏联以口实，1933年7月7日，共产国际东方部负责人米夫致电维经斯基，要求"太平洋书记处收缩"，海参崴局则据此将与东北党及朝鲜的关系转交给共产国际执行委员会国际联络部驻海参崴的代表处理。① 此后联共力图淡化其在东北的身影，而由共产国际国际联络部②负责双方联络事宜。

纵观1927~1936年特别是九一八事变前，东北党受联共（布）的直接影响较多，但这种影响并未转化为组织优势与资源优势，反而有时还对前者的工作造成困扰。1930年2月5日，满洲省委致函中共中央，对东北联共（布）的工作方式表示不满。后者曾要求东北党为之介绍党员从事特务工作，"在工作的指挥与管理，完全由联共负责"，因而这些人在组织上应该脱离中共转入联共（布），但"联共并不和他们发生党的关系"，仅仅简单与之支付费用，"造成他们的腐化"，成为"简单的雇佣劳动者"。满洲省委还发现，这些人疏于管理，游离于两党之外，"对于秘密工作更是一塌糊涂，差不多没有一个不认识他们的，不知道他们是做联共的特务工作的，甚至连担负我们的特务工作的同志也被他们在同志中说出来了"，③ 这无疑直接危及了东北党组织的安全。为此，满洲省委要求中共中央出面协调，建议"改正联共党部与省委的关系，顶好是这一工作由省委来派人担负指挥，只由联共党部特务工作人员与省委特务工作主要负责人发生直接的关系"，④ 即与东北联共（布）组织建立直接联系。

中共中央接到满洲省委的报告后，于1930年10月致函共产国际远东局，称联共"常常委派一些已经被中国党开除的人甚至是叛徒或者犯过极严重错误的党员作为重要的负责工作人员"，以致给东北党造成工作上的阻

---

① 《维经斯基给洛佐夫斯基和米夫的信（摘录）》（1933年7月14日），中共中央党史研究室第一研究部译《联共、共产国际与中国苏维埃运动（1931~1937）》第13卷，第451页。
② 共产国际国际联络部又称国际联络局，成立于1921年，主要负责共产国际与各国共产党的秘密联络工作，包括"传递秘密情报、文件、训令、材料、金钱"以及护送相关工作人员等。〔俄〕维克托·乌索夫：《20世纪30年代：苏联情报机关在中国》，赖铭传译，解放军出版社，2013，第24页。
③ 《中共满洲省委给中央的满字第二号信——关于在联共探访局工作的中国同志的情况》（1930年2月5日），中央档案馆等编印《东北地区革命历史文件汇集（1929年11月~1930年4月）》甲4，1988，第133~134页。
④ 《中共满洲省委给中央的满字第二号信——关于在联共探访局工作的中国同志的情况》（1930年2月5日），中央档案馆等编印《东北地区革命历史文件汇集（1929年11月~1930年4月）》甲4，第133~135页。

碍，要求其转告联共中央，以后受其委派在东北从事相关工作的中方人员，"应该务必在中国党的领导下进行工作"，并建议尽快建立两党"兄弟般的关系"，举行两党联席会议，主要负责"讨论今后工作中的关系、统一进行工作的总方针，以及审查各种组织问题"等，由联共、中共中央及满洲省委各派一人组成。① 但这一建议并未得到联共中央的积极回应。②

可见，东北党务工作的开展，不仅没有因为背靠苏联便于获取国际支持而具有更大的优势，反而为联共在东北的政策变化及组织活动所制。事实上，东北党面临的复杂局势还不止于此。1928年朝鲜共产党的解散，更是为东北党的活动增加了若干"朝鲜因素"。

三 朝共解散后东北党面临的新问题

我们通过分析表1可知，1929～1932年，东北的党员总数有了较快增长，而该现象的重要原因就是1928年朝共解散后，在东北原朝共党员转入中共东北党，进而使后者力量出现变化。③ 那么，在东北的朝鲜共产党员为何在此时要加入中共呢？这就要从朝鲜共产党自身内部的派系斗争说起。

在朝共正式组建之前，朝鲜人因对于马克思主义的不同认知而出现上海派、伊尔库茨克派（又称M.L.派，"Marxism - Leninism"一词的缩写）、汉城派、火曜派④等政治派别，特别是围绕是否接受国际经费援助问题前两派始终存在分歧。⑤ 1925年，在共产国际帮助下朝鲜各派系力量被整合进而

---

① 《中共中央给共产国际执行委员会远东局的信》（1930年10月25日），中共中央党史研究室第一研究部译《联共、共产国际与中国苏维埃运动（1927～1931）》第9卷，中央文献出版社，2002，第411～412页。
② 因为联共方面并未打算与东北党建立长期稳定的联系。早在1930年4月4日，联共驻共产国际代表团负责人皮亚特尼茨基在接到满洲省委及其书记刘少奇要求建立两党关系的信后，认为"联共和中共组织之间应建立联系。但这一联系不应变为党委会的联席会议"。《皮亚特尼茨基给佩列佩奇科的信》（1930年2月24日），中共中央党史研究室第一研究部译《联共、共产国际与中国苏维埃运动（1927～1931）》第9卷，第89页。
③ 朝鲜共产党及其在满洲机构——满洲总局解散的相关情况，参见王霖《试述共产国际关于"一国一党"原则对中国东北革命的影响》，《革命春秋》1989年第2期。
④ 在西欧一些国家中，对于星期的称呼是以"七曜"来命名，七曜分别指太阳、月亮及水星、金星、火星、木星、土星五大行星。其中，月曜日为星期一，火曜日为星期二。因马克思生日为1818年5月5日，为星期二，即火曜日。
⑤ Robert A. Scalpino and Chong-sik Lee, "The Origins of the Korean Communist Movement（I）," *The Journal of Asian Studies*, 1960, Vol. 20, No. 1, p. 12.

组建为统一的朝鲜共产党。鉴于不少朝共成员活跃于中国东北地区,为了加强对这些党员的管理,1926年朝共中央在中国东北宁古塔设立了统一的领导机构——满洲总局,下设东满、南满和北满三个分局。但朝共成立后,各派之间的纷争并未因此而消弭,反而愈演愈烈。①

为了彻底解决朝共内部的派别问题,1928年共产国际"六大"通过了《关于朝鲜农民工人任务的问题的决议》,正式决定"立即解散朝鲜共产党"并择机重建之,② 同时暂停对其进行经济援助。③ 根据此次大会修订的《共产国际章程》第37条规定:"共产党员移居他国后,应即加入该国的支部",④ 在东北原朝共党员应加入中国共产党。⑤ 1930年3月20日,朝共满洲总局发布《朝鲜共产党满洲总局解散宣言》,正式宣告朝共在东北组织的解体,并要求"无条件地交待我们的一切工作。一切共产主义分子都要经过中国共产党的严正的战斗的检阅和审查,应以个人资格被接纳或取消"。⑥ 该宣言的发表正式宣告在东北的朝共组织解散。

实际上,对于是否接收原朝共党员的问题,满洲省委内部是存在争议的。⑦ 因为这完全就是一个两难的问题:从自身地方利益观之,原朝共成员虽然以个人名义加入东北党,但可能会造成"党内有党"的局面以及其原

---

① 崔凤春:《论朝鲜共产党派系斗争》,中国朝鲜史研究会编《朝鲜·韩国历史研究》第12辑,延边大学出版社,2012,第323~346页。
② 《关于朝鲜问题——共产国际执行委员会政治局决议》(1928年12月),杨昭全译《朝鲜现代史料选辑》,商务印书馆,1997,第83页。
③ 《皮亚特尼茨基给阿尔布列赫特的信》(1928年12月14日),中共中央党史研究室第一研究部译《联共、共产国际与中国苏维埃运动(1927~1931)》第8卷,中央文献出版社,2002,第52页。
④ 〔匈〕贝拉·库恩编《共产国际文件汇编(1919~1932)》第1册,中国人民大学编译室译,三联书店,1965,第80页。
⑤ 朝鲜共产党解散后,共产国际更多的是强调中共应该帮助朝共重建,而并未对在东北原朝共党员加入中共这一问题明确表态。直至1930年5月,鉴于东北境内的原朝共成员已经陆续加入中共且其满洲总局已宣告解散的客观事实,共产国际东方书记处才正式通过相关决议。参见沈志华《同命相连:朝鲜共产党人融入中共的历史过程(1919~1936)》,《社会科学战线》2015年第2期。
⑥ 《朝鲜共产党满洲总局解散宣言》(1930年3月20日),杨昭全等编《东北地区朝鲜人革命斗争史资料》,辽宁民族出版社,1992,第677页。
⑦ 如当时省委主要成员廖如愿就以个人名义致函中共中央,明确表示了与省委书记刘少奇对于在东北朝共党员加入中共方式上存在的分歧。《中共满洲省委廖如愿关于省委工作情况给中央的报告》(1929年7月),中央档案馆等编印《东北地区革命历史文件汇集(1929年3月~1929年10月)》甲3,1988,第236页。

有的派别斗争引入东北党内；但原朝共与中共均为共产国际下属的支部，双方有着共同的革命目标，在"国际主义"精神下，自然应该吸收原朝共成员加入中共。当然，这个主张完全为共产国际所一手安排，作为下属的中共根本无法抗拒。果不其然，在东北原朝共党员加入东北党后，其内部原来的派别斗争并未平息，这使得东北党面临的内部局面愈加复杂。

事实上，满洲省委成立不久，即对在东北人数颇多的朝共予以高度关注。1928年1月，中共满洲临时省委在给中央有关延边地区的报告中，还建议在该地区的农民工作方面"有必要同韩国党发生亲密关系"。[①] 对朝共党内派系林立的局面，满洲省委也早已知情。因此，在东北朝共党员加入东北党后，如何避免其派别斗争蔓延到后者内部，一时颇令满洲省委踌躇。

在经过激烈争论后，满洲省委通过决议，决定接纳在东北原朝共党员，但对其提出了明确要求："凡以前曾参加过派争的（非工农分子），必须申明完全放弃派别斗争，服从共产国际对于这一问题的决议，并遵守中国党的党纲与党章，切实工作，经过党查看过相当的时期，如真正能够放弃派别观念，积极工作，才能成为候补党员，候补期按中国共产党党章知识分子例。"[②] 意在通过组织举措，来防止原朝共内部派别之争在东北党内部的继续。但实际上，直到满洲省委被解散，这些派别斗争都没有被彻底消除。

四　结语

自满洲省委成立到解散，东北党始终面临较为复杂的国际局势，联共、朝鲜党在东北的活动，更为东北党开展党务工作增加了难以预料的变数。尽管九一八事变后，联共组织的身影逐渐淡出东北，但联共中央仍然通过共产国际对东北党施加影响；[③] 1928年，朝共解散，其在东北原朝共党员加

---

① 《满洲来信——延吉、营口、抚顺等地党的工作情况》（1928年1月7日），中央档案馆等编印《东北地区革命历史文件汇集（1923~1928年3月）》甲1，第247页。
② 《中共满洲省委关于满洲韩国民族问题决议案》（1931年5月26日），中央档案馆等编印《东北地区革命历史文件汇集（1931年4月~1931年7月）》甲8，1988，第141页。
③ 正如杨奎松所言："共产国际针对中国东北地区所展开的一系列调整手法变化的背后，无疑是苏联远东安全战略的现实需要和策略调整在起作用。"参见杨奎松《中间地带的革命：国际大背景下看中共成功之道》，山西人民出版社，2010，第284页。

入东北党，壮大后者力量的同时，也将其原有的派别斗争引入东北党。[①] 从表面上看，东北拥有关内其他地区所不能比拟的优势，工人数量较多，背靠苏联、蒙古，面向朝鲜，开展党务活动应是纵横捭阖、得心应手。正如满洲省委所称，满洲革命的最大优点之一"就是有苏联的存在和在地理上与中国毗邻"。[②] 但实际上并非如此。

尽管东北党为了将这种地缘优势转化为资源优势进行了诸多努力，但结果证明收效甚微，无论是处理与在东北联共，还是原朝共党员之间的关系，东北党都显得力不从心。主要原因在于，以东北党为代表的地方党组织，在面临国际主义与地方利益两者间冲突之时，难以做出恰当的取舍。这也正是东北党务较之关内其他省份复杂的原因。更重要的是，随着20世纪30年代共产国际逐步调整其民族统一战线政策，处在"近水楼台"的中共代表团与"天水之隔"的中共中央之间的东北党，面对前两者发出内容分歧的指示，更是穷于应付，直接导致满洲省委被解散。这种情况使得东北党成为国际革命背景下，中共地方党组织面临国际主义与地方利益两难困境的一个生动范例。

[①] 事实上，作为与东北毗邻的朝鲜共产党，其从诞生到被共产国际解散再到重新纳入共产国际体系，甚至工作路线的制定，均体现了苏联自身的战略利益考虑。参见 John N. Washburn, "Soviet Russia and the Korean Communist Party," *Pacific Affairs*, 1950, Vol. 23, pp. 59 – 65。

[②] 《中共满洲省委关于接受中央指示改正五月十七日决议中几个模糊认识和错误问题的决议》（1933年7月1日），中央档案馆等编印《东北地区革命历史文件汇集（1933年3月~1933年6月）》甲13，1988，第22页。

试论毛泽东正确处理人民内部矛盾思想与当代启示

王新刚　郝思佳[*]

摘　要　正确处理人民内部矛盾思想，是以毛泽东为代表的中国共产党人在社会主义建设时期探索形成的杰出理论成果。但由于诸多主客观因素的影响，相关理论成果在具体的实践中并没有得到真正落实。全面、系统地总结其经验教训，必将对我们在新的历史时期正确处理人民内部矛盾、实现全面建成小康社会的目标提供一定的借鉴与指导。

关键词　毛泽东　人民内部矛盾思想　社会主义建设时期

截至 2017 年 2 月，毛泽东发表《关于正确处理人民内部矛盾的问题》（以下简称《正处》）一文已有 60 年的时间。《正处》一文的发表，曾经引起国内外各界的广泛关注，被视为中国共产党对科学社会主义理论的重大发展。然而，随着国内外形势的急剧变化以及毛泽东本人思想认识的转变，《正处》并没有发挥出其本应具有的理论及实践价值。当前中国正在集中精力进行全面小康社会建设，在继续重点加强经济建设的同时，正确处理人民内部矛盾也是一项不容忽视的工作。深刻总结 20 世纪 50 年代中国共产党人处理人民内部矛盾的现实启示，可以为我们今天正在进行的全面小康社会建设提供一定的理论借鉴与指导。

一　《正处》形成的背景及主要内容

三大改造基本结束以后，新中国即将进入社会主义建设时期。但与此

---

[*] 王新刚，河北科技师范学院思想政治理论教学部讲师；郝思佳，中国人民大学马克思主义学院 2016 级博士研究生。

同时，新中国面对的国际国内形势也发生了重大变化。国际上，赫鲁晓夫在苏共二十大上所做的《关于个人崇拜及其后果》的秘密报告，引起了人们对苏联体制的怀疑以及部分社会主义国家思想的混乱。帝国主义和其他敌对势力，伺机发动了对社会主义制度的否定和攻击，形成了一股反共、反苏、反社会主义的逆流；更为严重的是，1956年6月和10月，波匈两国接连爆发部分群众上街游行、示威，公开对抗政府的暴乱事件。国内，伴随着社会主义三大改造的基本完成，敌我之间的基本矛盾已经得到解决，人民内部的矛盾却日益凸显。从1956年9月到1957年3月，全国范围内爆发了学生罢课、工人罢工，个别农村地区爆发了农民退社、闹缺粮的事件；部分党外民主人士和知识分子对党政机关中存在的主观主义、宗派主义和官僚主义作风进行严厉批评的事件。

正是基于对日益严重的各类国内外事件的深刻反思，毛泽东在1957年2月召开的最高国务会议第十一次扩大会议上做了《关于正确处理人民内部矛盾问题》的报告。报告主要包含如下四方面内容。

（1）明确承认社会主义社会存在矛盾，矛盾是社会主义社会发展的根本动力。社会主义社会是否存在矛盾？这个对社会主义社会建设至关重要的理论问题，无产阶级革命导师都没有在经典著作中进行过系统阐述。马恩生活的时代，社会主义的实践未曾具体进行过，因此不可能产生有关社会主义社会矛盾的理论。列宁领导俄国人民取得十月革命胜利以后，在社会主义建设的具体实践中发现了矛盾的存在。虽然取得了一些认识，但由于列宁的早逝和实践经验的限制，并没有展开对此问题的进一步研究，该问题的深入研究成果也就没有产生。在斯大林时代，苏联于1936年宣布建成了社会主义社会，并进一步认为社会主义社会不存在矛盾，已经实现了全面和谐。只是由于随后的社会主义实践中产生了许多问题，斯大林在1952年才不得已承认："如果社会主义改造不好，社会主义的生产关系和生产力之间也会产生不协调。"[①] 毛泽东深刻反思苏联的经验教训，系统总结我国社会主义建设的具体实践，明确指出社会主义社会仍然存在矛盾，并依据唯物辩证法"矛盾是推动事物发展的根本动力"的论述指出：该论断同样适用于社会历史领域，生产力和生产关系、经济基础和上层建筑的矛盾也是推动社会主义社会发展的根本动力。

[①] 张静、齐磊：《正确处理人民内部矛盾：理论·历史演变·当代价值》，《赤峰学院学报》（汉文哲学社会科学版）2012年第9期。

（2）首次阐述社会主义社会的基本矛盾是生产力与生产关系、经济基础与上层建筑的矛盾。马克思和恩格斯共同创立的唯物史观认为：生产力与生产关系、经济基础与上层建筑的矛盾是人类社会发展的基本矛盾。根据马恩共同创立的这一唯物史观原理，毛泽东在《正处》一文指出：作为人类社会发展特定历史阶段的社会主义社会，其基本矛盾必然仍是生产力与生产关系、经济基础与上层建筑的矛盾。社会主义社会的基本矛盾不是对抗性质的矛盾，它可以通过调整与完善生产关系和生产力以及上层建筑和经济基础之间不相协调的方面，逐步稳固和完善。

（3）创立社会主义条件下两类不同性质矛盾的学说，并提出解决不同性质的矛盾要运用不同的方法。在马克思主义的经典著作中，对阶级、阶级斗争和敌我矛盾的处理均有过系统的阐述，然而对人民内部矛盾问题如何处理则少有阐述。纵观中国共产党和其他社会主义国家发展史，严重混淆两类不同性质矛盾的事件曾多次发生，给我党以及其他社会主义国家都造成过严重伤害。尤其是在斯大林统治时期，把许多本属于党内、人民内部的矛盾作为敌我矛盾进行处理，酿成了严重的肃反扩大化的错误，至今仍令人痛心。毛泽东在深刻分析社会主义建设时期面临的错综复杂的矛盾基础上，在《正处》一文中提出："在我们面前有两类矛盾，这就是敌我之间的矛盾和人民内部的矛盾。"一般说来，"敌我之间的矛盾属于阶级斗争的范畴，是对抗性的矛盾"，"人民内部的矛盾，是在人民利益根本一致的基础上的矛盾"。[①] 对于上述两类矛盾，我们要根据矛盾的不同性质采取不同的解决方法。我们要运用无产阶级专政的方法，解决敌我之间对抗性的矛盾；我们要运用讨论的、批评的说服教育的方法，解决人民内部的矛盾。[②]

（4）将正确处理人民内部矛盾确定为国家政治生活的主题。三大改造基本结束后，我国无产阶级与资产阶级之间对抗性的矛盾已经基本得到解决，原有的阶级结构发生了重大改变。毛泽东敏锐地注意到了这一变化并指出：原来大规模急风暴雨式的群众阶级斗争已经结束，正确处理人民内

[①] 程波、高满良：《正确处理人民内部矛盾的问题的理论意蕴和实践意蕴》，《法制与社会》2010年第11期。

[②] 石云霞：《坚持用对立统一规律观察和分析社会主义社会》，《思想理论教育导刊》2012年第12期。

部矛盾成为一个"总题目"。① 国家政治生活主题的确定，有利于调动国内外一切积极因素，为社会主义经济建设服务。同时，这一主题思想也是对中共八大有关我国社会主要矛盾和中心任务思想的继承、发展和创新。

二 毛泽东正确处理人民内部矛盾的历史经验

20世纪50年代中期，以毛泽东为代表的中国共产党人在正确处理人民内部矛盾问题的实践中，既积累了宝贵的经验，也取得了深刻的教训。

（一）宝贵的经验

1. 将正确处理人民内部矛盾作为国家政治生活的主题，符合党和国家工作中心的战略转移

毛泽东依据矛盾普遍性原理，系统分析研究社会主义社会基本矛盾的性质、特点及其表现形式，将正确处理人民内部矛盾确定为我国政治生活的主题。这一主题思想的确定是对1956年召开的中共八大提出的我国社会主要矛盾及中心任务思想的继承、发展和创新。就像毛泽东在上海等地的党员干部会议上所强调的一样：阶级斗争问题基本解决以后，我们的任务就应该转移到率领六亿人口搞建设，同自然界进行斗争，努力将中国由一个落后的农业国建设成先进的工业国。20世纪上半叶我们主要搞革命，下半叶则主要搞建设。

围绕正确处理人民内部矛盾这个国家政治生活的主题，毛泽东还联系国内政治、经济、文化等相关方面的问题，系统提出了一系列重大的方针、政策，是对党的八大政治路线的继承、发展和创新。例如，在国家政治关系方面，明确提出"工人阶级同民族资产阶级的矛盾属于人民内部矛盾"和"工人阶级同民族资产阶级的斗争属于人民内部的阶级斗争"的论述，对于我们正确认清社会的主要矛盾、实现党和国家工作重心的转移提供了理论指导。再比如，他提出要运用"百花齐放，百家争鸣"的方针，来处理人民内部有关思想意识形态方面的问题。毛泽东的判断是国内暴风骤雨式的群众性阶级斗争基本结束，但阶级斗争并没有完全消除，主要表现为人民内部的思想问题。对此类问题，一方面要采取讨论的、说理的方法进

---

① 《毛泽东文集》第7卷，人民出版社，1999，第204页。

行解决；另一方面则要与各类错误思想做坚决的斗争，稳固并不断扩大自己的阵地。这是在我们将人民内部矛盾确定为国家政治生活主题后，就如何正确处理思想意识形态方面问题进行的探索。国家政治生活主题的转变，是我们党根据社会主要矛盾的变化及时进行的战略性调整，是与党和国家中心工作的转变相适应的，是中国特色社会主义建设道路形成的实践经验。

2. 运用不同方法解决不同性质的矛盾，提高社会治理的水平

根据三大改造完成以后国内阶级关系的变化，我们认为国内主要存在两种类型的矛盾：人民内部的非对抗性的矛盾和敌我之间的对抗性的矛盾。这两类矛盾具有完全不同的性质，需要截然不同的解决方法。专政的方法适用于解决敌我之间的矛盾，讨论的、批评的、说服教育的方法适用于解决人民内部的矛盾。

经济利益的矛盾在当时社会的诸多矛盾中居于首要位置。经济利益的矛盾在人民内部的矛盾中也居于首要地位，因此解决人民内部的矛盾主要是协调和整合不同群体的经济利益。就如何整合不同群体的经济利益，毛泽东曾提出过"统筹兼顾、适当安排"的原则。就如何处理人民内部的具体矛盾他还曾谈道："无论粮食问题，灾荒问题，就业问题，教育问题，知识分子问题，各种爱国力量的统一战线问题，少数民族问题，以及其他各项问题，都要从对全体人民的统筹兼顾这个观点出发，就当时当地的实际可能条件，同各方面的人协商，做出各种适当的安排。"[①] 在解决人民内部矛盾时，我们必须耐心地教育群众改掉缺点和错误，绝对不允许讥笑和敌视。我们必须站在人民的立场，用实际的行动保护人民的利益。与此同时，我们也要注意促使人民内部矛盾向好的方面转化，防止和规避人民内部矛盾转化为对抗性矛盾。在转化过程中，我们必须充分运用法律和行政手段，将矛盾的解决纳入法制的轨道。

三大改造基本结束以后，我们已将绝大部分资产阶级成员改造成自食其力的社会主义劳动者，作为一个独立阶级的资产阶级，在我国已经不复存在。我国社会的主要矛盾已经不再是阶级斗争，但阶级斗争在一定范围内还将长期存在，在某种条件下还有激化的可能。阶级斗争是属于敌我之间对抗性的矛盾，只能采用人民民主专政的方法进行解决。

根据不同性质的矛盾采用不同的解决方法就是今天所说的社会治理的方

---

① 《毛泽东著作选读》下册，人民出版社，1986，第783页。

法。这说明当时我们党对执政党治理国家的问题,已经有了更深层次的自觉认识,是我们党日益成熟、执政意识更加明确、执政理念愈趋正确的表现。

(二) 深刻的教训

1. 过分强调运用阶级斗争和政治斗争手段,而忽视运用经济方法处理各种矛盾

社会主义改造基本完成以后,党和国家的中心工作已经转移到经济建设和发展社会生产力方面。在此背景下,人民内部矛盾必然也主要转移到经济领域。因此,中国共产党必须根据这种转变,及时改用经济方法处理人民内部日益增多的矛盾。但是,受长期在革命斗争中形成的阶级斗争和政治斗争的影响,以毛泽东为代表的中国共产党人往往更加侧重于从政治方面去思考人民内部的矛盾,并进而形成了过分热衷于运用阶级斗争和意识形态斗争的方法。在具体实践中,毛泽东认为人民内部矛盾主要是分清是非的问题,应该主要采用"团结—批评—团结"的方法进行解决。[①] 然而随着国内外形势的急剧变化以及毛泽东本人思想的转变,毛泽东又认为:无产阶级与资产阶级之间的斗争,无产阶级和资产阶级在意识形态方面的斗争,还是长期的、曲折的,有时甚至是很激烈的。甚至还提出:无产阶级与资产阶级在意识形态领域的斗争还需要一个相当长的时间才能解决。在此认识基础上,毛泽东形成了对国内阶级斗争形势不切实际的估计,对阶级斗争形势无限放大,进而重提运用阶级斗争解决相关问题。过分依赖阶级斗争和政治斗争解决已经主要表现为经济矛盾的人民内部矛盾问题,这是后来阶级斗争扩大化的重要原因,也是我们在全面小康社会建设中必须努力规避的问题。

2. 过分强调依赖人治,而忽视运用民主、法制方法处理人民内部矛盾

在三大改造完成以后,我国社会内部的主要矛盾已经由原来的阶级矛盾转化为人民内部的矛盾。在解决人民内部矛盾的具体实践中,民主和法制是公认的解决思想政治领域矛盾和问题最有效的手段。但毛泽东对此却有不同的理解,他将"团结—批评—团结"的方法视为解决人民内部矛盾的唯一途径,同时强调"社会主义的民主是任何资产阶级国家所不可能有的最广大的民主",实现最广泛民主的具体措施就是集中。他主张通过讨

---

① 陈会伟:《"正确处理人民内部矛盾"的局限性及产生原因》,《文学选刊》2012年第2期。

论、批评和说服教育等方式处理各方面工作,而不应采取强制、压服的方式。在此理念指导下,毛泽东在处理人民内部矛盾的具体方略选择上,较少选择"法治"而是更倾向于"人治",长期忽视法制和制度在解决人民内部矛盾工作的应用。毛泽东甚至在1958年8月召开的协作区主任会议上明确指出:"不能靠法律治多数人。民法刑法那么多条谁记得了。宪法是我参加制定的,我也记不得……我们基本上不靠那些,主要靠决议,开会,一年搞四次,不靠民法、刑法来维持秩序。人民代表大会、国务院开会有他们那一套,我们还是靠我们那一套。"①

在1957年开始的整风运动中,出现大鸣、大放、大辩论、大字报等形式,毛泽东给予了高度评价,并称之为"革命形式,群众斗争的形式",同时认为这种形式"适合现在阶级斗争的内容,适合正确处理人民内部矛盾的问题。抓住了这个形式,今后的事情就好办了"。社会主义革命和建设中的各种问题,"都可以用鸣放辩论的形式去解决,而且会解决的比较快"。②

毛泽东所说的"四大"民主形式,实际上就是广泛地发动人民群众参加运动。事实证明采用"四大"形式解决人民内部矛盾是极端错误的,它不仅达不到团结的目的,反而会加深人与人之间的矛盾与隔阂,造成社会的长期动乱。这是忽视民主与法制建设的必然结果,也是我们必须铭记的惨痛教训。

三 毛泽东正确处理人民内部矛盾思想的当代启示

当前,我国正在集中精力进行全面小康社会建设,进而为实现中华民族伟大复兴的中国梦不断努力。但与此同时,改革开放和社会主义现代化建设也进入了攻坚期和深水区,社会内部矛盾日益凸显、复杂。这就迫切需要吸收借鉴20世纪50年代以毛泽东为代表的中国共产党人正确处理人民内部矛盾的历史经验,为现阶段处理人民内部矛盾提供理论和实践参考。

(一)科学认识和把握新时期人民内部矛盾的本质

三大改造基本结束以后,以毛泽东为首的党中央根据变化了的国内国际形势,对人民内部矛盾的新变化做出了科学分析。他们认为,这时人民

---

① 《人民代表大会制度建设四十年》,中国民主法制出版社,1991,第102页。
② 毛泽东:《做革命的促进派》,《人民日报》1957年10月9日。

内部的矛盾与三大改造以前发生了根本变化,由原来对抗性矛盾转变为非对抗性矛盾,可以采用民主的方法加以解决。

今天,由于国内国际、主观客观等多种因素合力的作用,人民内部矛盾日益呈现复杂且多发的态势。如何科学认识人民内部矛盾的本质,是事关中国特色社会主义现代化建设事业能否进一步推进的关键问题。目前人民内部矛盾在教育、医疗、就业、分配和社会保障等民生领域表现尤为突出。这些矛盾主要源于两方面,其产生和存在有其历史发展的必然。一方面,由于职业、岗位、受教育程度以及地区差别,不同群体之间存在不同的利益需求。虽然我们党始终坚持以实现和维护最广大人民的根本利益作为我们全部工作的出发点和落脚点,在实际工作中,我们党也尽力考虑不同阶层、群众的实际利益,力求实现个人与集体、局部与整体的有机统一,力争使全体人民实现共同富裕,然而,人民群众的具体要求和根本诉求又总是千差万别,这也是不容否认的基本事实。根据唯物辩证法,事物的发展平衡总是相对的,不平衡是绝对的原理,人民群众存在不同利益需求也有其历史发展的必然。另一方面,我们党对这些问题的认识和解决也需要一个过程。中国人民正在进行的中国特色社会主义现代化建设的伟大实践,是一个全新的过程。找不到任何可供借鉴的现成经验,一切都必须在实践中逐步探索和积累。因此,在特定的历史时期不同阶层的群众之间存在利益矛盾也是历史发展的必然。从本质上看,这些矛盾是人民群众根本利益一致基础上的具体利益分歧。对于这些矛盾,我们只要认真对待,准确把握当前人民内部矛盾的本质,制定合理的解决方案,就能够在社会主义现代化建设的具体实践中顺利解决。

(二) 树立群众观点,积极实践群众路线

群众观点是我们党在革命战争时期与和平建设时期形成的基本政治观点。群众路线是我们党始终保持活力与战斗力的重要法宝,是党的生命线和根本工作路线。目前,我国正处于"经济体制深刻变革,社会结构深刻变动,利益格局深刻调整,思想观念深刻变化,深层次矛盾凸显"的特殊时期,[①] 各种问题和矛盾的大量存在,必定对社会的和谐与稳定造成重大危害。要彻底消除这些危害的不利影响,将正确处理人民内部矛盾工作放在

---

① 《十六大以来重要文献选编》(下),中央文献出版社,2011,第676页。

全社会的重要战略高度来抓，就显得尤为重要。一方面，要明确将党的群众观点作为解决现阶段人民内部矛盾的根本指导思想。中国共产党之所以受到人民群众的长期支持和拥护，就在于其在实际工作中始终铭记党的群众观点。在革命战争年代，中国共产党始终坚持人民群众是历史创造者的基本观点，听取群众的意见，集中群众的智慧，及时将群众的观点和主张上升为党的政策，组织带领全国人民赢得了一个又一个伟大的胜利。在社会主义改革时期，中国共产党仍然不忘初心，根据群众变化了的要求和主张，及时改变并完善党的政策，继续带领中国人民不断前进，不断开拓社会主义建设的新局面。在全面建成小康社会的新时期，中国共产党面对的人民内部矛盾比以往更加复杂、艰巨。只有继续坚持党的群众观点，更好地实践党的群众路线，才能保证人民内部矛盾得到顺利解决，为2020年实现全面建成小康社会的目标提供智力支持。另一方面，要真正将党的群众路线贯彻到解决人民内部矛盾的具体实践中去。做好人民内部矛盾工作，归根结底就是要解决好相信谁、依靠谁、为了谁的问题。要将发展作为解决人民内部所有矛盾的根本和关键，把让人民群众过上富裕和有尊严的生活作为我们工作的出发点和落脚点；要按照守住底线、突出重点、完善制度、引导舆论的思路，抓住人民群众最关心、最直接、最现实的利益问题，做好保障和改善民生工作；要坚持系统治理、依法治理、源头治理、综合施策，创新社会治理体制，改进社会治理方式，逐步提高处理人民内部矛盾的能力和水平。在新时期，只要在思想上始终坚信群众观点，在实践上积极践行群众路线，我们就可以不断获得新的伟大胜利。

（三）综合利用多种方法处理当前社会矛盾

当前，我国社会的矛盾主要是指"人民内部不同成员、不同群体之间在政治态度、思想认识、经济利益、生活方式等方面的差异以及由这些差异引发的冲突"。[①] 这些差异集中体现在政治、经济、文化思想等领域。尽管个别矛盾在多个领域交叉存在，但为了阐述方便，本文将依据矛盾的主要特征将其划归到某一特定领域。第一，经济领域的矛盾。当前社会的矛盾主要体现在经济领域。根据矛盾形成的原因，该领域的矛盾可以分为三类：贫富差距引发的社会矛盾；利益分化造成的利益群体矛盾；劳资纠纷

---

① 赵凡：《正确处理人民内部矛盾，促进社会主义和谐社会建设》，《政治学研究》2014年第1期。

导致的被雇用者与雇主双方的矛盾。第二，政治领域的矛盾。在该领域的矛盾主要表现为政府、党员干部和人民群众之间的矛盾。第三，思想文化领域的矛盾。该领域的矛盾主要集中在科学文化和意识形态两个方面。科学文化领域的矛盾体现在："一是科学文化同愚昧迷信文化、封建腐朽文化、传统文化的斗争，二是行政力量干预、破坏科学文化发展规律。"① 意识形态领域的矛盾主要表现为作为我国主流意识形态的马克思主义与各种各样的非马克思主义和反马克思主义之间的斗争。

要根据分属不同领域矛盾的特点，具体问题具体分析，分别采取不同的方式、方法加以解决。经济领域矛盾集中在经济利益问题。因此，我们要综合运用经济、法律、行政三种手段。此外在加强政府职能的同时，也要强调社会团体和人民群众作用的有效发挥。例如"消费者协会"和"绿色环保组织"在促进经济发展、维护社会公平方面发挥着重要作用。在政治领域，主要表现为人民群众与各级政府的利益分歧。造成人民群众与各级政府利益分歧的根本原因是政府处理矛盾的工作思路和方法。各级政府只要按照习近平同志有关社会治理的相关论述，及时改变工作方法和思路，政府和人民群众的矛盾就能得到妥善解决。近年来，造成党员干部和人民群众紧张关系的主要原因在于干部。其主要表现便是部分党员干部理想信念动摇、宗旨意识淡薄、精神懈怠、以权谋私、腐化堕落。我们要根据这些党员干部错误的不同性质，对其采取相应的惩戒措施。对于属于工作作风方面存在问题的干部，要坚持采用批评教育的方法，逐步提高其思想认识，促其自觉认识到错误，进而自行改正错误；对于属于触犯法律的腐败党员干部，必须综合运用党规、党纪和法律的手段对其进行严肃的处理。在思想文化领域有关意识形态的矛盾，我们要区分其是属于社会制度层面的敌我矛盾，还是属于人民群众内部的思想问题。前者属于阶级斗争的范畴，我们必须采取专政的方法进行解决，不允许有任何其他选择；后者则属于人民群众内部的矛盾，我们仅能采用讨论、批评、说理的方式进行解决，而不可以采取简单、粗暴和强制的方式。对于思想文化领域有关科学文化的矛盾，我们要通过宣传揭露愚昧迷信文化、封建腐朽文化和传统文化中落后与腐朽的成分，宣传科学文化的真理性因素，引导人民群众比较主动地站到科学文化队伍中来。同时我们还要尊重科学文化自身发展的规

---

① 赵凡：《正确处理人民内部矛盾，促进社会主义和谐社会建设》，《政治学研究》2014年第1期。

律，尽量不利用行政的力量进行干涉，保证其按照自身的规律正常发展。

（四）积极推进政治体制改革和民主法制建设，提高社会治理水平

今天，我国已经进入全面深化改革的攻坚期和深水区，社会矛盾集中爆发的危险日益增大。面对新的挑战，仅仅依靠传统管理模式显然已经不能有效解决当前社会中存在的诸多矛盾，必须创新社会治理方法。发展社会主义民主和加强法制建设，是提高社会治理水平的必然选择。通过民主特别是基层民主的广泛实施，一方面可以提供人民群众参与社会事务、表达利益诉求、展示社会意识的渠道；另一方面也可以提供各方协调、磨合不同利益的机会。在民主的实施过程中，社会矛盾有利于在基层得到解决，消灭在初始状态。现阶段，借鉴西方发达国家处理社会矛盾的经验，更应该加强利用法律手段解决各种社会矛盾，逐步形成规范化、法制化处理社会矛盾的体制。

当前，对于推进政治体制改革和民主法制建设的一些观点和主张也必须给予一定的警惕。国内部分人士主张效仿西方发达国家，通过扩大竞争性的办法来推进政治体制改革和法制建设。如前所述，现阶段我国正处于社会转型期，利益结构迅速分化、社会矛盾日益凸显。"根据历史经验，在这一时期，竞争性的制度安排易于强化社会分歧、加剧矛盾，甚至引发动荡。"① 部分西方国家在社会矛盾频发的工业化阶段曾经多次中断诸如普选制、议会民主等竞争性体制，部分发展中国家则采取了西方式的民主而没有根据社会矛盾情况进行及时调整，导致了社会的长期动荡。根据西方发达国家及部分发展中国家推进政治体制改革的宝贵经验与惨痛教训，以及当前中国经济社会条件、主要任务和国际环境，现阶段采取扩大竞争性的办法推进民主政治建设并不是一种明智的选择。

总之，《正处》作为以毛泽东为代表的中国共产党人探索中国特色社会主义建设道路的主要理论成果，其在现实的社会实践中，既形成了宝贵的经验，也取得了惨痛的教训。无论是经验还是教训，都可以为我们正在进行的全面小康社会建设及中华民族伟大复兴中国梦的实现提供有益的历史借鉴和现实指导。

---

① 房宁：《正确认识和处理新时期人民内部矛盾》，《政治学研究》2013 年第 6 期。

研究述评

中国共产党意识形态问题研究述评[*]

陈佳奇[**]

摘　要　中共意识形态研究发轫于1980年代,其焦点集中于破除极"左"思潮与拨乱反正等资政议题;1990年代渐次转向意识形态认同、维护意识形态安全以及提升中共意识形态话语权等理论层面。其研究内容,包含中共意识形态来源、意识形态历史发展与变迁、领导人意识形态思想、意识形态建设与创新等多元面相。既有成果多为理论分析与论证,其研究视角、方法与资料仍有待拓展,而注重以历史主义视角进行意识形态分析、借鉴西方意识形态理论研究方法、发掘利用民间的新史料,则是推动意识形态问题研究的可循之路。

关键词　中国共产党　意识形态　马克思主义

意识形态作为政党生存发展的精神支撑,从革命到执政时期一直得到中国共产党的特别重视,中共意识形态既包含一套在变革发展中追求自洽性的理论体系,又延伸至意识形态工作的实践层面,通过全国范围的宣传普及服务于社会主义建设。中共意识形态问题研究作为颇具理论与实践价值的课题其覆盖面主要包括中共意识形态理论来源、中共意识形态的历史发展谱系、中共领导人意识形态思想研究、中共意识形态工作等内容。自1980年代伊始,该问题开始备受关注且研究成果斐然。十八大以来,中共意识形态问题更得到了党中央的高度重视,正如习近平总书记指出的那样,

---

[*] 本文系中国人民大学研究品牌计划"中国共产党意识形态工作百的史研究"的阶段性成果。本文的选题和撰写得到中国人民大学耿化敏副教授的指导,在此致谢。
[**] 陈佳奇,北京大学历史学系博士研究生。

"意识形态工作是党的一项极端重要的工作","关乎党和国家的前途命运"。① 因此系统评析中共意识形态研究进展,探寻拓展中共意识形态研究的可循路径,不仅对深化中共意识形态内在机理研究裨益良多,亦对深入研究习近平意识形态领导思想,在全球化与信息化形势下巩固和扩大中共意识形态的影响力具有重要的现实意义。本文简要回顾中共意识形态研究的阶段与内容,分析当前研究中的若干热点问题,并就未来发展的方向进行了思考,旨在抛砖引玉,推进学界对于这一问题的关注和研究。

一 中共意识形态研究的阶段与内容

1980年代,中共意识形态研究成为一个重要的研究课题,进入学术视阈。尤其是1981年《关于建国以来党的若干历史问题的决议》出台之后,随之继起的思想解放运动潮流使得知识界对之前以"阶级斗争"为纲的"文化大革命"时代进行了深入反思,更加注重客观历史地考察中共意识形态领域。80年代初到1991年苏联解体是对中共意识形态研究的起步阶段。自胡耀邦复出工作后,关于党内"三次路线斗争"的布局就渐次铺展开来,② 党内意识形态领域亟待破除"文化大革命"时期极"左"思潮的历史隐患,意识形态领域除旧布新之举呼之欲出。这一时期关于中共意识形态的研究也呼应着政治变革的潮流,集中关注破除极"左"思潮与意识形态领域拨乱反正等重大议题。早在1978年,《光明日报》特约评论员就将关于真理标准问题大讨论的刊发文章集中整理,编辑出版了《坚持马克思主义的科学态度》(人民出版社,1978),将"实事求是"作为马克思主义政党意识形态的主体内核。其后围绕破除极"左"思潮,大量研究集中反映了十一届三中全会以来中共围绕"真理标准问题大讨论"所形成的理论成果。③ 这一时期尽管在政治领域的拨乱反正和思想领域的解放运动蔚为大观,但是研究者们

---

① 习近平:《意识形态工作是党的一项极端重要的工作》(2013年8月20日),新华网,http://news.xinhuanet.com/politics/2013-08/20/c_117021464.htm;鲁言:《意识形态工作关乎党和国家前途命运》,《红旗文稿》2016年第6期。
② 王海光:《中共中央党校的"三次路线斗争"大讨论》,《往事》2010年第98期。
③ 相关成果包括中共辽宁省委党校哲学教研室主编《真理标准浅谈》,辽宁人民出版社,1979;杨西光主编《辩证唯物主义认识论探索:真理标准问题讨论集》,光明日报出版社,1987;人民日报社主编《学习〈关于建国以来党的若干历史问题的决议〉》,人民日报出版社,1981;上海出版局编著《关于真理标准问题资料选集》,1978;邢贲思:《关于真理的标准问题》,中国科学院图书馆,1978。

对意识形态领域的问题仍持谨慎小心、敬而远之的态度。[①]

1992年社会主义市场经济确立至21世纪，中共意识形态研究驶入急速进展阶段。这一时期中国社会发生了剧烈转型，主要表现为经济市场化、政治民主化、文化多样化、观念多元化、管理科层化法制化，这些变化必然引起人们思想观念、思维方式、生活方式的改变，而认同问题、认同危机也应运而生。[②] 由此，"人民的认同处于不断的建构—破裂—建构过程中，剧烈变化的现实往往使得一种认同刚刚确立，瞬间又变得虚无缥缈了"。[③] 加之苏联解体使中共认识到加强意识形态领域建设的重要性，这一个时期关于中共意识形态的研究不仅是一个重大的理论问题，更具有典型现实意义。

其一，如何巩固增强中国社会群体对主流意识形态的认同、扩大执政党意识形态的影响力、探索提升主流意识形态整合能力的方法路径，成为该时期中共意识形态研究的学术焦点。[④] 伴随经济全球化浪潮的风起而来的是中国传统与现代的断裂，面对文化霸权与和平演变相互交织、文化繁荣与文化危机并行不悖的局面，从加强意识形态角度探讨维护中国文化安全的必要性与可行性的著述亦屡见不鲜。这部分研究大体关注两类问题，第一类研究集中梳理中国主流意识形态安全所面临的问题与挑战，提出意识形态安全是维护国家安全稳定的重要环节，亦是凝聚社会共识的"黏合剂"，这类研究集中关注经济全球化、苏联解体、互联网技术的发展、社会转型、邪教亚文化等因素给国家意识形态安全带来的挑战，尤其强调维护国家意识形态安全的必要性和特殊性；[⑤] 第二类研究侧重于发掘维护国家意

---

① 朱育和等主编《当代中国意识形态情态录》，清华大学出版社，1997，第1页。
② 聂立清：《我国当代主流意识形态认同研究》，人民出版社，2010，第5页。
③ 王成兵：《当代认同危机的人学解读》，中国社会科学出版社，2004，第15页。
④ 王永贵：《经济全球化与我国社会主流意识形态建设研究》，人民出版社，2010；聂立清：《我国当代主流意识形态认同研究》；孔德永：《当代我国主流意识形态认同建构的有效途径》，《马克思主义研究》2012年第6期；邹庆华：《推进主流意识形态认同机制建设》，《理论探索》2015年第4期；陈霞、王彩波：《社会转型期党的意识形态认同面临的挑战及应对》，《陕西师范大学学报》（哲学社会科学版）2015年第2期。
⑤ 田改伟：《试论我国意识形态安全》，《政治学研究》2005年第1期；徐成芳：《试论当前中国意识形态安全面临的主要问题》，《政治学研究》2012年第6期；陈金龙：《文化交流与当代中国意识形态安全》，《湖湘论坛》2010年第4期；张爱华：《当前我国意识形态安全建设的相关问题分析》，《思想教育研究》2014年第5期。

识形态安全的有效路径，着重从提升中国文化软实力、凝聚一元化马克思主义指导思想共识、发挥社会主义核心价值体系的引导之效、加强思想政治教育等途径维护国家意识形态安全，进而提升社会个体的政治认同与文化自信。①

其二，以巩固执政党意识形态领导地位、提升中共意识形态影响力与凝聚力为研究目的，理论界着重考察了中共从革命到改革的意识形态话语权转型及当代意识形态话语权的重构。② 部分研究者对中共意识形态话语权的实质与特征加以厘清，指出中共意识形态话语权实质是马克思主义话语权，具有强制性与非强制性、渗透性与非渗透性、历史性与动态性、排他性与开放性等特征。③ 其次，从意识形态话语权的内容出发，指出该内容包含唯实、为民、未来、畏言四个方面。④ 面对新媒体和全球化时代中共主流意识形态话语权所面临的挑战，对意识形态话语权的重构成为研究的焦点，其中心是以马克思主义为指导、以社会主义核心价值观为基本遵循。⑤ 学界也从新媒体时代的特殊性出发，强调通过整合新媒体资源，强化话语监控和制度规范，营造积极健康、合理有序的虚拟话语空间入手，增强主流意识形态话语权的时效性与影响力。⑥

---

① 张骥：《中国文化安全与意识形态战略》，人民出版社，2010；吴琦：《意识形态与国家安全》，华中师范大学出版社，2011；张博颖、苗伟：《文化软实力与社会主义意识形态安全》，《天津社会科学》2010 年第 3 期；石云霞：《当代中国文化发展中的意识形态安全问题》，《中国特色社会主义研究》2012 年第 2 期；韩源等：《论意识形态安全视阈中的指导思想一元化问题》，《马克思主义研究》2011 年第 7 期；聂圣平等：《论社会主义核心价值体系建设与我国意识形态安全》，《科学社会主义》2011 年第 5 期。
② 相关的代表作品主要包括侯惠勤《意识形态的变革与话语权——再论马克思主义在当代的话语权》，《马克思主义研究》2006 年第 1 期；曹国圣：《从话语权视角看当代中国意识形态的走向》，《理论探讨》2006 年第 1 期；袁铎：《重建马克思主义话语权》，《长白学刊》2006 年第 3 期；刘先春、关海宽：《马克思主义意识形态优势话语权的当代建构》，《上海行政学院学报》2010 年第 3 期；唐爱军：《中国共产党意识形态的话语转型》，《中共中央党校学报》2014 年第 5 期；葛彦东：《掌握意识形态话语权初探》，《思想理论教育导刊》2015 年第 1 期。
③ 杨昕：《论中国共产党意识形态话语权的实质与特征》，《理论界》2014 年第 6 期。
④ 李宏伟：《意识形态话语权的四个基点》，《理论月刊》2016 年第 1 期。
⑤ 杨昕：《中国共产党意识形态话语权研究》，社会科学文献出版社，2015，第 5 页；廖小琴：《全球化场域中社会主义意识形态话语权的变化与建构》，《教学与研究》2015 年第 4 期。
⑥ 魏保国：《新媒体时代马克思主义意识形态话语权的建构》，《理论月刊》2014 年第 2 期；全家悦：《崛起与重构：大众文化影响下中国共产党意识形态传播路径研究》，人民出版社，2016，第 17 页。

扩大主流意识形态的社会影响必然是主体与客体双向互动的过程，只有灵活地将意识形态进行传播并加强其过程的管理，才能实现凝聚人心、形成共识、稳定大局的作用，因此中共意识形态的传播与管理亦成为学界关注的主题。张丽芬提出意识形态传播必须以"认同"为基础，通过学校教育、媒体和互联网三种方式来实现。[①] 聂丽琴从意识形态传播的创新性模式出发，提出通过生活化、文化性、快乐化的策略来推进社会主义意识形态的当代传播。[②] 杨火林从意识形态管理体制入手，主张整合意识形态，使执政党所追求的价值为社会大多数成员所接受和认可，其途径首先是党校教育和整党整风运动，借此中共加强了党员干部的理论教育。[③] 与此同时，群众思想教育活动也是中共意识形态传播的途径，通过群众教育，中共意识形态在实践中实现了传播、宣教和巩固之效。

二 中共意识形态研究的热点与分析

意识形态不是一种僵化和固定不变的世界观，而是一种解释社会现实的动态体系。这种动态体系涵盖连续性和调整性两大特征，其连续性有助于稳定社会预期，减少焦虑和抵制，考察中共意识形态来源及其历史发展是分析其连续性的重要环节。但是，意识形态也必须具有足够的灵活性，帮助政权合法性持续再生产，由此对中共领导人对意识形态理论的演进与创新也成为研究的焦点。

（一）意识形态理论来源研究

中共意识形态理论脱胎于马克思列宁主义，学界对中共意识形态来源的研究在政治学、哲学领域均有关涉，其核心议题集中于对马克思主义意识形态学说的阐释。

其一，侧重对马克思主义意识形态概念及其性质的研究。俞吾金的《意识形态论》从马克思主义哲学发展史的视角，深入考察意识形态概念的

---

① 张丽芬：《开放条件下社会主义意识形态的影响方式与传播途径》，《理论月刊》2009年第9期。
② 聂丽琴：《大众文化的传播特征与社会主义意识形态教育模式创新》，《求实》2010年第11期。
③ 杨火林：《建政之初：1949~1954年的中国政治体制》，东方出版中心，2011，第143页。

内涵及特征，作者认为在马克思的著作中，意识形态概念是在虚假性或否定性意义上使用，但其继承者列宁、斯大林与毛泽东则不再笼统谈论意识形态的虚假性，而是直接强调意识形态的阶级性及其对抗斗争。① 朱育和将意识形态视作一个历史概念，他认为马克思主义意识形态的性质经历了"批判性—描述性"的变迁，并被斯大林赋予了阶级斗争工具的价值。② 戈士国从分析马克思早期著作中意识形态话语的文本入手，指出"交互作用"是马克思意识形态概念建构的主要方式，通过旧词新用和异质视阈的接合从而扩展了其概念的张力与统摄力。③ 西方学者也着重发掘马克思主义意识形态概念的内涵，雷蒙·高斯认为意识形态是虚假意识，"虚假"包含三种含义，即认知性的、功能性的和生成性的。认知性的意识形态是指虽然观念本身是错误的、不真实的，但恰恰因为错误和不真实才承担和完成了一定的社会功能；功能性的意识形态是指观念本身即使是真实的，但用来维护一种压迫性的权力，而观念的支持者还没有意识到；生成性的意识形态是指观念本身并非虚假，但它可能产生于连观念的支持者都没有意识到的潜意识动机。④ 约翰·汤普森尤其注重在特定的历史条件下考察马克思主义意识形态概念的意涵。他认为意识形态首要关心的是象征形式与权力关系交叉的方式，只有在特定社会—历史环境中服务于建立和支撑统治关系的有意义的象征现象才是意识形态。⑤

其二，学界着重探讨马克思主义意识形态理论形成发展的历程，尤其是将马克思主义意识形态理论形成、发展和运用作为中心线索厘清马克思主义意识形态学说与德国古典哲学的关联及其自身发展演变的特殊脉络。⑥

---

① 俞吾金：《意识形态论》，上海人民出版社，2014，第1~2页。
② 朱育和：《当代中国意识形态情态录》，清华大学出版社，1997，第2页。
③ 戈士国：《马克思意识形态概念的源初语境、建构方式与分析架构》，《当代世界与社会主义》2012年第3期。
④ 宋剑：《意识形态概念的复杂性及其研究进路》，《南京政治学院学报》2009年第2期。
⑤ 〔英〕约翰·汤普森：《意识形态与现代文化》，高铦等译，译林出版社，2005，第62~63页。
⑥ 侯惠勤等：《马克思主义意识形态论》，南京大学出版社，2011；郁建兴、陈建海：《马克思主义意识形态理论的嬗变与转型》，《北方论丛》2008年第1期；姜迎春：《论解放战争后期马克思主义意识形态建设的主要特点》，《马克思主义研究》2010年第1期；任志峰、郑永廷：《马克思主义意识形态概念的理解与运用》，《东北师大学报》（哲学社会科学版）2013年第4期；王永贵：《马克思主义意识形态理论的新发展》，《南京师大学报》（社会科学版）2007年第5期。

在此思路的基础上关于马克思主义意识形态在中国指导地位的确立也成为学界关注的重点问题。对这一议题的关注一方面体现在对马克思、恩格斯、列宁、斯大林等人的意识形态思想研究，侧重对经典马克思主义意识形态概念分析。[①] 另一方面，部分研究也对马克思主义作为中国主流意识形态确立过程的展开爬梳，关注马克思主义意识形态理论的传播及其中国化的进程，进而从马克思主义发展史的视角阐述在意识形态领域巩固马克思主义主导地位之历史必然性。[②]

（二）意识形态发展谱系研究

梳理中共对意识形态发展进程的起承转合也是一个重要的研究方面，尤其是中共意识形态发展的不同节点。这部分研究涉及中共意识形态的起源、转折、变迁以及发展创新等核心议题。

其一，侧重考察当代中国意识形态的源起与历史发展。陈亚杰将中共六届六中全会上毛泽东提出"马克思主义中国化"作为当代中国意识形态形成的起点，全书透过研究新启蒙运动所使用的思想资源、内容口号、发展过程、历史地位等方面揭示"马克思主义中国化"的起源语境。[③] 郭若平将"五四"作为思想历史符号，通过考察中共在不同历史时期对"五四"内涵意义的阐释，以及中共"五四"纪念仪式的历史演化，管窥中共塑造意识形态的象征形式。[④] 彭继红以"中国共产党意识形态工作"为考察对象，考察新中国成立后中共领导意识形态工作把党的指导思想转变为执政党的指导思想、把理论层面的意识形态转变为实践层面的意识形

[①] 侯惠勤主编《马克思 恩格斯 列宁 斯大林论意识形态》，中国社会科学出版社，2012；侯惠勤：《马克思主义意识形态论》，南京大学出版社，2011；〔英〕戴维·麦克莱伦、林进平：《马克思意识形态理论的九大问题》，《马克思主义与现实》2011年第6期；包毅：《意识形态理论：列宁的诠释及其启示》，《求实》2011年第11期。

[②] 相关研究涉及张秀琴《马克思意识形态理论的当代阐释》，中国社会科学出版社，2005；张秀琴：《马克思意识形态概念在中国的早期传播与接受：1919~1949》，《马克思主义与现实》2013年第1期；陈先达：《坚持马克思主义在意识形态领域指导地位研究》，经济科学出版社，2014；王庆五：《马克思主义意识形态指导地位研究》，中国社会科学出版社，2012。

[③] 陈亚杰：《当代中国意识形态的起源：新启蒙运动与马克思主义中国化的生成语境》，新星出版社，2009。

[④] 郭若平：《塑造与被塑造："五四"阐释与革命意识形态建构》，社会科学文献出版社，2014，第1页。

态的过程。① 李美玲以意识形态观为研究中心，梳理中共在革命、建设和改革时期，及其在各个时期的各个阶段，受政治、经济、文化等因素的影响，中共意识形态观的基本特征。② 还有部分研究着重于中共意识形态理论的发展脉络，考察中共对意识形态工作的认识与侧重。③

其二，关注重大历史转折节点中共意识形态的演变与走向，其中从"社会主义建设"转向"文化大革命"、从"阶级斗争"转向"改革开放"、从"计划经济"转向"市场经济"是学界研究社会转型时期中共意识形态变迁的重点视阈。刘晓的《意识形态与文化大革命》是研究"文革"时期中共意识形态的扛鼎之作。他在书中用核心概念"文化失衡"来解释"文革"爆发的原因及影响。他认为"文革"时期不良的意识形态或极端的意识形态造成了文化失衡，由此打破意识形态与文化的正常关联引发了一系列社会问题。④ 美国学者沈大伟着重分析了中共自1990年代以后近20年来组织与思想建设的举措及其变动，指出中共的宣传、组织与控制都出现了相当程度的收缩与弱化的趋势，但以上变迁亦保持鲜明的调适性与灵活性，以适应新环境所提出的要求。⑤ 在台湾学者吴安家看来，中共意识形态变迁最重要的表现，就是毛泽东在中国大陆推行共产主义实验失败后，邓小平重新评价毛泽东历史功过及毛泽东思想，并重新解释马克思主义。⑥ 陈明明侧重于改革开放的转型时期，他认为改革开放后主流意识形态大致显现了从超越性到世俗性、从排斥性到包容性的变迁轨迹，从一种致力于论证革命合法性的理论学说，演变为致力于发展市场经济、民主政治、法治国家和和谐社会的观念体系。⑦ 在他看来中国主流意识形态的三部分即价值—信仰部分、认知—阐释部分与行动—策略部分均发生了明显的变化，具体情况如表1所示。

---

① 彭继红：《中国共产党意识形态工作研究（1949～2009）》，湖南大学出版社，2011，第3～4页。
② 李美玲：《中国共产党意识形态观研究》，湖南人民出版社，2015，第7页。
③ 相关研究包括安祥仁《中国共产党意识形态理论的当代历史发展》，中国社会科学出版社，2015；戴焰军、李英田：《党的执政能力建设与意识形态工作》，党建读物出版社，2005。
④ 刘晓：《意识形态与文化大革命》，洪叶文化，2000，第7页。
⑤ 沈大伟、俞可平：《中国共产党：收缩与调适》，中央编译出版社，2011，第6～7页。
⑥ 吴安家：《中共意识形态的变迁与持续（1949～2003）》，台北，"国史馆"，2004，第49～52页。
⑦ 陈明明：《在革命与现代化之间——关于党治国家的一个观察与讨论》，复旦大学出版社，2015，第293页。

表1　主流意识形态的变迁

时期结构	价值—信仰系统	认知—阐释系统	行动—策略系统	特　点
第一个时期：以阶级斗争为中心	共产主义理想、反对私有制、集体主义、大公无私、革命奉献	马克思主义、阶级社会长期存在论、社会主义取代资本主义论、生产关系变革动力论	阶级斗争、群众运动：控制取向、灌输取向、二元对抗取向	超越性革命式的政治动员和秩序重建
第二个时期：以经济建设为中心	共产主义理想、共同富裕、承认差异、效率优先、绩效主导	马克思主义、社会主义初级阶段论、经济建设为中心、市场经济主导论	发展经济、解放生产力、科教兴国、调动一切积极因素：控制、交易取向	以市场与效率为目标的世俗化的改革开放
第三个时期：以社会建设为中心	共产主义理想、以人为本、公平正义、全面发展、民生幸福	马克思主义、科学发展观、和谐社会论、全面协调可持续发展论	与社会实践行动领域保持有效互动：控制、包容、协商取向	多元化背景下的分配正义和协商共识

资料来源：陈明明《在革命与现代化之间——关于党治国家的一个观察与讨论》，第281页。

对于改革开放后中共主流意识形态转型的原因，萧功秦的研究做了详尽的阐释。他指出1978年中共十一届三中全会后，随着"实践是检验真理的唯一标准"的提出，主流意识形态的超越性渐次解体，以往一切理论、政策、路线和思想方法都要置放于"实践"中依据是否"有效"予以判断，而此前曾作为应对决策失误危机的"权宜之计"以及在新形势下为适应改革开放而实行的新经济政策，则开始从生活世界的角度刷新"意识形态的库存"，引发了意识形态的变革。① 李侃如着重关注意识形态转型之后的结果，在他看来此种转型促使意识形态作为新的合法性源泉就是"为民众谋取更多更好的利益"，导致功利主义原则开始流行。② 萧功秦将此称为"意识形态的世俗化"。③ 对于中共主流意识形态的转型所产生的影响，林尚立认为主流意识形态由超越性回到世俗性时，其排斥性的特征被世俗化所消解或软化，逐渐呈现出包容性的趋势，这实际上是构建民主法治以发展现代国家的本质要求。④ 徐海波着重强调意识形态转型后市场经济的发展效应，突出其对政治民主与法制社会建设之效。⑤ 宋少鹏从妇女解放理论的视角，指出

---

① 萧功秦：《改革开放以来意识形态创新的历史考察》，《天津社会科学》2006年第4期。
② 李侃如：《治理中国：从革命到改革》，胡国成、赵梅译，中国社会科学出版社，2010，第142页。
③ 萧功秦：《从转型政治学看中国意识形态创新的特点》，《浙江学刊》2006年第4期。
④ 林尚立：《制度创新与国家成长——中国的探索》，天津人民出版社，2005，第20页。
⑤ 徐海波：《中国社会转型与意识形态问题》，中国社会科学出版社，2003，第21页。

市场化条件下带来了中国社会主流意识形态从马克思主义妇女解放理论向自由主义的转型，造成对某些群体结构性压迫的盲视。① 总体来看，意识形态转型这一问题的研究呈现出视角各异的纷繁趋势，且一直以来热度不减。

其三，注重考察中共意识形态的发展与创新。吴建国、杨先奎、朱育和等人以通史视角，梳理新中国成立至党的十四大中共意识形态发展历程，对中共意识形态的表现形态进行纵向考察，从而大略勾勒新中国成立以来意识形态领域风云变幻、新陈代谢的历史演进轮廓。② 面对意识形态认同与安全所面临的挑战，新加坡国立大学东亚研究所所长郑永年指出，这源于执政党没有能够区分反映精英利益的执政党意识形态和反映社会普遍利益的国家意识形态，要解决上述问题，他认为必须"再塑意识形态"。③ 在重建政治、经济、文化意识形态时考虑到党的意识形态和国家意识形态的可容性和整合性，努力减少党的意识形态或国家意识形态之间的冲突面。④ 国内大量研究也从理论层面呼应了郑永年所提出的"再塑意识形态"的要求。⑤ 关于推动中共意识形态建设与创新的路径研究，学界侧重于从全面建设小康社会、坚持马克思主义理论指导、注重未成年人思想政治教育、加强党的先进性建设、坚持中国特色社会主义理论与核心价值体系的创新、扩大社会主义意识形态对民众的吸引力与凝聚力、推动中国文化"走出去"等方面加以探讨。⑥

---

① 宋少鹏：《"回家"还是"被回家"？——市场化过程中"妇女回家"讨论与中国社会意识形态转型》，《妇女研究论丛》2011年第4期。

② 吴建国：《当代中国意识形态风云录》，警官教育出版社，1993；朱育和：《当代中国意识形态情态录》，清华大学出版社，1997。

③ 郑永年：《再塑意识形态》，东方出版社，2016，第8~9页。

④ 郑永年：《再塑意识形态》，第139页。

⑤ 侯惠勤：《新中国意识形态史论》，安徽人民出版社，2011；王永贵、洪光东：《适应与超越：社会主义市场经济条件下意识形态创新》，《理论探讨》2008年第2期；石本惠：《党的先进性建设与执政党的意识形态建构》，上海人民出版社，2010；郭大方：《执政党政治整合的基石：中国共产党意识形态建设的研究与思考》，军事科学出版社，2011；等等。

⑥ 代表性研究包括杨海英《社会主义意识形态创新研究》，中共中央党校出版社，2005；陈晓明等：《意识形态建设理论的新发展》，社会科学文献出版社，2008；林国标：《中国社会主义意识形态发展史》，湖南人民出版社，2007；王永贵等：《经济全球化与我国社会主流意识形态建设研究》，人民出版社，2010；石云霞：《十六大以来意识形态建设研究》，武汉大学出版社，2012；王永贵、洪光东：《适应与超越：社会主义市场经济条件下的意识形态创新》，《理论探讨》2008年第2期；金坤城：《意识形态的建设与管理》，《前沿》2011年第3期；曹和修：《新时期我国意识形态建设的创新与发展》，《前沿》2011年第14期；程刚：《论社会主义核心价值体系的创新内涵——基于党意识形态九十年发展史视角的分析》，《马克思主义研究》2011年第12期。

台湾地区对于中共意识形态发展创新问题亦有所观照。吴安家认为中共意识形态发展变迁的主要方向是克服理想与现实的矛盾、利用政治运动宣传意识形态、寻求与中国传统文化的融合、探索"中国式的社会主义道路"。① 陈述之、江衍良从研究中共意识形态的结构入手，认为中共意识形态的变迁是力求上层建筑与经济基础互相适应、中共领导与全民利益互为向前，将意识形态调整为更具经济意涵、更加开放富有弹性，以求收编各方话语满足各要求，扩大正当性。② 林奎燮以文化霸权为研究视角，指出中共正是通过构建自己的文化霸权——中国特色社会主义，从而实现意识形态由"西方中心"向"中国中心"过渡，中共意识形态从依靠马列主义为合法性工具转变、回归到中国主体的建构之上。③ 台湾学者能够从历史长时段视角出发，从整体考察中共意识形态变迁及规律，虽囿于立场偏向难以做出客观公允的评价，但也为深化中共意识形态的研究提供了一定的参考与借鉴。

（三）中共领导人意识形态思想研究

早在 20 世纪 20 年代，西方记者就开始以纪实报道的形式介绍中共领导人的思想，但多数报道的纪实性与文学性偏强，并非严格意义上的学术作品。准确地说，海外学界对中共领导人意识形态思想及理论应起步于 20 世纪 50 年代，史华慈在 1951 年出版了盛名海外的《中国共产主义与毛的崛起》，在该书中首先使用"毛主义"（Maoism）一词将毛泽东思想作为独立的研究对象抛入学术研究视野。④ 其后欧美学者创办了诸如《中国季刊》《近代中国》《澳大利亚中国事务杂志》等刊物集中讨论"毛主义"意识形态的核心内涵，其研究开展延循两条路径，其一是以史华慈、佩弗、施拉姆等人为代表的学者着重关注毛主义与马列主义的关系。其二是以理查德·所罗门、白鲁恂等人为代表，注重运用心理史学的方法考察毛泽东的个性心理对毛主义发展的影响。1993 年，在毛泽东诞辰 100 周年之际，海外学者举办了

---

① 吴安家：《中共意识形态的变迁与持续（1949~2003）》，第 2~3 页。
② 陈述之、江衍良：《改革开放时期中共意识形态的结构与演变：由邓小平理论、"三个代表"重要思想到科学发展观的发展过程》，《中国大陆研究》2012 年第 3 期。
③ 林奎燮：《文化霸权与有中国特色的中共意识形态》，台北，政治大学博士学位论文，2003。
④ 史华慈认为"毛主义"的战略本质是按照列宁主义原则组织起来、信仰马克思列宁主义一些基本信条而充满活力的政党，建立在一个纯粹由农民组成的群众基础上。见〔美〕本杰明·史华慈《中国的共产主义与毛泽东的崛起》，陈玮译，中国人民大学出版社，2006，第 245 页。

关于毛泽东思想的学术研讨会，翌年《中国季刊》设置"毛泽东百年"专栏，由海内外久负盛名的毛泽东思想研究者施拉姆主持，其《毛泽东百年：一个统治者的遗产》在方法论上坚持将历史叙述与政治评论相结合，以综述的方式对二战以来西方毛泽东思想研究进行了总结性的评价与论说。[1]

进入90年代后，耶鲁大学的迈斯纳另辟蹊径，开创了"后毛泽东主义"的研究领域，将心理分析方法进一步广泛应用于对毛泽东思想的解释与分析之中，侧重于关注中国传统文化对毛泽东思想的影响，为毛泽东思想的研究开辟了新路。他认为毛泽东主义明显地倾向于乌托邦社会主义，一方面体现在毛泽东对农民智慧的欣赏，对知识分子的不信任，另一方面表现在毛泽东留恋农村、敌视城市和资本主义，自然而然地淡化马克思关于资本主义是社会主义先决条件的论断，更加青睐通过人民的力量即民粹主义路线去构建平等的乌托邦。[2] 进入21世纪以后，由中国人民大学出版社出版的"国外毛泽东研究译丛"堪称国外毛泽东思想研究的典范，目前已有14部研究专著面世，其中不乏具有创新性和启发性的高质量著作。其中尼克·奈特所著《再思毛泽东：毛泽东思想的探索》系统全面地分析了毛泽东对于农民阶级与工人阶级在中国革命中地位与作用的论述，分析了毛泽东将马克思主义与中国国情相结合的一系列尝试。潘佐夫撰写的《毛泽东传》主要以俄罗斯所藏的一手档案为依据，细致展现了毛泽东与苏联领导人的关系，评述了毛泽东在延安整风期间的思想活动与新民主主义的革命理想，明确了中国革命与苏联剪不断理还乱的关系。怀特所著的《毛主义的崛起：毛泽东、陈伯达及其对中国理论的探索（1935～1945）》，以纵向时间脉络展开，介绍了从1935年至1945年中国化的马克思主义——毛主义形成与发展的历程。魏斐德的《历史与意志：毛泽东思想的哲学透视》主要探讨了毛泽东的知识构成、成长环境对其思想形成的影响。

中共领导人意识形态理论研究还体现在中国特色社会主义理论体系之上，尤其是邓小平与中国改革开放的问题。大多数海外学者都认为邓小平寻找到了一条将中国引向崛起的现实主义之路，改变了中国社会的经济制度，市场经济在全国范围内渐次铺展，国家实力与国际地位都得到前所未有的提升，西方学者对邓小平赞誉较高的同时也开始质疑中共的意识形态

---

[1] 〔美〕施拉姆：《毛泽东百年：一个统治者的遗产》，《中国季刊》1994年3月号，总第137卷。
[2] Maurice Meisner, *Marxism*, *Maoism*, *and Utopianism*: *Eight Essays*, Madison: University of Wisconsin Press, 1982.

丧失了马克思主义的特质。① 不过这一观点并未在西方学界达成共识，美国学者约瑟夫·迈哈内认为，中国共产党不仅在所谓"后毛主义时代"仍然明确是马克思主义的政党，而且它更加接近经典马克思主义的核心原理。他认为邓小平理论包含三个价值观：（1）试图从根本上重建一种由马克思列宁主义原则所表达的政治核心；（2）为了满足短期和长期的经济发展需要而追求"小康"；（3）当先锋队政党对社会主义市场经济的"小康"社会进行良好的管理时，"小康"社会就会提供一条通往共产主义的辩证道路。② 20世纪末苏联解体后，中共作为成功存留的共产主义政权，更加迫切认识到加强意识形态建设与转型的重要性。2002年开始，"三个代表"重要思想在以江泽民为核心的第三代领导集体的官方话语中出现，西方学界随之加大了研究力度。海克·霍尔比格认为，"三个代表"反映出中共作为一个能够改革和自我现代化的政党重构自身合法性的努力。③ 布鲁斯·迪克逊同样承认"三个代表"思想进一步扩大了党所代表的利益范围，旨在不抛弃其阶级基础的情况下，扩大党的群众性特征。④ 此阶段中共更加强调马克思主义是开放的思想体系，要继续实现马克思主义中国化。正如俄罗斯学者斯米尔诺夫指出："三个代表"重要思想的提出实际上是马克思主义在中国的进一步发展，它对党的历史任务性质的论述不再囿于传统，不是把国内外的工人阶级斗争的任务作为重点，而是强调生产力的发展是社会主义的根本任务。⑤ 中共意识形态话语所发挥的不再是纯粹的说教与动员作用，更多是为实现社会主义现代化提供思想根基与源泉动力。

---

① 持这一观点的学者包括莫里斯·迈纳斯，他认为改革只是一种公式化的意识形态口号，用来证明社会秩序制度化的正当性，但是这种制度化的社会秩序与最初中共的共产主义构想几乎没有什么相似之处，见 Maurice Mesiner, *Marxism*, *Maoism and Utopianism*, Madison：University of Wisconsin Press, 1982, pp. 213 - 241. 也有学者将儒家或新儒家作为填补中共背离马克思主义路线之后的"主流意识形态"，胡绍华认为邓小平发动的改革削弱了共产主义的意识形态，使得儒家重新在共产主义统治的灰烬中崛起，见 Shaohua Hu, "Confucianism and Contemporary Chinese Politics," *Politics and Policy*, Vol. 35, No. 1, 2007, p. 137.
② 〔美〕约瑟夫·迈哈内：《通往和谐之路——马克思主义、儒家与和谐概念》，吕增奎主编《执政的转型：海外学者论中国共产党的建设》，中央编译出版社，2011，第32页。
③ 〔德〕海克·霍尔比格：《当代中国意识形态重构：决定因素、进展和局限》，吕增奎主编《执政的转型：海外学者论中国共产党的建设》，第12页。
④ 〔美〕布鲁斯·迪克逊：《中国共产党代表谁——从"三个革命阶级"到"三个代表"》，吕增奎主编《执政的转型：海外学者论中国共产党的建设》，第88页。
⑤ 〔俄〕斯米尔诺夫：《"三个代表"思想——中国国家意识形态发展的新阶段》，吕增奎主编《执政的转型：海外学者论中国共产党的建设》，第57页。

国内关于中共领导人意识形态理论成果的创新性研究集中于"改革精英创造性转换说",侧重从总体视角考察中共领导人意识形态理论成果的发展变迁。这是一种国家主义的分析视角,强调意识形态理论的发展沿革的动力来自国家,这种变革是与党和政府领导人对局势的认知紧密相连的,是党的核心领导层的理性选择的结果,持此论说的代表性学者包括徐湘林、陈明明、萧功秦、郑永年、萧延中等人。徐湘林认为中共领导人推动意识形态变革的决定性考量因素,一是政治稳定,二是领导层的权威,三是体制的连续性和继承性。① 进入20世纪90年代以后,意识形态的革新和领导层的代际转换,领导层在两难选择中更倾向于以制度化和理性化的方式,而不是以意识形态和政治运动的方式来化解影响政治稳定的社会政治因素,从而为进一步的改革创造机会。② 陈明明主张中共领导层基本是利用旧的意识形态"库存资源"(如"实事求是"),开发新的意识形态功能(如"一个中心,两个基本点"),采取务实主义行动以化解危机,因此中共领导人意识形态理论具有鲜明的继承性。③ 郑永年认为邓小平相信党有可能利用资本主义来增强政治合法性,同时避免资本主义带来的负面政治影响,由此南方谈话对市场作用的重新阐发为市场经济成为改造社会的方式创造了意识形态合理性。④ 在萧功秦看来,"三个代表"重要思想也是源于领导层对执政党意识形态建设层面的考量。执政党不再仅仅是某一阶级利益的代表,而是全社会共同利益的代表,体现了主流意识形态对当代中国社会发展和社会生活的容纳性。⑤ 2004年9月,中共中央通过了《中共中央关于加强党的执政能力建设的决定》,指出要"坚持马克思主义在意识形态领域的指导地位",2005年底,中国社会科学院成立马克思主义研究院,致力于马克思主义理论研究与马克思主义中国化,意识形态领域的建设进入前所未有的关键时期。

党的十八大以来,习近平总书记对意识形态的重视程度进一步提升,形成了一整套关于中共意识形态工作的新思想。这一思想创见丰富发展了党建思想体系与中国特色社会主义理论,对于新时期宣传巩固社会主义意

---

① 徐湘林:《寻求渐进改革的理性》,中国物质出版社,2009,第39~40、48~52页。
② 徐湘林:《寻求渐进改革的理性》,第39~40、61页。
③ 陈明明:《在革命与现代化之间——关于党治国家的一个观察与讨论》,第269页。
④ 郑永年:《全球化与中国国家转型》,浙江人民出版社,2009,第70~71页。
⑤ 萧功秦:《改革开放以来意识形态创新的历史考察》,《天津社会科学》2006年第4期。

识形态、推进治国理政目标的实现具有重大战略意义。学界对此研究亦呈现蔚为大观的局面，其焦点集中于以下维度。第一，系统阐释该思想的内容。李宗建将习总书记加强意识形态工作的新思想归结为 7 项内容，主要包括对意识形态工作的地位、定位、方针、立场、重点、传播策略、创新路径的阐释。① 从宏观理论视角对十八大以来习近平意识形态工作的新思想进行了较为全面的解读与分析。第二，从方法论的视角审视习总书记意识形态工作新思想的实践意义。侧重研究加强主流意识形态建设的路径，进而阐释习总书记在主流意识形态建设方面的方法创新。② 第三，大量成果基于习总书记治国理政的整体思路，侧重将意识形态工作与国家治理的理论搭建、实践开展相结合，集中厘清意识形态工作与深化改革、坚持社会主义道路、党的宣传工作、维护国家文化安全、提升文化自信等方面的关系，综合评述习总书记意识形态工作新思想的价值内核。③ 总体来看，上述研究对习总书记意识形态工作新思想总体上还停留在对其讲话的解读与研究上，并未从历史发展的视阈，分析习总书记意识形态工作新思想在中共领导人意识形态思想的历史进展中的独特地位；对当前意识形态工作所面临的时代挑战虽进行了较为充分的估计，但是并未深入探讨意识形态工作新思想如何在新时代破解难题、发挥其实效性的可循路径，关涉意识形态思想演进与时代背景互联同构、协同发展的研究还有待进一步加强。

三 既往研究的回顾与反思

回溯学界关于中共意识形态的研究，无论是对其思想来源、发展脉络，还是对其转型创新都取得了突出成就，为从总体上把握这一问题的来龙去脉奠定了重要基础。但从历史主义的视角审视，目前的研究依然存在不足，

---

① 李宗建：《党的十八大以来习近平意识形态工作新思想》，《社会主义研究》2016 年第 2 期。
② 杨金海：《关于做好当前意识形态工作若干问题的思考——学习习近平总书记关于意识形态工作的重要讲话精神》，《中国浦东干部学院学报》2014 年第 2 期；孟宪平：《习近平关于主流意识形态建设的思想论析》，《探索》2014 年第 5 期。
③ 代表性研究涉及韩庆祥《全面深入把握习近平治国理政思想的十个重要方面》，《中国特色社会主义研究》2014 年第 12 期；宋福范：《习近平思考治国理政目标的鲜明特点》，《中国特色社会主义研究》2014 年第 12 期；唐爱军：《习近平关于意识形态工作的方法论》，《中国特色社会主义研究》2014 年第 12 期；王文慧、秦书生：《习近平的意识形态战略思想探析》，《理论与改革》2016 年第 1 期；胡凯、杨竞雄：《习近平社会主义意识形态治理思想探析》，《思想政治教育研究》2014 年第 12 期。

其研究路径有待于更新与拓展。

首先，研究偏重理论与现实，缺乏历史深度。学界对中共意识形态的研究多侧重于解决重大的理论与现实问题，例如提升主流意识形态认同、维护意识形态安全、马克思主义中国化、意识形态建设与理论创新等方面的问题，缺乏关注不同历史情境下中共意识形态的研究。意识形态本身在历史中具有恒常的形式，它无处不在，但在具体的表现形式方面却具有复杂性与多样性，因此必须在具体的历史叙事结构和历史语境中才能分析意识形态的指涉含义与作用方式。

中共意识形态建构及理论在不同的阶段，呼应历史情境的变化，其理论主体的表现形式会随之变化，它的理论和叙述也可能产生不同的意义效应。① 最鲜明的例证就是对革命运动的命名，从国民革命变更为民族革命，从新民主主义革命至社会主义革命，中共革命意识形态的表述随着历史情境的变迁和政治目标的调整而发生修正，基于不同历史情境之下的历史叙事模式成为支撑意识形态意义的主要载体，由此衍生出的阐释路径为构造意识形态解释光谱开辟了新路。纯粹的意识形态理论研究无法深查其意义与作用方式的变迁，结合历史语境与史料展开分析，考察历史叙事中的意识形态书写，不仅有利于拓展历史叙事理论的研究范围，更有利于推进研究的实证化、学术化。

其次，研究方法单一，缺乏学科交叉视野。关于中共意识形态的研究多局限于延循文献分析法，研究成果过多集中于哲学、政治学、马克思主义理论等学科，这在很大程度上限制了对该问题研究的深度与广度，使研究难免趋于同质化、平面化。

西方关于意识形态的分析方法为中共意识形态研究提供了有利参考。尤其是意识形态的话语分析，它借助于社会学和语言学的方法，以语言为媒介，阐释在不同历史环境中维持权力关系的途径。不同于马克思将意识形态视为对现实客观世界的反映，西方一部分学者将意识形态看作融入现实社会中的一部分。约翰·汤普森认为意识形态不是在日常生活之外反映日常生活的思想体系，而是调节日常生活的话语体系，借助于话语日常生活中的权力关系会被再现出来。而表征权力关系最明显的符号就是官方语言，"官方语言的正当性是通过反复灌输而铭刻在人的行动中的，这是一个

---

① 郭若平：《塑造与被塑造："五四"阐释与革命意识形态建构》，第59页。

无意识的、渐进的过程。当官方语言的正当地位被确立起来的时候,一个人只有会说官方语言才有可能进入社会上层"。[1] 由此可见,官方语言作为意识形态的载体之一,可以作为研究中共意识形态问题的突破口之一。

话语分析的前提是明确话语和社会现实的相互交织性,它所重视的不是语言本身,而是语言应用的情境。汤普森总结出话语分析的三种方式。其一,所有的话语分析所重视的都不是单个句子,而是超出句子单位的文本或话语交流过程。其二,大多数话语分析都重视自然发生的话语表达过程。其三,话语分析重视话语与话语之外事物的关联。[2] 意识形态是通过话语表达出来,这种话语嵌透在日常生活中并构成社会再生产的一部分,话语分析日渐成为研究的重要途径。无论是索绪尔的结构主义视角,还是佩肖的话语构型范式[3],此种话语分析方式为深化中共意识形态研究提供了如下方法论的借鉴,即在考虑到不同历史条件对话语制约的前提下,分析意识形态语言内部要素之间的关系,关注意识形态语言的历史变迁与转化机制,对意识形态语言作用的语言环境及其影响进行深入剖析。

最后,文献发掘不足,研究视角偏于固化。总览关于中共意识形态的研究,其所依照的资料多为中共中央层面的档案文件,或是领导人的著述与传记,文献使用范围较窄,这使得对中共意识形态的研究多集中于运用思想史的方法从宏观脉络梳理中共意识形态理论的发展,或是集中讨论中共领导人意识形态理论成果,对中共意识形态历史发展的微小细节与事件关注不够。目前,从微观视角考察中共意识形态的作用机制的著作,颇具代表性的是张孝芳的《革命与动员:建构"共意"的视角》(社会科学文献出版社,2011),该书从微观层面考察了中共的意识形态怎样在农村与基层发挥对民众的革命动员作用,由此迎合民众的心理需求,从而与民众达成一种关于革命的"共识",实现在广泛动员群众的基础上扩大中共意识形态影响力,以巩固革命胜利的目的,但类似这种研究中共意识形态的史论结合著作并不多见。国内多数研究仍偏重于理论分析或是长时段的意识形态发展历史的梳理,海外对中共意识形态的研究也难以实现"中国中心观"

---

[1] 〔英〕约翰·汤普森:《意识形态理论研究》,郭世平等译,社会科学文献出版社,2013,第18页。
[2] 〔英〕约翰·汤普森:《意识形态理论研究》,第9页。
[3] "话语构型"的概念来自米歇尔·福柯,参见〔法〕米歇尔·福柯《知识的考掘》,王德威译,麦田出版有限公司,1993,第359~360页。

的立场，多运用政治学的理论框架对中共意识形态发展进行"概念化"阐释，受研究资料的局限，海内外中共意识形态研究都难以做到从细微处深入。

笔者认为中共意识形态宣传、作用及效果，往往需要通过具体的政治运动或社会运动展现出来，但民众作为运动的承载者可能会表现出超越高层预计的合作或抵制的姿态，与此同时决策者也会根据情势的发展对路线方针进行不同程度的调整，这种中央与地方、上令与下达之间的"讨价还价"才是历史真实而复杂的面向。1949年以后，中国在城市和乡村的管理控制上发生了本质变化，国家机器以"利维坦"的方式深入基层社会，尤其是对社会结构和民众观念的改造力度前所未有，融合社会史与思想史两种研究视角，不仅可以从民众社会生活演变的角度理解中共意识形态发展的起承转合，更有利于深入探讨中共从革命到执政历程中，政治与社会关系的内在逻辑与发展嬗变。不过对此方面的研究则需要大量史料的发掘与支持，借助更多地方档案材料及口述资料统而用之，这既便于对文献史料相互确证、解释纠误，更有利于增强论证的可靠性，为这一领域开拓更为广泛的研究空间。

四 结语

正如约翰·汤普森所言："意识形态的分析不能被孤立地考虑，而必须被置入一般社会理论框架之内。"[①] 30多年来，学术界和理论界对中共意识形态的研究取得了突出的进展，但从长远来看，在研究选题方面不能仅仅满足于宏大的理论探索，更应该立足于不同的历史情境，以社会史与思想史相融合的视角，发掘众多历史事件背后国家政权和民众生活的互动及其关系，进而研究以国家的力量推动的意识形态变革所塑造的思想观念和国家认同的理路。同时，对中共对意识形态问题的研究需要推动研究方法的创新，尤其是注重借助西方意识形态概念研究中话语分析、符号分析等其他学科的研究方法，从文本话语分析与外部运作方式两个层面对意识形态理论进行阐释。另外，对中共意识形态的研究需要进一步开拓研究视角，特别是注重运用历史学的分析思路，从地方层面发掘更多与中共意识形态

---

① 〔英〕约翰·汤普森：《意识形态理论研究》，第141页。

问题相关的政治、文化、社会运动的新史料,运用更加具体翔实的史料深化对意识形态这一宏观问题的研究与探讨。

党的十八大以来,习近平总书记将意识形态工作的重要性前所未有地凸显出来,中共中央对意识形态工作的顶层设计为全球化、信息化时代巩固马克思主义的核心地位,增强社会主义核心价值观的凝聚力,巩固主流思想的舆论地位,应对全面深化改革的潜在挑战做出积极有益的探索。事实表明,中共意识形态的研究并未走向历史的终结,此研究还需要借以政治学、社会学、历史学和语言学的方法论来不断深化。中共意识形态问题将会在未来呈现出更为复杂的变动,对此方面的研究依然任重而道远。

学科口述

我与中国人民大学国际共产主义运动史学科建设（续篇）

高 放 撰 耿化敏 吴起民 整理

摘　要　国际共产主义运动史是中国人民大学历史上在全国首先创建的一门新学科。长期以来，它和马克思主义哲学、政治经济学、中共党史、科学社会主义等特色学科一起共同反映中国人民大学的光荣历史和发展轨迹，为新中国马克思主义理论的宣传教育研究和人才培养做出了重要贡献，为新中国政治学、马克思主义理论两个一级学科的孵化和发展发挥了重要支撑作用。作为这门学科的倡议者、建设者和见证者之一，作者依据自己亲身经历的60多年往事，记录了这门学科由中国人民大学创建并走向全国的发展历程和经验教训，以纪念中国人民大学成立80周年，为促进马克思主义理论特色学科发展史研究、构建中国特色哲学社会科学学科体系提供参考。

关键词　中国人民大学　国际共产主义运动史　科学社会主义　学科发展史

我在改革开放头二十二年，为振兴和繁荣国际共运史学科所做的第九件新事是参与《中国大百科全书》第一版三大卷的编纂工作。《中国大百科全书》第一版从1980年开始上马，到1993年出版齐全，共有74卷。新中

---

* 本文系中国人民大学宣传思想工作研究重大课题"中国共产党马克思主义理论教育的历史考察和历史经验研究——以中国人民大学为例"（项目号：2016—2017RUCSZH005）、国家社科基金项目"中共党史学学科发展史"（项目号：16BDJ014）的成果之一，为《中共历史与理论研究》2017年第1辑刊发的作者同名文章的续篇。

** 高放，中国人民大学国际关系学院教授、荣誉一级教授；耿化敏，中国人民大学马克思主义学院、中共党史党建研究院副教授；吴起民，中国人民大学中共党史专业博士研究生。

国第一部《百科全书》是按学科分卷，新世纪以来出版的《中国大百科全书》第二版才改为按词条第一个字的笔画排列。按照《中国大百科全书》总编辑委员会主任胡乔木的意见，每卷大百科全书都要遴选对该专业最有研究、最有成果的学者参与编纂和编写词条。我被大百科全书编委会选聘参加《中国大百科全书·外国历史卷》、《中国大百科全书·科学社会主义卷》和《中国大百科全书·政治学卷》的编纂和编写工作。能参加三卷工作的学者大概只有我一个人。表面上看来，这似乎表明我学识渊博、学贯三科。实际上，我只是对世界史中的国际共产主义运动史稍微熟悉一些。我能被挑选参与科学社会主义卷和政治学卷的编撰工作，可以说是我从事国际共运史教学与研究工作的扩展与延伸，因为研究国际共运史要史论结合、论从史出。我发表过的对科学社会主义和政治学的许多见解都是从总结国际共运历史经验中得出的。既然大百科全书编委会器重我、信任我，我就尽力而为、不负重托。

首先说《中国大百科全书·外国历史卷》。这一卷编委会主任委员是陈翰笙，副主任委员是中国社会科学院世界史研究所所长刘思慕、副所长朱庭光，还有武汉大学教授吴于廑。国际共运史是外国历史卷中的一个分支，在1980年9月召开第一次编委会前，原定这个分支的主编是我，随后召开第一次编委会时考虑到我当时还只是副教授，改由世界史所副所长朱庭光担任主编，我与理夫、陈之骅、胡代聪担任副主编。编写组成员还有张文焕、张宏儒、洪肇龙和姜琦。编写组几次开会商定词条并约请撰稿人。词条共有154条，包括国际共运史上的理论、实践、组织、文献和人物。

我记得，讨论"马克思主义"这个词条时，大家的意见是这个词条请胡乔木写最为合适。胡乔木也表示同意，又说因工作太忙，要编写组先为他起草初稿，由他修改定稿。编写组内都推举我负责起草，我一再表明难以胜任，最后只好从命。当时规定，每个词条后面都要在括弧中署名。到1990年1月外国历史卷出版时，我发现"马克思主义"这个词条署的还是我的姓名，可能是送审时胡乔木表示基本满意，只改动了个别字。我还受编写组委托，撰写劳动解放社、第二国际、国际劳动节、国际劳动妇女节、第二国际修正主义、布尔什维克、孟什维克、伯恩施坦、考茨基、普列汉诺夫、王德威尔得和贝林格，总共13个词条。编写组最后于1988年在张家口开会一周，逐条审定。

其次说《中国大百科全书·科学社会主义卷》。这卷1980年开始上马，主编原是中国社科院副院长于光远、中宣部副部长王惠德。我是编委之一。在第一次编委会上，我就提出：为什么《大百科全书》这一卷不称为社会主义学卷？科学社会主义只是马克思主义的社会主义，哲学卷并不称为辩证唯物主义与历史唯物主义卷，经济学卷不称为马克思主义经济学卷。社会主义有多种流派，要集中统一研究，社会主义学理应是一门独立学科，同哲学、经济学等学科一样。于光远完全同意我的意见，可是科学社会主义卷是大百科全书总编辑委员会规定的，难以改变。所以，《大百科全书》75卷中只有科学社会主义这卷不是按广义的学科分类立卷，而是从狭义上反映马克思主义的社会主义，实际上全书还是反映了历史上和现代的诸多社会主义流派，称为社会主义学才较为恰当。

我是科学社会主义卷编委之一兼苏联社会主义建设分支主编，另有洪肇龙为副主编。我负责撰写这个分支的14个词条，即马哈伊斯基主义、革命共产党、民粹主义共产党、租让制、机器拖拉机站、苏共中央政治局、苏共中央监察委员会、工农检察院、加里宁、阿多拉茨基、莫洛托夫、《联共（布）党史简明教程》、托洛茨基著《不断革命》和《被背叛的革命》。出人意料的是，到1990年初科学社会主义卷的约稿收齐审编之时，突然接到中国大百科全书总编委主任胡乔木下达的通知，他认为科学社会主义卷的某些词条不易写得好，所以总编委会的意见是科学社会主义卷不再列入《中国大百科全书》系列。大百科全书编辑部负责人就找我们原来的编委商议这一卷已经组织好的书稿该怎么处理。

我在会上提出：如果说科学社会主义卷的某些词条不易写好，政治学卷的某些词条岂不是也很难写好吗？为什么政治学卷能够列入？《中国大百科全书》是按学科分卷编排的，科学社会主义是马克思主义的核心，《中国大百科全书》如果缺少科学社会主义卷，岂不是丢掉核心，留下重大缺陷吗？我特别引用了1914年列宁为俄国《格拉纳特百科辞典》写的卡尔·马克思词条为例。列宁当时流亡侨居西欧，应约为《格拉纳特百科辞典》撰写的卡尔·马克思词条包括马克思生平和马克思学说的哲学、经济学和社会主义学三个组成部分。可是，辞典编辑部为避免沙皇政府书报检查，擅自把列宁文中关于论述社会主义和无产阶级革命斗争策略部分完全删去。列宁读到此书后很不满。1915年1月4日，他在致格拉纳特出版物编辑部秘书的信中，深表遗憾地指出："没有这些（指被删去的社会主义部分——引者注），就不成为马克思了。"（《列宁全集》第47卷，人民出版社，1995，第

66页）可见，科学社会主义是整个马克思主义的核心。如果《中国大百科全书》缺少科学社会主义卷，岂不是缺少核心，那还能成为马克思主义的《中国大百科全书》吗？

大百科全书编辑部和科社卷的编委们都认为我的论证是强有力的，就要我代表编辑部和编委会起草一份"申诉"信，争取把科社卷还作为《中国大百科全书》的一卷出版。可是总编辑委员会既已做出决定，是难以改变的。于是大百科全书编辑部只好重新组织一些专家组成编审组（我也是编审组成员之一），最后审定的书稿，只好以《科学社会主义百科全书》作为书名以知识出版社的名义于1993年5月出版第一版，1994年10月第二次印刷，先后共印3000册，算是对《中国大百科全书》的补充和成全。附带再说一句，知识出版社实际上是中国大百科全书出版社的副牌，犹如东方出版社是人民出版社的副牌一样。

最后说《中国大百科全书·政治学卷》。这一卷开头我只是从1987年9月起应约撰写政党和政党制度等条目，并没有参加编委会负责编纂，直到1989年秋大百科全书政治学卷编委会派人来访，要我担任编委并担任政党和政治团体分支主编。我当即婉言谢绝，说由于我已参加《中国大百科全书·外国历史卷》和《中国大百科全书·科学社会主义卷》的分支主编工作，目前我在校内的教研工作非常繁重，实在力不胜任，难以承担。隔周之后，大百科出版社编辑部政治学卷副总编石磊亲自登门说明情况，他说由于这一卷政党和政治团体分支人事变动，所以出版社与这一卷编委会主任张友渔、副主任石啸冲和陈荷夫反复商量，大家都认为只有我才是政治学卷编委会兼政党和政治团体分支主编最恰当人选，另外还有华东师大王松教授和山东社会科学院姜士林研究员二人担任副主编，协助我工作。既然政治学卷的领导人、负责人如此信任我，恭敬不如从命。

我担任编委和分支主编后，主要任务是负责审改这个分支所有已经约请各地专家撰写的条目，同时自己要撰写比原先约我撰写的更多的条目。我负责撰写13个条目，包括政党、政党组织、政党制度、党风、党纪、党费等。其中政党条目是综合概论的长条目，内分5个部分：第一，政党概念的由来和古代政党的萌芽；第二，政党的基本特征及政党的产生和发展；第三，政党的分类；第四，政党的功能和作用；第五，政党的发展趋势。政党制度这个条目也是综合论述的长条，内分3个部分：第一，党内组织制度；第二，资本主义国家政党制度；第三，社会主义国家政党制度。这个长条中的第一部分后来在讨论中大家建议把它作为"政党组织",单列一个条目。作为政党和政治团体分支主编,在审改中修改较多的是我较为熟悉的一些条目,如共产主义同盟、第一国际、第二国际、第三国际、第四国际等。由于撰稿人对这些条目研究欠深入,多有不够精确之处。尤其是第二国际这个条目,由于改动很多,征得原作者同意,只好在文末加署上个人姓名,成为我们二人合写的条目(见《中国大百科全书·政治学卷》,第61页)。在审稿和统稿中,我记得讨论中争议较多的是政党政治、一党制、两党制、多党制这些政治学概念是否只指资本主义国家的政党制度,而不包括社会主义国家在内。我认为,既然政党和政党制度都是包括资本主义政党和社会主义政党两类政党和两类政党制度在内,那么政党政治理应也包括社会主义国家在内;如果把政党政治解释为只是资本主义国家的政治现象,难道社会主义国家是非政党政治吗?同样,一党制、两党制和多党制在社会主义国家也存在过,也应该反映在条目中。例如,苏联自1920年以来长期实行一党制,然而苏俄在十月革命胜利初期实行过共产党与左派社会革命党两党联合执政(这种两党制区别于资本主义的两党轮流制执政制),中国共产党实行一党长期稳定领导的多党合作制是一种新兴的社会主义多党制。

在讨论中,大家认为我的看法只是个人研究的独立见解,大百科全书应该按照约定俗成的观点来写。我只好遵照多数人意见来写,但道理上是说不通的。所以最后在定稿时关于一党制、两党制和多党制都解释为资本主义政党制度的三种不同形式。但是我坚持主张不能把政党政治也解释为只是资本主义国家的政党现象,无论如何不能说社会主义国家是非政党政治或无政党政治。于是在"政党政治"这个条目中增加了如下几句话:"在社会主义国家,无产阶级政党处于执政地位,政党政治表现为无产阶级政党对国家政权和社会团体进行政治领导。在中国存在多党派的情况下,表现为共产党对参政的各民主党派的领导与合作共事、相互监督的新型政党关系的政党制度。但也有的学者认为政党政治这一概念属于资产阶级政党学说范畴,不适用于社会主义国家和无产阶级政党。"这样总算把我的观点写进去,同时又尊重另外一种观点。

我参加《中国大百科全书·外国历史卷》、《中国大百科全书·科学社会主义卷》和《中国大百科全书·政治学卷》的编纂和编写工作,既是为振兴国际共运史学科出了力,也使自己得到了提高,主要是增进了"百科"

意识，认清"百科全书"的特点和优点。"百科全书"具有学术性、专业性和大众性，但是它又区别于学术专著、学科教材和科普读物，它要以最简明的文字向读者说明某个条目的内涵，给予读者准确的基本知识，不宜发表作者个人独立研究的心得。所以，撰写条目时，既要立足传承文化，又要着重更新知识，但是又不能过分超前。如前所述，我在审改"政党政治"等条目时，就领会了应该如何把握合理的尺度。

1993年，《中国大百科全书》按预定计划出齐74卷（如果加上《科学社会主义百科全书》，应是75卷），10月8日在人民大会堂举行了隆重的庆祝大会，各卷在京的主要编纂人、各分支的主编都应邀到会。国家主席、中共中央总书记江泽民和国务院总理李鹏等党政领导人亲自到会祝贺。江泽民即席发表热情洋溢的讲话。我记得他说今天群贤毕至，参加这一科学文化事业重要工程的有来自各方面的专家学者，他们付出了辛勤的劳动，向祖国、向人民献上了一份珍贵的厚礼。会后全体代表合影留念，我有幸就站在江泽民总书记身后第一排正当中。照相后，我还见到胡绳、雷洁琼、陶大镛等好几位熟悉的老同志、老朋友。我能参加《中国大百科全书》上述三卷的编纂和撰稿工作，总算为振兴国际共运史学科做了一些有益的事情。

此外，我从20世纪80年代初起还应聘担任商务印书馆出版的"外国历史小丛书"编委会的编委。这一套外国历史小丛书早在20世纪60年代就开始出版，那时代表国际共运史学界参加编委会的是中国人民大学国际政治系主任徐景秋。"文化大革命"中乱批判这套小丛书是"大毒草"时，徐景秋还无辜受牵连。"文化大革命"后重新组建编委会，由陈翰笙出任编委会主编，他同我是忘年交。我同他是在"文化大革命"后期认识的，那时他住在北京城内东华门大街，离我家较近。我曾经多次去拜访他，每次都话语投机，多受教益。

记得1979年秋后去看望他时，他说刚从老朋友吴黎平处听说7月间我在上海召开的由教育部主办的高校政治理论课教师暑期讲习班上就如何肃清"四人帮"的极左流毒问题做了一个很好的报告，思想高度解放，讲到要害问题。吴黎平是30年代在上海做党的地下工作时就同陈翰笙有交往的，他翻译过恩格斯的《反杜林论》，参加了红军二万五千里长征。1936年美国记者斯诺到延安访问毛泽东时，正是他做翻译。1979年时他是中共中央党校顾问，被教育部邀请去上海在讲习班上做报告，正好同我坐一架飞机，到上海后又被安排住在同一宾馆,所以我才有机会同他认识。陈翰笙听他对我讲话做出高度评价后,他才细问我究竟在上海讲了什么内容。我说主要是讲国际共运史教学中受"四人帮"所鼓吹的"三突出"的恶劣影响,即过分突出路线斗争、领袖作用和经典著作,忽视了对敌斗争、群众作用和实际运动,结果把国际共运史在很大程度上变成了鼓吹对领袖个人崇拜的历史。

他听了之后,感到我讲得很到位,就脱口而出:"高放,你的名字真好,真是思想高度解放,与党的十一届三中全会精神完全一致。"接着他问我:"你的名字是什么取的?你原来叫什么名字?"我如实告诉他:"我原姓名是高元浤,高是本姓,元是我这辈人在高家的排行,浤字是由于我五行缺水,所以我父亲在宏字左边也另加上三点水。浤是古汉字,原意是水势洪大。1948年初我到晋冀鲁豫解放区投身革命时感到摆脱了国民党反动派的压迫、获得了身心解放,所以改名高放。"他听完之后,鼓励我趁年富力强(当年我52岁,他已82岁)多为改革开放出力。在他直接领导下,我多次参加"外国历史小丛书"编委会,认识了诸多史学前辈,共同研讨了这套小丛书的选题、写作要求,各自约请适当的作者以及书稿交来后的审稿会。我从我们国际政治系教师队伍的实际情况出发,约请了好几位教师和研究生,为小丛书写书稿。遗憾的是,因校内教学任务重,只有4本约稿符合要求得以出版,即黄达强的《康帕内拉和〈太阳城〉》、唐海军的《共产国际》、冯健的《欧洲共产党和工人党情报局》,以及张阁林、宋官德的《日本大战犯东条英机》。我自己本来答应写一本《托洛茨基》,对国际共运史这位蒙冤的革命家重新做出公正的评价,可惜因教研工作太忙,也未能完成,实在辜负翰老的厚望。直到2003年我领衔主编《科学社会主义的理论与实践》教材第3版时,我才写出《国际托派组织的来龙去脉》,同时发表于《百年潮》2003年第2期,后被香港和日本的托派刊物所转载,他们都认为拙文拨乱反正,对托洛茨基派做出了客观公正的评价。

我在改革开放头22年中为振兴国际共运史学科所做的第10件新事就是重新总结国际共运历史经验教训,多次参加重要理论会议或者发表重要文章,为改革开放事业建言献策。最早是1979年向中国人民大学五四运动60周年科学讨论会提交的《反对个人迷信是国际共运史的优良传统》。我在文中提出杜绝个人迷信必须建立社会主义民主制度,"个人集权过多与个人迷信泛滥是互为因果、紧密相连的"。

接着，1980年秋《读书》杂志召开关于出版外国资产阶级思想家著作工作的座谈会，我在会上提出"社会主义民主要继承资本主义民主的精华，铲除封建主义专制糟粕"。1980年12月6日，《光明日报》编辑部邀请首都14位理论工作者座谈我国正在开始进行的政治经济改革问题。我在会上以《重新总结历史经验，大力推进政治改革》为题，讲了1871年第一个工人政权巴黎公社没有解决好民主与集中、选举与任命等4个问题，后来第一个社会主义国家苏联的政治制度有严重弊端，斯大林实行个人集权制、职务终身制和指定接班制，使最高苏维埃成为"橡皮图章"和"表决机器"；我国历经弯路要大力改革政治制度。我的发言要点于10月17日见报后，社会影响较大，被收入《新华日报（文摘版）》1980年第12期。12月24日，我在中国政治学会成立大会上，又以《社会主义国家的政治学要研究如何监督执政党》为题提出要加强党内监督、民主党派监督和群众监督；我还以俄国历史为例说明执政的工人阶级政党可以不止1个党，苏俄曾实行过3个共产党联合执政，这段历史鲜为人知。

1982年4月2日，我在北京地区理论座谈会上指出要发扬党内民主、端正党风，首先要充分发挥党代表大会的作用，关键要严肃处理干部的违法乱纪和特殊化。我的发言曾经在会议第七组简报（26号）印发并上报中央。1983年，为纪念马克思逝世100周年，我提交了《〈共产党宣言〉在中国的传播》一文，到中共中央党校参加纪念大会，听到了周扬在纪念大会上的报告。他讲到社会主义异化问题，随即遭到猛烈批判。我认为从纯粹理论上可以说社会主义制度不会异化，但是实际上社会主义首先在落后国家取胜，封建专制主义渗透到社会主义体制中来，如不铲除个人集权制、职务终身制、指定接班制、干部特权制等弊病，社会主义可能会异化。后来苏联和东欧国家的剧变证明了这一点。1987年教育部委托我主编"国际共产主义运动史教学大纲"时，我强调指出："苏联在社会主义建设中存在个人崇拜、个人专断、权力过分集中等弊端，还出现过肃反扩大化、破坏社会主义法制等错误做法……值得认真地加以研究作为借鉴。"也就是要避免重犯，要进行改革。

1985年11月23日，中共中央办公厅约我到中南海参加党中央总书记胡耀邦部署的如何改进党的建设的专家座谈会。我在会上提出：按照马列主义建党理论，党代表大会是党的最高权力机关，党中央委员会是党代表大会的执行机关，而我党党章从1922年起一直都把党代表大会和中央委员会并列为党的最高机关或最高权力机关,这样的写法是不准确的、不妥当的。与此相联系,"全党服从中央"理应改变为"全党服从党代表大会",地方和部门(如军队、共青团、工会、妇联)服从中央。简报上报后,胡耀邦找来历次党章查对,他大吃一惊,并且由中央办公厅副主任周杰转告我,说下一次召开党的十三大修改党章时一定要采纳我的建议。

1986年11月26日,我又应约到中央直属机关招待所参加党中央总书记布置的关于如何进行政治体制改革问题的座谈会。我又提出了上述要修改党章不恰当写法的建议。我还讲道:"所有社会主义国家的体制弊端,根源在于政治体制。因为社会主义国家都是先取得政权,而后再建立经济、文化、教育等各方面体制。所以改革要顺利进行,应该政治体制改革先行。但是30年来,没有一个社会主义国家的政治体制改革取得成功。如果能够以邓小平同志1980年8月18日的讲话为纲,相信可以取得巨大成绩。"我还提出建议,党代表大会每隔五年才召开一次,难以起到最高权力机关的作用,"应该恢复国际共产主义运动的优良传统,实行党代表大会年会制"。随后,中央政治局秘书告诉我:总书记很重视我的建议,只是中共十三大只准备修改党章个别条文,以后修改党章时会考虑我的建议。

1987年10月,中共十三大召开。中央有关部门两次约请一些专家学者讨论十三大中央委员会工作报告初稿。第一次是十三大报告起草小组约我于1987年5月23日下午两点半在国务院南侧会议室讨论,要我们提出修改意见,到会者只有六七人,我与国务院研究室主任袁木、中央文献研究室副主任龚育之、中国社会科学院董辅礽等一起参加讨论。第二次是中共中央办公厅约请中央各部门和全国各地有代表性人士共114人于8月25日起在中南海会议厅对十三大报告稿分组讨论三天,共分为4个组。大学教授应邀到会者只有5人,即中国人民大学的黄达和我,北大的赵宝煦和厉以宁,复旦大学的王沪宁。赵宝煦、王沪宁和我都分在第一组,黄达和厉以宁分在第二组。这次讨论的已经是第四稿。我所在的第一组,主要有全国总工会的罗干、国家监察部的尉健行、共青团中央的宋德福、中国社科院的胡绳、中央文献研究室的逄先知、中央统战部的阎明复等。我在会上主要听取他们的发言,众人都很认真地从问题提法到文句表述以及发展社会主义民主等方面提出一些建议。我在发言中建议发展社会主义民主可以从基层突破和试验,例如乡长、镇长、区长由差额民主竞选产生,县、市人民代表也由差额民主竞选产生。5月和8月两次参加十三大报告初稿和第四稿的讨论，使我深感党的每次代表大会的报告都是全党广大党员集体智慧的结晶。

1988年2月15日，上海社会科学院主办的《社会科学》第2期发表拙文《党章中某些传统规定探微》，文章提出：党组织只能有一个"最高机关"，不能把中央委员会与党代会并列为党的"最高机关"或"最高领导机关"，中央委员会是党代会的执行机关；"全党服从中央"理应是"全党服从党代表大会"，"地方和部门服从中央"。这篇文章早在1985年就已写成，可是好几个刊物都认为我言之有理，却都不敢发表，后来上海的朋友登门约稿，从我处得知，我的建议已经得到总书记认可，才敢于公开发表。一时颇为引起轰动，记得有一位与我素不相识的解放军军官，有一天突然给我来电话，说要登门拜访，给我送来一束鲜花，说我这篇文章对纠正历史错误、发扬党内民主有重大意义。

为加快推进政治体制改革，1988年7月12日在人民大会堂召开中国政治体制改革研究会成立大会。这是一个半官方的研究机构，由中共中央办公厅副主任周杰任会长，我被推举为副会长之一，中共中央党校科研办公室主任杜光为干事长。1989年初创办了《中国政治体制改革》会刊（双月刊）。我在会刊上发表了《选举是民主政治的基石、共和制度的前提》一文，说明改革开放以来我国的民主选举已大有进步，差额选举把那些不得民心的人选掉了，真是大快人心，民主精选的初步开展提高了民主的透明度，提高了选举的准确性，我国的民主选举还有待改进和完善。1989年研究会还开始出版"中国政治体制改革丛书"，丛书编委会约请我撰写《民主集中制的理论与实践》一书。研究会本来已决定在1989年秋后由我担任团长，率领一个代表团到日本考察县级自治问题。后因1989年政治风波而作罢，于是中国政治体制改革研究会也停止活动了。

1990年7月，我主编的《科学社会主义的理论与实践》教材，由中国人民大学出版社出版。我在导论中强调指出："苏联模式社会主义政治上的个人集权制、领导职务终身制、指定接班制、以党代政、干部特权、文化上的专制主义、教条主义等等，这些都是背离扭曲科学社会主义的。"苏联模式的这些严重弊病"必须精心动手术，进行重大改革，而不能在原有过度集权的体制的基础上作小修补。这种改革实际上是第二次革命，而不是枝节的改良"。

1991年3月我在《民主》杂志发表《加快科技发展才能兴盛社会主

义》的文章,强调当今世界从原子化到电子化、光子化,已进入新科技革命全方位加速度发展的新时代,社会主义国家要加快发展新科技,急起直追、迎头赶上。西方带头掀起的新科技革命,就要加快社会主义民主政治建设,克服权力过分集中的弊病,进一步发展党内民主和人民民主,使决策更加民主化、科学化,善于"吸收西方市场经济机制的优点","要吸收西方商品市场经济的竞争性和国家政府的调节作用"。1991年我就肯定西方的市场经济,并且提出"商品市场经济"的概念,当时这是很先进的见解。因为那时中国经济学界还是把商品经济与市场经济区别开来,认为社会主义可以搞商品经济,但是不能搞市场经济。记得在这次研讨会上,我的老朋友、著名经济学家陶大镛教授当场插话问我:"你怎么把商品经济和市场经济混合起来提出商品市场经济的新概念呢?"我当时就回答说:"我认为商品经济与市场经济是不可分割的,商品经济是就生产领域而言,市场经济是就交换和流通领域而言,没有无市场的商品,也没有无商品的市场,商品只有通过市场销售给消费者,市场只有销售商品才能独立存在和繁荣发展。"实际上邓小平于1991年1~2月视察上海时就已讲道:"不要以为,一说社会主义就是计划经济,一说市场经济就是资本主义,不是那么回事。两者都是手段,市场也可以为社会主义服务。"(《邓小平文选》第3卷,第367页)不过当时邓小平这个谈话还没有公布。

1992年1~2月,邓小平在南方谈话中提出了社会主义的本质说等诸多新观点。我学习了新公布的邓小平南方谈话后,当即发表《坚持党的基本路线,发展有中国特色的社会主义理论》。这是为我指导过的研究生徐耀新著《跨世纪的纲领——邓小平南巡讲话"纵横论"》一书写的序言(该书于1992年7月由广西人民出版社出版)。我在这篇序言中特别对邓小平关于"社会主义也可以搞市场经济"的新理论做了较为系统、较为深入的阐述。

1993年1月《浙江社会科学》和北京的《民主》杂志不约而同发表了我论述社会主义市场经济的文章。前一篇题为《社会主义与市场经济》,论述了两者关系发展的四个阶段,即从社会主义否定市场经济变为社会主义要保留极有限的市场,再变为社会主义要利用市场调节,最后变为社会主义要发展市场经济。后一篇题为《建设有中国特色社会主义要发展市场经济》,提出有中国特色社会主义的市场经济有六个基本要点,我们要排除"左"和右的干扰,努力建设有中国特色的社会主义市场经济。文末强调指出:"只有坚决反对右的倾向,根治腐败,端正党风,努力建设有中国特色社会主义的市场经济,才能防止'左'的回潮。"1993年9月,我又在《当代世界社会主义问题》第3期发表《笼中鸟、林中鸟、空中鸟》一文,用这三种鸟比喻经济体制改革与政治体制改革要同步发展,并驾齐驱,逐步扩大鸟笼。从笼中鸟到林中鸟再到空中鸟,这是社会主义改革开放的三个境界,其主动力是发展科技和生产力,其总目标是增强社会主义的实力和活力、竞争力和吸引力。

1993年10月,我到香港讲学时又应约在《镜报》11月号和12月号发表《中国政治体制改革要迈出三大步》一文,指出15年来我国的经济体制改革已经迈出三大步,而政治体制改革只迈出三小步,两者严重不协调,今后政改要加快迈出三大步。例如在发展党内民主方面要实行"每人一票"表决制,建立中央监察委员会(近5年中央纪律监察委员会的职权、职能、职责已大为增强,实际上已经起了中央监察委员会的作用——笔者加注),党的最高权力要集中到党代表大会。1995年,我到台湾探亲访友、调查研究两个月后,曾经撰写了《台湾民情民心考察报告》和《"一国两制"的新思考和新方案》,通过中国社会科学院台湾研究所上报中央。我认为台湾人民绝大多数是认同"一个中国"和拥护国家统一的,同时他们又认同在台湾的"中华民国政府"。因此,如果我们从实际出发,采取新方针和新方案是可能早日实现国家统一的。这个新方针就是五句话、十五个字:热为好(热烈交往为好),和为贵(和平解决最珍贵),通为先(通邮、通航、通商三通先走一步),谈为上(海峡两岸平等协定是上策),统为终(最终实现统一)。

1995年6月,我发表《党的建设和党内民主、人民民主》的问答录,分析了市场经济加快发展之后出现政治冷淡现象是因为政治体制改革滞后,经济繁荣之后官员腐败加剧也是由于政改滞后,权力不受制约,所以只有加快政治体制改革,加强党内外监督,扩大党内民主与人民民主才能实现社会主义现代化。

1996年6月,我对中共杭州市委党校主办的《政治视野》主编发表《"讲政治"和中国政治建设中的若干问题》的谈话,解释党中央提出"讲政治"的四个方面含义和现实针对性,建议对干部要加强"公仆"意识的政治思想教育,要加强政治文明建设和政治体制改革,要加强研究如何扩大社会主义民主政治。

1996年10月,我发表《产权改革要实现"劳者有其股"》的谈话。在西方资本主义国家的私人股份公司主要是"资者有其股",产权主要由少数资本家所占有,在苏联这样的社会主义国家国营企业名义上是全民所有,实际上国营企业中的劳动者并不享有产权,产权全归厂长等少数领导人所有,这种国有企业在很大程度上是官有企业,广大工人并没有企业主人公,并没有自己当家做主的感觉,所以1991年苏联解体时并没有广大工人奋起保卫国有企业。鉴于历史经验教训,我国国有企业应该实现"劳者有其股",使劳动者享有股权和产权,这样才能增强工人的主人公意识和当家做主的观念,从而迸发出社会主义现代化建设的激情。

1997年,全国人大常委会研究主办的《人大建设》第5期发表我应特约撰写的《人大代表不是荣誉称号——陈景润担任人大代表留下的思考》。著名数学家陈景润是我于1940年代在福州英华中学学习时的同学,他后来因在数学研究中接近摘取"哥德巴赫猜想"桂冠而被挑选担任第四、第五、第六届全国人大代表(1975~1987年)。我问他作为天津市人民代表与天津市有什么联系,他说没有什么联系。我还问他当人大代表如何起作用?他私下同我谈到,每次人大开会,他对大部分议程内容都不大熟悉,提不出什么意见,说不上话,插不上嘴。他相信党,到表决时他都举手,到选举时他都画圈。所以,我想到并建议人大代表理应是选拔参政议政能力强的人担任。同时,各地人大代表都应该选举本地人士担任,才便于与人民群众有密切联系,能充分反映本地民意。

1997年秋后,中央领导人委托上海前市长汪道涵邀请北京与上海的一些研究苏联问题的专家到上海参加研究苏联剧变原因的研讨会。由于我发表过多篇深谈这个主题的文稿,所以被点名一定要参加。这一年,我已经超过70周岁了。我在会上谈了我的看法,我认为苏联解体的根本原因是一再延误改革有严重弊病的政治体制,斯大林带头实行的个人集权制、职务终身制、指定接班制以及他加深的以党代政、干部特权制等弊病,一直难以自我改革,缺少社会主义民主与自由,人民大众对共产党失望了,所以选民到1991年6月大都把退出共产党,高举反极权、反特权、反官僚主义旗帜的叶利钦选举为俄罗斯联邦总统。戈尔巴乔夫后期转向右的方面要对苏联解体负重大责任,但是后期的右是对长期"左"的反动,物极必反。不主动改革"左"的一套,势必会助长右的抬头与得势。我难得见到汪道涵,即把我写的《党章中的某些传统规定探微》和《对海峡两岸关系和"一国两制"问题的新思路》二文复印两份,请他指教。他在会议最后一天举行宴会招待与会专家时，特意叫我坐在他的身旁，认为我这两份建言都很有价值。

1998年3月我以《勇闯窄门还是照走大路》为题，在中共杭州市委党校主办的《政治视野》上发表关于加快政治体制改革若干问题的谈话。由于1997年9月党的十五大提出"继续推进政治体制改革"的问题，我在谈话中借题发挥，继续提出我的建议。要实行党政分开和党代表大会年会制与常任制，要发扬党内民主，提高民主党派的地位和作用，要发展人民民主，完善人民代表大会制度。只有勇闯这些窄门才能开辟新路，如果照走原来苏联模式的大路和老路，那么政治体制改革还是裹足不前。1998年8月，我又以《加强执政党建设的关键》为题与《执政党建设》记者谈话。我认为，首先关键在于要加强党的思想建设，要学好马列主义，清除"左"的思想影响和封建专制主义思想影响以及资产阶级腐朽思想影响。其次，关键在于加强党的组织建设，即扩大党内自由与党内民主，要实行党的方针政策的党内自由讨论，要实行党代表大会年会制与常任制。最后，关键在于端正党风，坚决反对腐败，加强党内和党外监督。

1999年10月，我以《再论社会主义国家的政党制度》为题，发表我对于社会主义多党制的新见。此前，我于1987年7月曾经发表过《论社会主义国家的政党制度》，阐述关于社会主义多党制之我见。我认为社会主义政党制度是继承又超越资本主义政党制度。资本主义政党制度既有一党制与多党制之分，社会主义政党制度从实践到理论理应也有一党制与多党制之分。苏联自1920年以后实行的是社会主义一党制，东欧的波兰、捷克斯洛伐克、民主德国和我国等社会主义国家实行的是共产主义政党领导的与民主党派合作的体制，从理论上可以概括为新型的社会主义多党制。1987年我提出社会主义多党制新概念、新名词就遭人非议，所以到1999年我又发表再论社会主义国家政党制度的文章。中国实行的既然是共产党长期稳定领导的多党合作制，共产党与各民主党派既然是肝胆相照、荣辱与共、长期共存、互相监督，就应该进一步发挥民主党派的作用，进一步完善多党合作制。对社会主义多党制这个重大的理论问题有不同看法，完全可以展开探讨和争鸣。可是由于"左"的思想尚未清除，竟有人给我乱扣帽子，胡说我是鼓吹西方那种多党轮流坐庄的资本主义多党制。可见"左"毒不消，党的"百花齐放，百家争鸣"的方针是难以真正贯彻的，哲学社会主义是难以创新繁荣的。

2000年是20世纪最后一年。这一年,我再次到美国探望儿女并做社会调查和学术交流(1991年我已去过一次美国)。我先后两次在美国考察一年多时间。2000年10月11日我刚从美国回来几天,就接到中共中央党校约请我参加高级研讨班的通知。这次高级研讨班是时任中共中央政治局常委、中央党校校长的胡锦涛同志布置召开的,要研究一些重大理论问题。我早在1989年发表于《马克思主义研究》第3期上的《从传统社会主义到现代社会主义》一文中就提出过我关于资本主义发展历史的新见。我认为世界资本主义经历了四个历史发展阶段,即16世纪初至18世纪末的封建资本主义,18世纪末至19世纪末的自由资本主义,19世纪末至20世纪70年代的垄断资本主义,以及20世纪70年代末以来的社会资本主义,即各方面的社会化程度都大大提高了,国家的社会职能大为增强了,社会主义因素在逐步增长。事隔十多年之后,我想在中央党校这次高级研讨上进一步阐发我提出的社会资本主义说的新见解。10月20日开始研讨班的讨论,头两天我专注听会,没有发言。21日晚上,中央党校常务副校长郑必坚同志派人通知我:明天(10月22日)是星期天,胡锦涛校长有空亲自来听会,要我准备好半小时以内的专题发言。22日上午我讲了当代世界资本主义已经超越列宁所讲的垄断资本主义即帝国主义阶段,进入了社会资本主义的更高阶段。这个新阶段有6大基本特征,即生产力社会化程度更高,生产关系社会化程度也更高,社会结构也发生重大变化,国家政府的社会职能大为增强,全球各国之间的竞争与协作大为增强,社会主义因素在逐步增长。正由于实际上资本主义已经发展到社会资本主义的新阶段,所以邓小平才提出和平与发展已取代战争与革命成为时代主题。我认为社会资本主义的新理论正是为我们党对世界形势的新判断和对外战略的新调整提供理论依据。

我当着胡锦涛同志的面讲了40分钟,已超过预定的半小时以内,所以讲了要点就自觉结束。我的发言在研讨会引起众人关注。会上,有一位同志表示同意我的看法;另一位研究员反对我的意见,他认为现在我们仍然处在列宁讲的帝国主义时代。会后,中央党校主办的《理论动态》即约请我写成全文,于2001年3月20日第1521期发表,4月13日还由中央党校信息管理部制作成音像向全国发行。4月15日《中国青年报》和4月19日上海《报刊文摘》都转摘要点。

由以上简要论述可见,从改革开放之初的1979年起至20世纪之末的2000年止,这22年间我年年不断、岁岁赓续,在多次会议上和多篇报刊文章中一直以国际共运的历史经验以及马克思主义分析当今时代与社会，就政治体制改革、经济体制改革、发展社会主义民主、发展科学技术、实现国家统一等诸多问题，为资政育人建言献议。

四 21世纪以来我为重振国际共运史学科又做的十件新事

21世纪来临，时序更新，世纪既换百又换千。人类历史进入第三个千年，气象万千，催人奋进。可是自1991年苏联东欧国家发生剧变之后，国际共运陷入空前低潮。而我自己，作为国际共运史这门学科的一名老学者，2001年已满74周岁，垂垂老矣。尤其是早在1984年就查出身患不治的糖尿病；1996年又发现右心室严重传导阻滞，血脉下降到每分钟只有36次跳动，险些丧命，安上心脏起搏器才转危为安；1998年又左眼出血，几乎失明，只剩下右眼读书看报。没想到我作为我国国际共运史学科的创始人和奠基人之一，尽管已届耄耋之年，拖着老弱病躯，仍然还要尽心竭力为重振国际共运史学科而做些新事。屈指细算，21世纪以来，我又做了以下10件新事。

第一件事，继续为社会主义改革开放和现代化建设事业献议建言。我不再逐年细述新事，仅挑出几件要事来说（如果按照前例，从1979年起至2000年逐年连续并列，也是完全可以开列出来的，这表明我这个老骥驽马依旧十分关切党和国家的命运，依然满怀爱国爱民爱党爱创新的情愫）。2002年中共十六大之后，我发表了《中共十六大的三大创新》一文。这三大创新表现在：在理论上增加了以"三个代表"重要思想作为实践指南，在政治上确立了全面建设小康社会的行动纲领，在组织上大幅度更新了中央领导班子。同时又指出全面建设小康社会面临的最大困难是如何真正切实贯彻十六大所指出的"充分发扬民主""积极推进政治体制改革""从改革体制机制入手，建立健全充分反映社会主义民主政治的制度化、规范化和程序化"。我在文中还斗胆向中央新领导班子提出两条新的建议：其一，要重新学习马列主义，做到完整、准确地理解马列主义；其二，抓住当今难得机遇，切实加快建设社会主义政治文明，大力推进政治体制改革，"三个代表"重要思想将来随着实践的发展还要再增加一条："代表先进民主政治的必然趋势。"这些很有新意，但是不敢发表，只在《当代世界与社会主义》摘登一部分，后来《云南行政学院学报》全文发表。此文已收入我的文集《马克思主义与社会主义新说》，由黑龙江人民出版社于2012年出版。

2005年6月，我应邀参加中共中央党校举办的关于共产党执政理论的研讨会。我以"党内民主是民主执政的首要关键"为题发言，中心内容是对修改中共党章提出了10条建议。除了以前已经提过的要把党代表大会定性为党的最高机关，要把党中央定性为党代表大会的执行机关，党代表大会要实行年会制和常任制等建议外，还新提出了党中央委员应该设立主席，另设总书记一职，作为书记处的首脑，专门主管从严治党的工作，不在政权机关兼任何职务。我还建议党的各级纪委应该与各级党委平行，这样才能切实监督各级党委，党内还要完善民主选举制度，还要公布党产和党费情况等。

2007年中共十七大后，《北京日报》理论周刊以整版篇幅发表我写的《科学与民主是社会主义生命》的学习体会。我认为贯彻大会提出的科学发展观必能增强社会主义的活力，社会主义民主决定社会主义的命运，社会主义民主包括党内民主、人民民主和多党合作的党际民主三个部分。这三部分都还有欠缺，都需要进一步发展和完善。

2012年中共十八大之后，我学习文件，又发表《共产党指导思想的来龙去脉》一文，说明党章中写明以马列主义为指导是起源于1939年苏联共产党十八大制定的党章，中共党章中自1945年七大起至今关于党的指导思想先后有过五种不同提法，以2012年十八大党章的提法最全面也最长，今后随着中国特色社会主义成就的扩大，人们认识的提高，党的指导思想的表述将会更加简明，很可能将表述为：中国共产党以共产主义理论与当代中国实际相结合的中国特色社会主义作为行动指南。

2015年11月，我应邀参加北京大学举办的世界马克思主义大会，我在会上的发言题为"着手构建人类命运共同体，共同建设一个地球好家园"，阐发了习近平总书记代表中国共产党和国家提出的我国新的国际发展战略，其要点是：不树敌，不对抗，不当头，不强加于人，不输出革命；要结伴，要和平，要发展，要合作共赢，要输出各国需要的各种产品。

21世纪以来，我做的第二件新事是自编出版8本自选的文集。改革开放以来，我除了出版《社会主义的过去、现在和未来》、《普列汉诺夫评传》和《普列汉诺夫年谱》3本专著（后两本是与高敬增合著）外，还应约在报刊上发表过400多篇文稿。1993年和1994年我曾经自编出版过两本文集，即《马克思主义与社会主义》（黑龙江教育出版社）和《社会主义在世界和中国》（云南人民出版社）。

2001年，我又按已发表文章的性质，新编出3本文集，即《国际共产主义运动别史》、《政治学与政治体制改革》和《纵览世界风云》，共约230万字，由中国书籍出版社于2002年出版。团结出版社于2001年先从《政治学与政治体制改革》一书中筛选出部分文章，以《高放政治学论萃》为书名出版单行本。随后，重庆出版社于2006年为我出版《中国政治体制改革的心声》文集，近36万字。黑龙江人民出版社于2007年为祝贺我80岁生日出版我另一本新文集《马克思主义与社会主义新论》，收入了1994年出版的《马克思主义与社会主义》之后发表的同类文章，故取名《马克思主义与社会主义新论》，共有45万字。2012年，《马克思主义与社会主义新论》这本文集出版增订本，增加了10万字。

2007年，中国人民大学为迎接和庆祝70周年校庆，由中国人民大学出版社以"中国人民大学名家文丛"名义为我校28位荣誉教授出版28本自选集（我的荣誉教授是我校于2005年9月授予的），其中包括一本《高放自选集》，收入我的代表作54篇，分为4类排列，即第一，马克思主义与社会主义；第二，国际共产主义运动史；第三，当代世界社会主义；第四，中国特色社会主义。全书共50.4万字。2011年是苏联亡党亡国20周年，我自编一本《苏联兴亡通鉴——六十年来跟踪研究评析》的文集，把我从1951年起发表的和1991年后发表的论述苏联兴亡的66篇文章汇编在一起，分为4类：第一，苏联共产党的建立和苏联兴起的源头；第二，十月革命的胜利和苏维埃政权的建立是苏联振兴的起点；第三，苏联社会主义建设的兴衰；第四，苏联灭亡的进程、原因和教训。该书由人民出版社出版，全书55.8万字。自编出版这本书，旨在借鉴苏联兴亡经验教训，推进我国的改革开放。

此外，中国出版集团所属华文出版社于2012年出版韦庆远、高放、刘文源合著的《清末立宪史》。这是作为"中国文库·史学类"的一部学术著作，共55万字。此书原是我们三人合著的《清末宪政史》（中国人民大学出版社，1993）的修订增订版。原书由于采录并评析了大量原始档案资料，所以2011年被评为"中国文库·史学类"优秀著作，要在2011年辛亥革命一百周年时再版。可惜与我合作的两位挚友韦庆远和刘文源已先后于2009年和2010年病故。所以该书再版只好由我一个人来修订和增补。我除了修改原书的差错外，又补写了两章8万字新内容，即清末立宪的百年后总结和中国百年立宪坎坷路。这使得本书更完整、更有理论深度和现实意义。从狭义来看，我自编出版的以上11本书，只有《国际共产主义运动别史》这一本属于国际共运史学科。从广义来看，也可以说我的所有论著都是国际共运史研究的延伸和拓展。

21世纪以来，我做的第三件新事是从2005年起接受学校返聘，重新招收、培养国际共运史和科学社会主义的博士研究生。如前所述，我本来已于1997年满70岁时光荣离休，不再招收博士生。2000年我校来了新校长和新书记之后，经过调查研究，认为我是经国务院学位委员会评定的我校9个首批博士生导师之一，不该在1997年就离休。实际上是由于20世纪90年代校内"左"的思潮抬头，所以我自己从1994年起拒绝招博士生，这样到1997年我带的博士生都毕业后自动不招。此后，我又应聘到北大、外交部机关党校、中央社会主义学院等校讲课，并且发表更多文章。人民大学新领导认为这是我校的损失，于是经校学术委员会于2005年初讨论通过，决定返聘我招收国家需要的国际共运史和科学社会主义的高级专业人才。于是我从2005年起又陆续招收并指导9位博士生。他们的基本情况和博士论文题目如表1所示（20世纪80~90年代我指导过14个博士生，所以21世纪以来的博士生序列从15算起）。

表1 9位博士生的基本情况

序列	姓名	毕业时间	博士论文题目	现在工作单位
15	张映宇	2009年6月30日	英国工党执政理论和实践的演变	北京市民政局
16	刘雅贤（女）	2009年6月30日	冷战后美国两个共产党研究	（江苏）苏州科技大学
17	韩冰（女）	2010年6月30日	罗斯福新政时期美国劳资关系研究	（北京）中华女子学院
18	谢小燕（女）	2010年6月30日	第四国际研究	中共福建省委统战部
19	张万杰	2011年6月30日	季米特洛夫与共产国际	（杭州）浙江工商大学
20	郝遥	2012年6月30日	中国共产党在新民主主义时期对工农运动与工农联盟认识的演进	（北京）求是杂志社
21	吴儒忠	2015年6月30日	共产主义同盟研究——世界上第一个共产党的创业史	贵州遵义师范学院

续表

序列	姓名	毕业时间	博士论文题目	现在工作单位
22	曹鹏	2017年6月30日	列宁社会主义一国首先胜利理论的演进	山东师范大学
23	黄帅（女）	2017年6月3日	第一国际总委员会的领导作用研究	国际关系学院

我已经90周岁，不能再招收博士研究生了。21世纪以来我指导的9个博士研究生绝大部分是80后的新一代年轻人，其中有4位女生。他们攻读科学社会主义与国际共运专业（从1998年以后国家学位委员会把科学社会主义与国际共运史这两个专业合并为"科学社会主义与国际共运"一个专业）的博士学位，使我们这个重要专业后继有人，我是乐于帮助他们成长的。他们之中只有两个人毕业后在党政部门社工作，其余都是在高校和报刊社工作，所学专业知识对他们的工作都有帮助。如果今后我国高校恢复招收科学社会主义与国际共运史专业的本科生，重视并加强科学社会主义和国际共运的研究，那么他们将发挥更大作用。

21世纪以来，我做的第四件新事是连年奔走，尽力促成重新出版全套《国际共产主义运动历史文献》。如前所述，1986年至1997年已经由中国人民大学出版社出版过21卷《国际共产主义运动史文献》。后因40万元资金已用完，无法继续出版。直到中国国际共运史学会和中央编译局又申请到10万元追加的资助，在1999~2001年又出版两卷。随后又因缺乏资金只好停止出版。20世纪80~90年代负责这套文献丛书编委会的常务副主编王颖（人大出版社副总编）和校纪英（人大教授）在90年代后期相继谢世，保存在他们手边的未出版手稿全部打包集中存放在中央编译局，只有《欧洲共产党情报局》这一卷的译稿保存在我手边（因当时编委会决定这卷由我负责主编）。我曾经建议中央编译局和中国国际共运史学会的领导人再去申请一大笔资金把这套文献丛书全部出版完。他们深感难以办到，于是这套未出版的手稿只好继续沉睡在中央编译局的库房之中。我一直希望这一套丛书能够在我有生之年出版齐全，我还要使用这套文献继续进行研究和写作。

2006年，我从报上看到中国社会科学院新成立的马克思主义研究院设立国际共产主义运动史研究部的消息，心中非常高兴。在中央编译局国际共运史研究所改名，改变为注重研究当代世界发展问题之后，终于在中国社会科学院又新成立国际共运史研究部，这对于重新振兴国际共运史学科大有好处，可以依靠这个研究部作为重振国际共运史学科的基地。2008年初，我就收到研究部赠给我的新创办的《国际共运史研究通讯》第1期，这是在中央编译局与中国国际共运史学会主办的《国际共运史研究》于2004年改名为《当代世界与社会主义》之后，又重新创办的一个国际共运史学科专业的期刊，我真是心花怒放，喜不自胜。我得知新成立的中国社科院马克思主义研究院院长是由中国社科院副院长冷溶兼任后，就向他建议申请基金资助，继续出版国际共运史文献。可是我不认识冷溶，生怕给他写信未必起作用。有一次在同和我常有交往的人民日报出版社副社长邓中好交谈中谈起此事，他说他与冷溶很熟，可以代我约见。终于在一个晚上，我们三个人聚谈。我特别带去中国人民大学出版社在80年代出版的《国际共产主义运动史文献》两卷，同冷溶细谈这一套文献的价值和出版经过。冷溶说他很重视国际共运史的研究，马克思主义研究院要设立国际共运史研究部就是他出的主意。他当即答应由中国社会科学出版社继续出版齐全。交谈后，我还手持我带去的两卷文献，与冷溶合影留念。

可是，不久后，听说冷溶从社科院调回中央文献研究室当主任。而马克思主义研究院国际共运史研究部主办的《国际共产主义运动史通讯》，到2008年12月出版第3期后，就停刊了。原因是国际共运史研究部已经改名为国际共运研究部，着重研究现状，而不是研究历史了。这样由中国社科院马研院去申请出版资助基金也就没有指望了。好在我的好友、人民日报出版社副社长邓中好对出版这一套文献非常热心，他说由他想办法去申请一笔资金，由人民日报出版社出版。他说他在人大哲学系学习时的同班同学阮青，现在是中共中央党校哲学部教授，请她出面去申请基金。申请出版基金要有权威专家推荐，才可能获得批准。我就约请中央党校国际共运史专家张中云教授与我分别写两份推荐书。可是国家社会科学基金委员会在讨论时认为这个项目由中央党校哲学教研部承担，专业不对口，所以没有通过。

在我的努力再次碰壁时，2009年中共文献研究会成立，会长由中央文献研究室主任冷溶兼任，我被安排为中共文献研究会名誉理事。于是研究会开会时，我有机会见到冷溶，又向他提起出版国际共运史文献之事，希望能由中共文献研究会去申请一笔基金，由中央文献出版社继续出版这套文献。他说国际共运史文献的出版不归中央文献研究室管辖的出版社范围之内。他告诉我，中央宣传部掌握一大笔资助社会科学著作的基金，可由我以国际共运史专家名义提出申请。可是我校国际政治系从 2000 年起已扩大改名为国际关系学院，重点转变为研究国际关系。虽然当时中宣部常务副部长雒树刚曾经是我系 1982 年毕业生，同我也熟悉，但是已不可能由我们学院出面去申请基金。

正当我十分焦虑、一筹莫展之时，中央编译局来了新局长。我在参加中央编译局一次会议时，向他提出国际共运史文献工程，得到他的大力支持，很快由中央编译局出面，由中央党校张中云教授和我再分别写推荐书，为出版这套文献终于申请到一笔基金，中央编译局又给予相应的资金支持。这样，这项工程就可以启动了。

2011 年 4 月《国际共产主义运动历史文献》编委会成立，5 月 20 日在中央编译局召开编委会扩大会议，我也应邀与会。会上宣布编委会由中央编译局副局长王学东任主编，戴隆斌（常务）和童建振为副主编，还有 10 名编委。另设文献顾问委员会，由中央编译局局长、副局长和编译出版社社长以及一些专家共 12 人组成，我也是顾问委员会成员之一。会上研讨了具体的编辑要求和出版计划。这套《国际共产主义运动历史文献》由新编委会重新选编，对原来中国人民大学出版社已经出版的 21 卷也重新校译增补，总数量扩大到 60 多卷，共约 3000 万字。这套文献 2011 年先出版 12 卷，2012 年又出版 13 卷，2013 年再出版 12 卷，2015 年更出版 13 卷，迄今已出版 50 卷。近几年来，我尽量使用这套新出版的文献。我曾经指导博士生吴儒忠于 2015 年完成了《共产主义者同盟研究——世界上第一个共产党创业史》，我的关门弟子黄帅，她正在写作的博士论文是《第一国际总委员会的领导作用研究》。我自己近三年来在撰写共产主义者同盟、第一国际、第二国际和第三国际专题讲座文稿时，也都充分使用了新出版的这套珍贵的《国际共产主义运动历史文献》。

21 世纪以来，我做的第五件新事是撰写《国际共产主义运动史纲（从 19 世纪中叶到 20 世纪初叶）》专著。如前所述，早在 1981 年听我系统讲授国际共产主义运动史专题的多位进修教师曾经帮助我整理出课堂记录约 20 万字，我本来想以《国际共产主义运动史略》为书名出版单行本。当时未能出版，我心中一直想在离休后的晚年能够进一步加工扩展为一部有分量的专著。正好 2013 年初《中国延安干部学院学报》执行主编郭彦英对我表示，愿意为我在学报上开辟一个"国际共产主义运动史专题讲座"专栏，分期连载我撰写的《国际共产主义运动史纲》。于是我拟定了一个划分为20个专题的写作计划，力求每个专题从标题到内容都写出新意，每题写4~5万字。这20个专题的题目如下：

第一题　马克思主义的解放科学第一次应运而生

第二题　世界上第一个共产党共产主义者同盟创建启动

第三题　第一次共产党人参加的欧洲1848年革命流光溢彩

第四题　第一个政党性的国际工人组织——第一国际光芒四射

第五题　第一个工人政权巴黎公社崭新创举

第六题　第一个社会主义政党德国社会民主党首建垂范

第七题　第一个社会主义政党的国际组织第二国际功败垂成

第八题　特型社会主义政党俄国布尔什维克党异军突起

第九题　第一次社会主义政党特型领导的俄国民主革命败中有成

第十题　第一次社会主义革命俄国十月革命一国首胜

第十一题　第一个社会主义国家苏联苦难奠基

第十二题　第一个共产主义政党的国际组织共产国际功过参半

第十三题　世界苏维埃革命运动急起缓落

第十四题　第一个建成社会主义社会的苏联速成中有弊

第十五题　各国共产党人挺进·世界反法西斯战争功勋卓著

第十六题　欧洲九国共产党情报局功小过大

第十七题　世界社会主义国家阵营的兴衰命运多舛

第十八题　中苏两党关于国际共运总路线的论战两斗俱伤

第十九题　苏联东欧社会主义国家剧变事出多因教训深刻

第二十题　国际共产主义运动在低谷中跨世纪重新振兴任重道远

以上草拟的20个专题，《中国延安干部学院学报》从2013年第3期（5月出版）起迄今已发表11个专题。2015年，郭彦英调到《中国浦东干部学院学报》工作后，由新的执行主编张海波继续帮我编发文稿。他们不仅帮我把手稿输入电脑，还为我改正了手稿中的差错。没有他们尽心尽力的无私援助，我的《国际共产主义运动史纲》是难以问世的。

已发表的拙文在读者中引起热烈反响。该学报在2014年第4期（7月出版）以《热评"国际共产主义运动史讲座"》为题发表5位专家对我前5篇文稿的评论，随后又在2016年第5期（9月出版）对我后5篇文稿再发5篇评论，给予高度评价。这里不妨招录几篇评论文章的标题：《璀璨明珠，亮点多多》《旁征博引　气势恢宏　秉笔直书　新建迭出》《研究俄国1905年革命的创新成果》《十月革命是值得这样反复研究、大书特书的伟大革命》等。从这些评论文章可以看出大家既肯定了我在结构、观点、史料、论述等方面的创新，又坦诚提出了值得继续探讨的一些问题。这给予我很大的鼓舞与鞭策，我一定继续深入探究国际共运史的诸多问题，力求把各个专题修改得更好。但愿我有生之年能够按计划把尚未写成的9个专题续毕，克尽绵力，为重振国际共运史学科做完最后这件新事。我是满怀老共青团员的锐气（我是1947年6月在北大读书时入团的）、老共产党员的修养、老教授的经验、老学者的积累来谱写我长期研究、亲身经历并参与的旨在解放无产阶级和全人类的共产主义运动的历史的。

我这篇学科口述录已经写得够长。关于21世纪以来我为振兴国际共产主义运动史学科又做的第六、七、八、九、十件新事，在这里只能简要提及。

第六件新事是重新修改出版由我领衔主编的《科学社会主义的理论与实践》教材，已出版2003年第3版、2005年第4版、2008年第5版、2014年第6版。2018年，将出第7版。这本教材能够长期广受读者欢迎，就是由于它不是单纯从理论上讲科学社会主义的原理，而是把国际共产主义运动史与当代世界社会主义的内容相互融汇，较为紧密地联系历史与现实，文笔较为生动活泼。

第七件新事是2013年应中国工人出版社之邀，由我主编一套"世界社会主义五百年历史人物传略丛书"。我精选了25位先哲、先贤、先烈，分为20册，约请23位作者撰写，已于2015年出版齐全。全套丛书约400万字。我对每个历史人物都加上一句简明的话语，以表明其历史贡献与历史地位。例如，"乌托邦社会主义创始人莫尔""科学社会主义和世界社会主义师祖马克思""巴黎公社革命活动家、国际歌作者鲍狄埃""父子两代社会主义革命家威廉·李卜克内西和卡尔·李卜克内西""世界第一个社会主义国家缔造者、世界社会主义开拓者列宁""南共联盟中央主席、自治社会主义试验者铁托"等。这套丛书荣获国家出版基金奖励。

第八件新事是2013年应北京师范大学出版社之邀，由我主编一套4卷本的"纵论五百年来世界社会主义史"丛书。第1卷是从1516年至1848年社会主义思潮从乌托邦到科学的发展；第2卷是从1847年至1917年社会主义运动从理论到实践的转变；第3卷是从1917年至1991年社会主义制度从一国到多国的演进；第 4 卷是 1978 年以来社会主义革新从区域到全球的拓展。这样分期，很有特色。由老、中、青学者分工撰写，2017 年内能够出版，全书约 120 万字。

第九件新事是 2016 年为纪念莫尔著《乌托邦》的出版和世界社会主义五百年，撰写、发表了 7 篇约 10 万字的文章，分别从微观、中观和宏观剖析《乌托邦》的疑点、难点和热点。其中，我在《中国社会科学》2017 年第 5 期发表的《〈乌托邦〉在中国的百年传播——关于翻译史及其版本的学术考察》长达 2.3 万字，比较分析了 20 种此书中译本，文末建议未来的新译本要按照现代英语发音把此书改译为《优托邦》。我认为，书中所描绘的优美良好的社会理想经过科学论证和人们努力是可以实现的，而乌托邦则是子虚乌有不可能实现的空想。我还有 3 篇文章分别论述了五百年来社会主义从思潮、运动、制度到革新的波澜起伏的发展，继乌托邦之后，又提出了科托邦、优托邦、谐托邦、真托邦、善托邦、美托邦、华托邦和世托邦（世界大同）总共 8 个新概念新名词。这些创新引起社会关注。

第十件新事是从 2017 年 3 月起，湖南社会科学院主办的《求索》月刊采纳我的建议，开辟"国际共产主义运动史研究"专栏。该刊聘请我为这个栏目的主持人，我为这个栏目的启动撰写了 2000 多字的导语，希望全国学者为总结国际共产主义运动史经验教训、加强国际共产主义运动史研究踊跃撰稿。我还积极为该刊约稿、组稿、审稿、改稿。近半年来，已经刊发 12 篇论文，都颇具新意。我撰写的《十月革命的十个问题》和云南大学袁群教授写的《瑞典共产党百年沧桑》已被人大报刊复印资料中心收录，以纪念十月革命胜利 100 年。我还发表《十月革命的必然性与偶然性》和《从十月革命道路到中国特色社会主义道路》两篇文章。

我虽然已满 90 周岁，只要还能坚持脑力劳动，一定年年岁岁为繁荣国际共产主义运动史学科费心竭力，鞠躬尽瘁。当前，中国人民大学正在为建成世界一流大学、一流学科而努力拼搏。国际共产主义运动史学科正是由中国人民大学从 1956 年起首先带头创建的新学科，至今在全国仍有较大影响。我衷心希望学校领导更加重视扶植这门很有中国特色的年轻学科，更加重视我校国际关系学院世界社会主义研究所的教研工作，力求把国际共产主义运动史学科建设成为世界一流学科。这理应成为中国人民大学今后的奋斗目标之一。

史料研究

美国馆藏中国抗战史料中的美国与战时国共关系

董 佳[*]

摘 要 目前学界有关抗日战争的研究取得很大进展，但仍存在国际化视角和外文资料使用的问题。为弥补以上不足，"国际化视野下中共抗战资料"课题组从海外搜集了大量战时海外文献。这些材料来自美国驻华使领馆、国务院、战略情报局、战争情报处、延安"美军观察组"、"中国战区总部"、白宫以及在华记者、教授、银行家、医生等美方人士。值得注意的是，上述机构和人员均为战时美国政府获取中国战场信息的直接来源，他们做出的分析、判断、评估亦最能体现美方的利益诉求和立场观点，并同美国政治、外交、军事政策形成关联，对美国决策者具有重要参考价值，从而使研究者可以透过这些文献，更清晰地了解和认识美国有关政策的决策过程以及其中所体现的战略考虑。

关键词 美国馆藏档案史料 中国抗战 美国使领馆 战时国共关系

1949 年国民党败退台湾，美国政府为回答"谁丢失了中国"这个问题，发表《美中关系白皮书》，由此揭开美国与战时国共关系研究的序幕。数十年来，有关该领域的研究，用汗牛充栋来形容亦不为过。其中代表性的作品，如美国学者沙勒所著《美国十字军在中国》[①]，该书用较大篇幅探讨了二战时期美国对华政策的缘起及决策者的动机，特别是把美国的失败放在中国历史发展和美国对外扩张政策中进行考察。其不足之处在于未阐明对日军事作战对美国对华政策的制约和影响，忽略了美国援华抗日的特定历

---

[*] 董佳，中国人民大学马克思主义学院副教授。
[①] 〔美〕迈克尔·沙勒：《美国十字军在中国》，郭济祖译，商务印书馆，1982。

史背景。菲斯、德雷奇斯尔勒、邹谠等人对二战后期美国调整对国民党政策的原因以及削减美援等问题进行了有益探讨，① 将原因归结为美军在太平洋战场的顺利推进及由此所造成的中国战场的价值降低。不过缺点亦非常明显，即没有解释清楚美国对华外交调整对中国政局和抗战进程的影响，以及美国在美援失效情况下仍然选择援助的原因。而在国内，任东来和陶文钊的研究，② 展示了战时美国援华视野下中美的纠葛与关系的不平等，并梳理了中美关系发展的历史脉络，以及美国对华政策的转变历程。牛军则将中共对外关系的发展放置于抗战与革命的背景下，其中不少内容涉及东亚国际格局与中国革命的互动，特别是国共关系背后的共产国际、苏联和美国对国共关系的介入和影响。③

总的来说，国内外学界在该领域的研究已取得了较大成就，但短板亦显而易见。一是研究议题局限于战时的美国与国民政府关系、美国与中共关系、苏联与中共关系，从世界整体格局的角度考察中国战场在世界反法西斯战争中的实际战略地位，以及各国（主要是美国）战时战略的推行与中国抗日战场关系的研究较为薄弱。二是资料利用方面，研究者多依靠外交文件集和重要当事人的回忆、传记，以二手材料为主，不仅文献使用零散，缺乏系统，原始档案的使用更是付之阙如。为弥补以上不足，"国际化视野下中共抗战资料"课题组先后从美国国家档案馆、国会图书馆、斯坦福大学胡佛研究所、罗斯福总统图书馆、俄克拉荷马大学图书馆搜集了数千份美国驻华大使馆、各驻华领事馆、美国国务院、美国战略情报局、美国战争情报处、延安"美军观察组"、美国"中国战区总部"、罗斯福总统图书馆等重要战时涉华机关的历史资料。作为课题组的研究成员，本文有关美国与战时国共关系的历史文献即出自笔者主编的同名历史档案资料集。这些材料都是与1940~1945年抗日战争有关的美国驻华各地使领馆官员与美国驻华大使、美国国务卿往来信函、电报的档案原件，基本上涵盖了抗战时期国共关系从合作到对抗进而缓和的整个历史进程。这些档案具有内

---

① 〔美〕赫伯特·菲斯：《中国的纠葛》，林海等译，北京大学出版社，1989；〔美〕卡尔·德雷奇斯尔勒：《第二次世界大战中的政治与战略》，军事科学院外国军事研究部译，军事科学出版社，1983；〔美〕邹谠：《美国在中国的失败》，王宁、周先进译，上海人民出版社，1997。
② 任东来：《争吵不休的伙伴：美援与中美抗日同盟》，广西师范大学出版社，2000；陶文钊：《中美关系史（1911~1950）》，重庆出版社，1993。
③ 牛军：《从延安走向世界：中国共产党对外关系的起源》，中共党史出版社，2008。

容广且相对完整的特点,不少内容还系首次对外披露,内容涉及美国对国共关系在战时条件下不同历史时段的评估与预测,其中美国对国共关系及其对国民党和中共的认识与政策改变是所有这些历史文献中的重中之重。在这些档案中,除极少数外,几乎都是美国驻华各地使领馆官员所提交的关于国共关系的原始报告,以及美国大使馆、美国国务院的原始回复。在查阅抗战时期美国关于国共关系的档案文件时,我们发现,在战争期间美国驻华各使领馆首先且最关注的事情就是国共关系的发展及其对远东反法西斯战争的影响。从这一点出发,美国政府对上述问题的评估,不仅把国民党对于破坏国共合作的目标与动机、影响因素和结果,中共的回应与反击,蒋介石、何应钦、陈诚、胡宗南、薛岳等国民党高层人物及毛泽东、周恩来、董必武、林伯渠、林彪等中共领导人的政治立场、思想动态,以及国民党和中共的军事能力、政治谈判及各方采取的行动措施,作为重点评估对象。还特别关注苏联、日本对国共关系发展演变的态度立场和最新动态。而李济深、阎锡山、韩德勤、龙云、白崇禧等国民党地方派系的动向分析,以及各民主党派、社会名流、中间人士对国共关系的见闻感想,乃至斯诺、霍尔、巴苏、林迈可、斯特朗、班威廉、史沫特莱对中共根据地社会政治、经济、文化、宣传、社会、生活等方面所做的新闻报道和亲身经历,亦都在美国政府关注和搜集的范围之列。由此可见,美国政府有关国共关系素材的搜集范围相当广泛,并在此基础上对国共谈判的前景,国共各自的政治动向,国共分裂对中国抗战局势的影响,国共双方在处理二者关系上的看法、能力、意图及可能采取的行动措施等情况进行研判。同时我们在档案中还看到大量美国外交决策部门对国共关系的内部讨论,以及美方应对国民党和中共所采取的政策及政策出台的来龙去脉。上述美国政府对战时国共关系及国共两党的或综合全面或细致入微的观察分析,为我们接触美国对华政策的决策依据打开了一扇新窗,为了解抗战胜利前后美国对国民党和中共的政治立场和政策调整提供了新的材料和视角,同时也对美国对国民党政权外交政策的变迁及中共与美国政府的互动关系,乃至战后美国在中国的失败,进行了最真实完整的呈现。

一 国共关系的变迁与美国政府的评估反应

太平洋战争爆发后,美国关注中国局势,乃是希望中国能拖住日本,尽可能地牵制日军,减轻美国在太平洋地区所受到的军事压力。从这一美国国家利益出发,美国对1940年后的国共摩擦密切关注。不过,美方最初认为,尽管两党的意识形态、政治地位不同,在政治承认、军队规模、势力范围、经济支援、后勤补给等问题上也存在明显差异,但为自保,统一战线将继续存在,而且会随正面战场失利、汪伪政权建立以及德国在欧洲势如横扫而进一步强化。"只要中共能给予蒋介石以抗日政策的全力支持,那么国共公开分裂就几乎是不可想象的事情。"① 从本资料集收录的档案文件看,美方认定,国民党不大可能主动挑起内战,军队集结、边区封锁的主要目的在于向中共施压,促使其接受重庆方面的要求,而不是想扩大冲突。然而,1940年国共在各地连续出现的冲突摩擦,特别是翌年皖南事变的爆发,使美国逐渐改变上述看法。美国政府分析驻华使领馆提供的情报认为,在蒋介石和国民党的总体抗日布局中解决中共问题是其中的一个重要内容,而中共似乎也总是保存和发展自身实力。双方在抗战中都竭力加强自己的力量,并试图超过对方。据此美国政府对于国共关系的判断由乐观转为忧虑。此时美国政府的一个基本观点是,两党争斗将持续下去,内战难以避免。而内战何时打响,很大程度将取决于国民党对内战胜利可能性的估计。如果国民党相信一决高下而迅速取胜的概率很大,那就有可能不会等到对日战争结束。反之,则选择对中共进行遏制。而中共对国民党的对策,美国方面猜测大致会以阳奉阴违的方式继续与之对抗。② 在这一背景下,美国政府担心,国共分裂的结果会削弱中国,使日本坐享渔翁之利。

1942年11月国民党召开十中全会,美国对国民党政权的失望进一步加深。美国外交官员对大会通过的涉及国共关系的《内部团结案》极为不满,认为该案的出台完全旨在加强党的专制独裁,充分暴露了国民党的保守和缺乏远见,最后只能带来极权发展和社会停滞。③ 而到1943年情况更加恶化,国民政府趁太平洋战场和苏德战场激战正酣,在陕西、河南及宁夏、

---

① 《美国驻华大使纳尔逊·T. 约翰逊给美国国务卿的电报:国共关系的进展》(1940年9月21日),NARA II,RG 59 Central Decimal Files 1940–1944,Box 5839 Folder 893.00.14591–14620,pp. 4–5.

② 《美国驻华大使纳尔逊·T. 约翰逊给美国国务卿的电报》(1941年3月5日),NARA II,RG 59 Central Decimal Files 1940–1944,Box 5839 Folder 893.00.14650–14679,p. 2.

③ 《美国驻华大使C. E. 高斯给美国国务卿的信函:行政院有关加强内部团结的决议和国共关系》(1942年12月16日),NARA II,RG 59 Central Decimal Files 1940–1944,Box 5841 Folder 893.00.14921–14985,pp. 4–5.

甘肃一带集结军队，进一步加强对中共在陕北的包围和封锁，截至7月已有近14个师的政府军聚集该地区。与此同时，阎锡山的山西军也驻扎在了陕北以东的晋陕交界地区。美国驻华使领馆人员认为，国民党的上述举动，显然意在利用盟国无暇他顾和共产国际解散的机会，对中共采取更为强硬的政策。而中共在面临强敌压境的情况下，只能被迫做出让步。①

在这种情况下，美国政府判定，国共不会爆发内战，特别是国民党不会主动挑起内战，因为这将给蒋介石的国内和国际地位带来灾难性的结果。蒋介石政权对中共的强硬态度只是希望中共能进入他所设定的圈套，即要么为结束封锁而逼迫中共挑起战争，要么中共选择从陕北撤出向东发展，与日军短兵相接，借日军来消耗或消灭中共。在这一政策的设计里，国民党的底线是绝对不能容忍中共向北、向西和向南的发展与扩张。② 与此同时，美方还注意到，为迫使中共就范，国民党在其控制区秘密清除中共嫌疑分子、限制中共报纸的发行，以及在陕甘宁边区周边修建更多的军事工事和建立高速的军事公路等多种方式，来限制和防范中共。不仅如此，在美国使领馆与美国国务院的往来电报中，我们还可以看到，美方观察国共关系的视角，并没有局限于国共两党，还密切注视国内其他政治派系与国共关系的政治联动，例如龙云、刘文辉、李济深等西南实力派对国民党之于中共的强力弹压，深为不安。于是美国外交部门的往来电报中专门搜集了一些有关西南政治势力与中共频繁互动的政治情报。③ 不过与之相较，更令美国忧心忡忡的是国民政府内部的分裂，有500~600名军事将领甚至一些接近蒋介石的部分核心幕僚，对政府的效率低下和对日作战的不利强烈不满。美国政府研判，一旦国民党对中共进行军事动作，这些人极有可能发动军事叛乱，并引发内战。此外还有情报显示，一直负责包围和封锁陕北的胡宗南部队内部也被中共渗透。因此，各种问题叠加起来使国民政府想要通过军事手段解决中共变得异常棘手。④ 基于上述情况，美国政府最后得出结论，国共

---

① 《艾奇逊给美国国务卿的电报》（1943年7月8日），NARA Ⅱ, RG 59 Central Decimal Files 1940-1944, Box 5841 Folder 893.00.15012-15055, pp. 1-4.
② 《美国驻华大使 C. E. 高斯给美国国务卿的信函：国共关系》（1944年2月1日），NARA Ⅱ, RG 59 Central Decimal Files 1940-1944, Box 5842 Folder 893.00.15241-15279), pp. 3-4.
③ 《美国驻华大使 C. E. 高斯给美国国务卿的信函》（1944年8月3日），NARA Ⅱ, RG 59 Central Decimal Files 1940-1944, Box 5844 folder 893.00-7.12.44-8.10.44, p. 1.
④ 《美国驻华大使 C. E. 高斯给美国国务卿的信函》（1944年2月15日），见附件1，NARA Ⅱ, RG 59 Central Decimal Files 1940-1944, Box 5842 Folder 893.00.15241-15279, p. 3.

关系虽严峻依旧，但双方爆发内战暂时还不太可能。①

值得注意的是，美国政府不仅对国共关系的现状和动态进行评述和预测，还对国共矛盾激化和冲突频仍的原因进行了相当充分的讨论，认为原因有以下几点。第一，美国人认为，统一战线本身就不是一个稳固的和自然而然形成的联盟，而是建立在西安事变基础上非自愿的结果。国民政府是在无奈和被迫的情况下表示抗日的，并选择接受中共的帮助。如果说双方在最初的一年半在共同面临外敌威胁的情况下，尚能基本做到一致对外，那么一旦这个共同的威胁得到缓解，两党结成的统一战线便会面临分裂的危机。第二，两党根深蒂固的不信任和相互猜疑。美方分析认为，国民党始终认为中共的革命目标是旨在中国建立共产主义式的政府，而目前的中日战争恰好对中共有利，国民党必须果断采取措施予以阻止。反观中共，则基于阶级革命立场，坚称国民党和统治阶级已失去了统治合法性，日趋保守反动，代表资产阶级利益，沦为剥削和压迫民众的工具。因此在抗战革命的背景下，中共提出应发动人民，按民主原则有权建立他们自己的政党，发展自己的力量。第三，美国人认为，国共失和很大情况上也是因为双方对统一战线的意义和内涵的理解方面出现重大分歧。国民党认为，中共作为下级要保证听命于政府，而如果真的如此，中共将被政府以经过统一战线为名消融，显而易见国民党的这个政策初衷并没有摆脱一党专政的陈见。而中共明显对国民党的心机明察秋毫，在事实上反其道而行之，有针对性地力图保持其独立身份，由此不可避免地受到国民政府的冷遇和敌视。据此美国政府判断，国共两党不太可能建立真正的统一战线。尽管抗战大敌当前的现状已让双方无法分道扬镳，但根深蒂固的党派偏见和历史教训，使得二者不可能建立真正的合作。事实证明，那种旨在希望国民党能借助社会和土地改革在全国建立一个相对的政治共同体，使国民党变得更加自由化和有活力的观点，是不切实际的。想要愈合国共之间的裂痕，只能靠包括美国在内的外部力量。②

二　美国对国民党的认知、定位和政策

毋庸赘言，美国对中国局势和国共关系的重视，乃是源于自身国家利

---

① 《美国驻华大使 C. E. 高斯给美国国务卿的电报》（1944 年 2 月 8 日），NARA Ⅱ，RG 59 Central Decimal Files 1940–1944，Box 5842 Folder 893.00.15241–15279，p. 3.
② 《美国驻华大使 C. E. 高斯给美国国务卿的信函：国共关系》（1941 年 8 月 20 日），NARA Ⅱ，RG 59 Central Decimal Files 1940–1944，Box 5840 Folder 893.00.14570–14799，pp. 4–5.

益。鉴于国民党及国民政府在对日抗战中的重要性,对国民党及其政权进行分析和评估,自然也就成为美国政府理解和把握国共关系现状和未来变化的一个基础。而在本资料集收录的美国档案中,亦有相当多的文件涉及美方对国民党的认识和评价。从美国驻华使领馆与美国国务院的往来电文中,我们可以看到,美国政府自认为凭借与国民党政府多年打交道的经验,"对中国的情况已经非常熟悉了"。然而,面对这位自己在远东地区抗衡日本的重要盟友,美国政府却将其视为是一个热衷于维护自身权力、依靠专制独裁和军事强权执政的反动政权。在美国人的眼中,腐败、失职、混乱、经济困窘、苛捐杂税、空话连篇、对民生漠不关心,特别是专制权力在社会各个角落的蔓延,使国民党政权与一个具有民主外观的政府相去甚远,而类似于法西斯极权主义。① 更令美国政府反感的是,国民党实行的分共政策使抗日民族统一战线不可避免地陷入分裂,结果不仅影响到国共关系,还波及整个远东地区的对日作战大势,而这恰好与美国的国家利益以及美国试图"以最小的代价尽快地击败日本"的国家目标相悖。特别是在美国政府关心的军事领域,美方指责国民党造成的国共分裂不仅无益于抗日,反而将大量训练有素和装备精良的军队调离抗日前线,用于封锁中共根据地,从而加重美国对日作战负担,并可能导致美国单独对日作战。反观国民党,则试图在战争中不劳而获,把希望寄托在盟友身上,靠搭便车,取得对日战争的胜利。据此美方内部认为,"美国政府没有必要对蒋介石抱有留恋,因为他身边的人都是一些自私和腐败、无能力和起阻碍作用的家伙"。甚至"蒋介石个人也一直对美奉行着哄骗、敲诈、讨价还价、虚张声势的机会主义式政策"。② 与此同时,中国经济正迅速走向崩溃,而国民党却一意孤行,不断丧失人民信仰,特别是失去接受美国教育、开放民主的自由主义者和知识分子的支持。农民亦由于厌战、过度征兵和过度征税,成为中共进行革命宣传的社会温床。③

---

① 《美国国务院给美国驻华大使馆的电报》(1944年5月20日),NARA Ⅱ,RG 59 Central Decimal Files 1940 - 1944,Box 5843 Folder 893.00.15380 - 15425,p.2.
② 《美国驻华大使馆抄送关于我们与蒋介石的关系需更加现实的报告》(1944年11月22日),NARA Ⅱ,RG 59 Central Decimal Files 1940 - 1944,Box 5844 folder 893.00 - 10.17.44 - 12.13.44,p.6.
③ 《美国国务院给美国驻华大使馆的电报》(1944年5月20日),NARA Ⅱ,RG 59 Central Decimal Files 1940 - 1944,Box 5843 Folder 893.00.15380 - 15425,p.6;《谢伟思发给美国国务院远东司的信函》(1943年1月23日),NARA Ⅱ,RG 59 Central Decimal Files 1940 - 1944,Box 5841 Folder 893.00.14921 - 14985,p.5.

因此从美国政府内部的认识和判断看，国民党政权其实是一个"不称职的""不合作的""虚弱的"盟友。① 鉴于国民党政权不能有效牵制和配合美军，甚至破坏中国的对日联合战线，美国政府对其怨声载道，抱怨连连，指出"我们不能指望同蒋介石取得很好的合作"，②"我们对蒋介石政权并无任何愧疚之意，甚至国民党政府即便最终垮台，也不会对中国的抵抗产生严重的影响"。③ 由此可见，抗战结束前美国政府对国民党政权的反感和厌恶已溢于言表，一种旨在另寻合适对象并取而代之的想法在美国人心中已呼之欲出。例如1944年11月22日谢伟思应史迪威之邀编写的中美关系备忘录中，就明确提出"为了战争和我们未来在远东地区的利益，现在我们对中国应采取一种更现实的政策。不管是蒋介石，还是国民党政权，对我们当前的事业来说，都不重要"，④ 美国应避免死心塌地地支持蒋介石，应有所准备，能够在战时或战后适应中国可能出现的改组，"我们不能只同蒋介石一个人打交道，这样做只会把好牌都拱手让给蒋介石，不能把宝都押在国民党方面"。⑤

由上不难看出，显然美方一方面难掩其对国民党的失望，另一方面已开始做调整对国民党政策的准备。特别是在国共关系和对日作战方面，谢伟思等美方官员直言，美国应立即采取措施向国民党政府施压，促使其改革，以避免中国形势的恶化。并明确提出，美国政府应向"想要打仗"的中共派遣代表。值得注意的是，尽管美国国务卿、美国大使等负责制定美国对华政策的高级官员并未对谢伟思等人的看法明确表态，但从美国政府

---

① 《美国驻华大使 C. E. 高斯给美国国务卿的信函：抄送关于对毛泽东的采访；莱斯关于美国对中共政策的报告、美军对中共援助的可行性》（1944 年 9 月 28 日），见附件 3，NARA Ⅱ，RG 59 Central Decimal Files 1940 – 1944，Box 5844 folder 893.00 – 9.20.44 – 10.16.44，p. 23.
② 《美国驻华大使馆抄送关于我们与蒋介石的关系需更加现实的报告》（1944 年 11 月 22 日），NARA Ⅱ，RG 59 Central Decimal Files 1940 – 1944，Box 5844 folder 893.00 – 10.17.44 – 12.13.44，p. 7.
③ 《美国驻华大使馆抄送关于我们与蒋介石的关系需更加现实的报告》（1944 年 11 月 22 日），NARA Ⅱ，RG 59 Central Decimal Files 1940 – 1944，Box 5844 folder 893.00 – 10.17.44 – 12.13.44，p. 1.
④ 《美国驻华大使馆抄送关于我们与蒋介石的关系需更加现实的报告》（1944 年 11 月 22 日），NARA Ⅱ，RG 59 Central Decimal Files 1940 – 1944，Box 5844 folder 893.00 – 10.17.44 – 12.13.44，p. 3.
⑤ 《美国驻华大使馆抄送关于我们与蒋介石的关系需更加现实的报告》（1944 年 11 月 22 日），NARA Ⅱ，RG 59 Central Decimal Files 1940 – 1944，Box 5844 folder 893.00 – 10.17.44 – 12.13.44，p. 7.

的内部往来讨论中,却可看出谢伟思的观点实际代表了一种美国国内的普遍看法,即向国民党政权施加压力和适当与中共相接近,是符合美国利益的。① 于是在这种情况下,美国政府逐步收紧对华军事援助,一方面继续向中国增派空军及提供其他援助,另一方面对国民党政权对援助设施的使用予以严格限制,确保其不被用于国共内战。同时,加大对国民党施压,迫使其实行民主化改革,以便从根本上解决国共问题,削弱中共的民众支持,抑制共产主义在华的传播。②

三 美国政府对中共的认识与政策转变

有意思的是,国民党是美国的抗日盟友,然而二者在共同对日作战中貌合神离,甚至出现裂痕。而中共虽然与美国意识形态相左,却逐渐在抗战中取得其青睐。原因何在?从本资料集收录的相关文件看,除中共具有军事战略的利用价值外,③ 美国政府之所以提出联共、援共,可能是出于如下考虑。

第一,美国政府认为,中共虽与苏共结构相同,两者意识形态却不一致。从美国使领馆给美国国内发出的有关中共的电文看,美国人认为,所谓中国共产党人,不过是些具有温和社会主义理念的自由主义的农民运动家,与俄国式"共产主义"革命无涉。其政治诉求只是想在农业和工业方面进行有限度的变革,并不是把共产主义当作煽动革命的工具。而在促使美国政府转变对中共的上述认识的过程中,斯诺、史沫特莱、斯特朗、林

---

① 《美国驻华大使馆抄送关于我们与蒋介石的关系需更加现实的报告》(1944年11月22日), NARA Ⅱ, RG 59 Central Decimal Files 1940 – 1944, Box 5844 folder 893.00 – 10.17.44 – 12.13.44, pp. 4 – 5.
② 《美国驻华大使 C. E. 高斯给美国国务卿的信函:国共关系》(1943年10月14日), NARA Ⅱ, RG 59 Central Decimal Files 1940 – 1944, Box 5842 Folder 893.00.15160 – 15189, p. 7.
③ 美国政府认为在军事上支援中共可以起到如下积极效果。(1) 中共在长江北岸占据了极为有利的战略地点,这些地方十分靠近日军的交通线。从这些中共占据的重要交通线出发,中共可以向主要城市靠近,切断敌人的铁路线。随着美军逐渐掌握南海的制海权,这些交通线会变得越来越重要。(2) 中共在游击战方面经验丰富,斗志旺盛,通过援助可以进一步鼓励其进行军事行动。(3) 美方提供给中共武器装备的数量和吨位不大,数量也不多,但可以起到破坏日军交通、工业和补给的目的。特别是空袭对目标距离要求较高、需要消耗大量汽油和完善后勤保障方面,如果中共能通过游击战破坏日军的铁路交通线,则不仅事半功倍,还能解放美国空军,让其去做其他更重要的任务。《美国驻华大使 C. E. 高斯给美国国务卿的信函:抄送关于对毛泽东的采访;莱斯关于美国对中共政策的报告、美军对中共援助的可行性》(1944年9月28日),见附件3, NARA Ⅱ, RG 59 Central Decimal Files 1940 – 1944, Box 5844 folder 893.00 – 9.20.44 – 10.16.44, pp. 25 – 26.

迈可、霍尔、巴苏、班威廉等人功不可没。这些人中有银行家、医生、作家、记者、教授、传教士，在根据地或长期久居，或短期驻足。在他们访问期间，边区的军事活动、政治组织以及昂扬向上的革命风貌都给他们留下深刻印象。其超然的政治立场、可信的亲身体验及较高的社会知名度，使他们对中共和根据地的看法颇具代表性。而美国驻华使领馆则将他们笔下进步光明的中国共产党形象传递给美国政府，成为其制定外交战略决策的重要依据，因此斯诺、史沫特莱、斯特朗、林迈可等人的观点对美国对国民党和中共的态度转变产生了重要影响。

第二，美国人将援助中共视为一种阻止国共爆发内战的方式，看好中共的未来发展。美国深信，中共实力将在援助后得到增强，而这很有可能改变中国国内政治势力的平衡，在这种情况下国民党很有可能会不得不改变其政策和统治方式，甚至改变目前专制体制，转向与中共合作，进而实现统一、民主和强大中国，"这正是我们希望最后带来的结果"。而一旦国民党拒绝改革，导致内部分裂和局势失控，乃至政权崩溃，美方将不得不考虑谁将取代国民党统治中国的问题。从目前情况看，最有可能的就是中共。即使中共不能统一全国，也会在未来扮演重要的角色。[①] 因此美国援助中共，并非意在当下，而是从美国在华利益的长远着眼。

第三，范宣德、戴维斯、谢伟思、包瑞德等美国驻华军政官员对推动美国转变对中共政策、决定向其援助出力颇多。其中贡献最大的当属美国驻华大使馆二秘兼史迪威政治顾问谢伟思的个人推动。1943年初谢氏曾先后三次致电美国国务院，要求美国政府派代表团访问边区，最终1944年8月美军观察组抵达延安。而该代表团是美国官方派驻中共根据地的第一个使团，标志着"美国与中共领导之间正式接触的开始"。[②] 此后作为观察组成员的谢伟思，与毛泽东等中共领导人举行多次会谈。在对中共领导人的近距离观察中，毛泽东等中共领导人真诚、开放、坚韧、有活力、注重实际和强烈的集体主义和组织观念等优秀品质，深深嵌入谢氏的脑海。他建议美国政府应在将来的国共关系中采取更为清晰明确的政策，帮助中共，

[①] 《美国驻华大使 C.E. 高斯给美国国务卿的信函：抄送关于对毛泽东的采访；莱斯关于美国对中共政策的报告、美军对中共援助的可行性》（1944年9月28日），见附件2，NARA Ⅱ，RG 59 Central Decimal Files 1940–1944, Box 5844 folder 893.00–9.20.44–10.16.44, pp. 21–22.

[②] 〔美〕伊卡恩：《中国通》，陈亮等译，新华出版社，1980，第146页。

使其成为未来中国的重要角色。① 他认为，从中共的本质、政策和目标看，中共的发展在长远上是符合美国利益的。② 值得注意的是，谢伟思给美国政府的不少建议，被后来的美国政府采纳。而事实上，也正是在谢伟思、戴维斯、包瑞德等人的积极呼吁和推动下，美国政府最终决定向中共提供援助，实行"国共两边下注"，"是一个较为妥善和圆满的选择"。③ 这样的结果是，美国不仅向中共提供军事装备，④ 还加强了与中共的外交互动。其中最大的成果，即1944年底美国大使赫尔利造访延安与毛泽东达成"五点协议"。包括共同敦促蒋介石达成一个旨在促进国内团结抗战的协议；组织一个联合政府和一个联合的全国军事委员会；新政府将是包括所有抗日党派和无党派团体在内的新的民主联合政府；这个新政府，应承认国民党、中共和其他所有抗日力量的合法性，还将平等分配外国援助；中国将实行信仰自由、出版自由、集会自由。这意味着中共与美方在对日作战和维护团结问题上取得了重要共识。中共逐渐由战时孤立无援的弃子，变成美国援助的新宠。特别是在建立包括美国在内的世界反法西斯统一战线的大舞台上与国民党开始了一场无硝烟的斗争，并由此对美国与国民党政府的关系、国共关系，乃至战后国共内战的结果产生深远影响。

---

① 《美国驻华大使C.E.高斯给美国国务卿的信函：抄送关于对毛泽东的采访；莱斯关于美国对中共政策的报告、美军对中共援助的可行性》（1944年9月28日），NARA Ⅱ，RG 59 Central Decimal Files 1940–1944，Box 5844 folder 893.00–9.20.44–10.16.44，p. 5.
② 《美国驻华大使C.E.高斯给美国国务卿的信函：抄送关于对毛泽东的采访；莱斯关于美国对中共政策的报告、美军对中共援助的可行性》（1944年9月28日），见附件2，NARA Ⅱ，RG 59 Central Decimal Files 1940–1944，Box 5844 folder 893.00–9.20.44–10.16.44，p. 22.
③ 《美国驻华大使C.E.高斯给美国国务卿的信函：抄送关于对毛泽东的采访；莱斯关于美国对中共政策的报告、美军对中共援助的可行性》（1944年9月28日），NARA Ⅱ，RG 59 Central Decimal Files 1940–1944，Box 5844 folder 893.00–9.20.44–10.16.44，p. 3.
④ 这些援助包括美国政府负责向中共提供足以满足2.5万人除食物和衣物外的全部装备，指导学员使用美军武器（如炸药和通信工具等），与八路军合作建立智能电报网，以及提供至少供10万人部队使用的伍尔沃斯手枪等。见《威利斯·H.伯德给美军中国战区总参谋长的信函：延安之行》（1945年1月24日），NARA Ⅱ，RG 226 Entry A1 148：Field Station Files New York/Overseas，Box 7 Folder 103，p. 1.

史料选登

关于马克思主义中国化重要文献史料二则[*]

郝思佳　王新刚 整理[**]

编者按　本辑选取了《关于马列主义中国化问题》及《关于政治经济学的中国化》两篇重要文献史料。其中《关于马列主义中国化问题》是延安时期中国共产党新闻事业的奠基人杨松同志发表在《中国文化》第1卷第5期上的文章——《关于马列主义中国化的问题》内容节选。该文是党内最早呼应并阐述毛泽东关于"马克思主义中国化"命题的理论文章，是马克思主义中国化进程中的扛鼎之作，对推动马克思主义中国化的深入发展发挥了不可替代的重要作用；《关于政治经济学的中国化》是新中国成立之初，时任华东财经委副主任、上海市工商局局长的许涤新发表的重要理论文章。在参与新中国建设的同时，许涤新创作并出版了马克思主义政治经济学中国化的重要著作《广义政治经济学》，提出了马克思主义政治经济学的中国化这一理论课题。《关于政治经济学的中国化》与该书同期发表，文章回顾并反思了西方经济学理论在中国传播过程中的问题，重申了政治经济学的中国化应以广义政治学中国化为前提的理论主张，并强调了中国史实资料在经济学研究中的价值。

---

[*] 本文为中国人民大学科学研究基金（中央高校基本科研业务费专项资金资助）项目（项目号：17XNLG07）阶段性成果。

[**] 郝思佳，中国人民大学马克思主义学院2016级博士研究生；王新刚，河北科技师范学院思想政治理论教学部讲师。

关于马列主义中国化的问题（节选）*

（1940年7月25日）

杨　松

关于马列主义中国化的问题。可以分为以下五个小问题来讲：（一）马列主义中国化的意义；（二）马列主义中国化的历史发展；（三）马列主义中国化的成绩和严重的缺点；（四）马列主义中国化的当前具体任务；（五）马列主义中国化的方法论问题。

一　马列主义中国化的意义

（一）抗日的文化统一战线是抗日民族统一战线的一部分，它本身包含有统一性和斗争性。它的统一性表现在：马列主义的文化人和其他各党各派的文化人，在文化战线上共同反对日本帝国主义的殖民地奴化政策和反对封建的复古倒退的文化运动。它的斗争性表现在：马列主义者的文化人在这个统一战线中，坚持自己马列主义的宇宙观和人生观，坚持自己对于科学的共产主义的信仰，而应用马列主义的思想武器，应用马克思和列宁的唯物辩证法，去批判一切非无产阶级的思想意识，为建立以新民主主义的内容为内容和以中华民族的形式为形式的中华民族新文化，并在中国历史学、政治经济学、哲学、文学、音乐、美术、戏剧、诗歌和自然科学中，获得、巩固和发展自己的地位。

（二）"马列主义不是教条，而是行动的指导。"中国的马列主义者若不把马列主义具体地应用到中国具体环境中去，若不把马列主义中国化，就不能使马列主义更加深入中国，就不能更加充实和发展马列主义，只把马列主义当作了教条来背诵。反之，假如我们能把马列主义中国化，或说使中国各门学术马列主义科学化，那么不仅充实和发展了马列主义，并且把中华民族的文化发扬光大，而在全世界的人类文化中获得自己的光荣灿烂的地位。

我们为什么学马列主义？不是为学马列主义而学马列主义，不是"无

---

* 本文原载《中国文化》第1卷第5期，1940年7月25日。

的放矢"，而是"有的放矢"。就是说，我们学习马列主义，不仅是为了解释中国社会发展的规律和了解现实，而且是为了改造中国，为了抗战服务，为了推翻殖民地半殖民地的和半封建的旧中国，为了建立新民主主义的共和国而奋斗，即是说，为了建立三民主义的新式中华民国而奋斗。

马列主义若不中国化，就是说，比方我们把马克思的"资本论"背得烂熟，这当然是很好的，但是，这只做了一半的工作，若不更进一步去具体地研究和分析中国经济的发展，若没有找出中国经济发展的特殊性和它与世界各国经济发展的共同性，那么，这样的经济学家是犯了理论脱离实际的毛病，是教条式的抽象的马克思主义。不仅经济学如此，其他如历史学、哲学、文学等等亦然。

因此，正如毛泽东同志所说："共产党员是国际主义的马克思主义者，但马克思主义必须通过民族形式才能实现。没有抽象的马克思主义，只有具体的马克思主义。所谓具体的马克思主义，就是把马克思主义应用到具体环境的具体斗争中去，而不是抽象地应用它。作为伟大中华民族的一部分而与这个民族血肉相联〔连〕的共产党员，离开中国特点来谈马克思主义，只是抽象的空洞的马克思主义。因此，马克思主义的中国化，使之在其每一表现中带着中国的特性，即是说，按照中国的特点去应用它，成为全党亟须解决的问题。洋八股必须废止，空洞抽象的论调必须少唱，教条主义必须休息，而代替之以新鲜活泼的、为中国老百姓所喜闻乐见的中国作风与中国气派。"（《解放》第57期，第36～37页）

二 马列主义中国化的历史发展

马列主义不是"舶来品"，不是像叶青之流所说的，不适用于中国，而是适合于中国的国情，在中国生长发育和日益壮大起来。何以见得呢？我们可以从它在中国发展的历史过程，得到完全的证明。

一、科学共产主义传入到中国，不过是最近20年的事情，是在1919年五四运动以后。正像毛泽东同志所说的：在这20年来中国新民主主义的文化运动的发展，大致上可分为三个时期，就是从1919年五四运动起到1925～1927年大革命止为第一个时期，十年苏维埃工农民主革命为第二个时期，从七七抗战以后到目前为第三个时期。在每个时期内中国无产阶级的思想代表者——中国马列主义者，都是与其他进步的阶级和阶层结成文化思想上的统一战线,以共同反对外国帝国主义的奴化政策和国内封建主义的文化,为新民主主义的文化而斗争;同时,在这个统一战线中宣传和发展自己的科学学说——马列主义,把马列主义具体地应用于中国的具体环境,把马列主义中国化了和中国化着,也使中国学术马列主义化了和马列主义化着。

二、在这短短20年中,马列主义思想不仅在中国组织上形成了中国国内第二个大政党——中国共产党,它准备了和参加了1925~1927年大革命,它领导了十年苏维埃工农民主主义的革命,它提出了和形成了抗日民族统一战线,在目前领导着八路军、新四军、抗日游击队和成百万的群众,在敌后方坚持抗战,并且,它成为全世界共产主义运动中第二个大政党,成为仅次于苏联共产党(布)的共产国际下的第二个支部。

(二)为什么马列主义在中国能够得到这样广泛的传播呢?这是因为:

一、马列主义本身是科学的真理。马克思和列宁的唯物辩证法是自然界、人类社会和思想运动的一般法则,马列主义发现了社会发展和政治斗争的规律;它是过去数千余年人类思想发展之大成,它之为科学是像生物学家达尔文的学说、物理学家牛顿的学说、天文学家克皮尔尼克的学说等等一样的。资本主义社会的发展和自然科学的每一个新发展,都日益证实马列主义的正确性,如像马克思根据资本主义社会发展的规律,说资本主义危机是不可避免的。说资本主义每隔八至十年,就要发生经济危机一次,从1825年资本主义第一次生产过剩的危机起到现在最近一次危机止,都证实了他的学说。又如列宁根据帝国主义时代资本主义发展不平衡性的规律,他曾经做出三个结论:第一,重新瓜分世界的帝国主义战争是不可避免的。1914~1918年帝国主义战争证实了,目前第二次帝国主义战争再一次证实了列宁的观点;第二,在一个国家内社会主义革命的胜利和社会主义建设的胜利是可能的。现在在苏联已证实了,苏联在国内已建成社会主义社会,并且逐渐由社会主义过渡到共产主义社会;第三,在殖民地半殖民地内反帝国主义的民族革命战争不仅可能和不可避免,而且,是可能胜利的。目前中国民族抗战是证实了和证实着列宁的观点。

二、是因为中国社会存在生长和发展马克思列宁主义的客观历史和经济条件。正如毛泽东同志所说的,中国资产阶级民主革命的历史过程,若从1840年第一次鸦片战争起,到现在整整一百年了。但是,在1850~1864年太平天国革命时,马克思主义为什么没有传入中国呢?哪怕《共产党宣言》已公布于1848年,而且马克思、恩格斯曾亲自写了许多关于第一次和第二次鸦片战争的论文、关于太平革命的论文,但是,当时不仅马克思和恩格斯的学说未传入中国,而且,西欧资产阶级民主主义的思想,如卢骚、孟德斯鸠等等的学说,也未传入中国,仅仅只有洪杨的原始反满种族革命的和原始共产主义的思想。这是因为什么呢?这是因为:当时我国的社会和经济还没有接受马克思主义的客观历史条件。当时外国资本主义刚刚侵入到中国,当时我国既无近代中国民族资产阶级,也无近代我国无产阶级,因此,只能有反映破产农民和手工业者的需要的原始共产主义思想和反满的种族革命思想。这是什么意思呢?这就是马克思所说的:"不是社会意识决定社会存在,而是社会存在决定社会意识。"

到1898年戊戌政变时,已经和太平革命时不同了,这时已经产生着和流传着康梁和谭嗣同等自由派妥协派资产阶级的改良主义的思想,同时还产生了和发展了孙中山革命派的资产阶级民主主义的思想。西欧资产阶级民主主义和改良主义的思想大大地传播中国,并且,由这些思想中国化的结果,而产生了自由派资产阶级改良主义的康梁的维新学说和政治主张,以及孙中山的三民主义思想。这是因为什么呢?这是因为从1840年第一次鸦片战争以后,到这时已经将近六十年了,欧美资本主义之侵入,中国封建经济之崩溃和中国民族资本主义之少许发展,特别是由于在第一次中日战争中中国的失败,民族危机之加深,引起了一部分官僚和资产阶级的民族觉悟,造成了接受西欧资产阶级旧民主主义和改良主义思想的客观历史和经济的条件,而康梁所发起的启蒙运动和孙中山三民主义思想的传播,准备了1911~1912年的资产阶级革命。但是,当时马克思主义还未传入中国,哪怕当时西欧许多国家如德国、法国已产生强大的社会民主党,而在俄国已产生以列宁为首的布尔塞维主义。为什么在这个时候马克思主义还不能流传于中国呢?因为当时我国近代工业无产阶级还很薄弱,它在国内经济和政治生活上还没有造成广泛地和深入地接受马克思主义的客观历史和经济条件。这又是什么意义呢?这又是如马克思所说:"不是社会意识决定社会存在,而是社会存在决定社会意识。"

然而,到了1914年第一次世界大战发生以后,特别是从1917年俄国十月社会主义革命以后,在我国思想界的情形发生了很大的变化。1915年《新青年》出版,接着各派社会主义的思想传入中国,如无政府主义、基尔特社会主义、马克思主义等传入中国,经过不久的时间,马克思主义战胜了其他一切非科学的社会主义的思想。在1921年正式在组织上形成了中国无产阶级的马克思列宁主义的政党——中国共产党。为什么到五四运动以后，马克思列宁主义才能广泛地传入中国，而得到中国先进知识分子和无产阶级之接受呢？因为马克思列宁主义是无产阶级的思想体系。经过1914～1918年帝国主义大战，中国民族资本主义进一步之发展，中国无产阶级也随之进一步发展和形成，造成了接受和发展马克思列宁主义的客观历史和经济条件。这又是证明什么呢？这又是证明马克思的历史唯物论之正确："不是社会意识决定社会存在，而是社会存在决定社会意识。"这也是证实中国共产主义之传播和中国共产党之产生，不是像叶青之流所说的"由于外铄"，而是由于共产主义之在中国有适当的土壤。当然，俄国十月社会主义革命之胜利与1919年共产国际之成立，给予中国共产主义之发展和中国共产党之产生与发展，有很大的影响和推动。但是，中国共产主义运动之发生和发展的主要原因还是由于内部的原因。这也正是如像斯大林同志所说的："革命是不能输出的。"

三 马列主义中国化的成绩和严重的缺点

五四运动以后，马列主义开始传入中国以来，在这二十年中，特别是在最近十余年来，马列主义的中国化确实已收到了很大的成绩，证明中国共产党真正是科学的创造式的马克思列宁主义的政党，绝非如共产主义的叛徒叶青之流所说的，中国共产党没有理论。我们现在检查起来，可以简单列举如下：

一、在对于中国社会经济性质方面，中国共产党确定了中国社会经济的半殖民地性和半封建性占统治地位，同时指出了中国民族资本主义之相当发展，击溃了托洛茨基主义在这方面的反革命理论。

二、关于中国社会各阶级和阶层的相互关系，中国革命的性质、任务、动力和战略与策略等等问题上，充实了和发扬了马克思列宁和斯大林关于殖民地和半殖民地革命的学说（如像共产国际和中共历次关于中国革命的决议）。

三、关于国家政权的形式，中国共产党在帝国主义时代资产阶级性民主主义革命中，在十年苏维埃运动中，证明了苏维埃不仅是无产阶级专政的国家政权形式，并且是工农革命民主专政的国家政权形式，并且，在目前提出了为新民主主义共和国而奋斗的口号。它正如毛泽东同志所说的，既非十七、十八世纪西欧资产阶级革命所产生出的旧式资产阶级的民主共和国，如现在法国和美国，亦非如现在苏联无产阶级专政的国家形式。

四、关于建立新的人民的革命军队和军事战略战术的学说，中国共产党以毛泽东同志为首，发挥了和具体化了马克思、恩格斯、列宁、斯大林关于战争和军事的学说（如像毛泽东同志在十年内战中战略和战术的发挥，在目前抗战中所著《论持久战》和《论新阶段》）。

五、关于中国农民土地问题，中国共产党领导了十年的土地革命，把马克思和列宁关于这方面的理论和策略更加具体化了和充实了其内容。

六、关于建立新式的马克思列宁的布尔什维克共产党方面，中国共产党在其反陈独秀机会主义、反盲动主义、反李立三路线和反张国焘路线的斗争中，在殖民地和半殖民地国家内建立新式共产党方面，也更加充实了和具体化了马克思和列宁关于党的学说。

七、由于党的和非党的布尔塞维克在我国各门学术方面的研究和刻苦的工作，在我国各门学术的马列主义化方面，也有许多成绩。如鲁迅的文学，他的批评和他关于马列主义文学理论和艺术理论之介绍。

八、在翻译和介绍马列主义的经典著作方面，在大革命失败以后的十年间，特别是在抗战三年以来，做了许多宝贵的工作，如像马克思《资本论》的出版，恩格斯《反杜林论》、《自然辩证法》之中文翻译，《马恩选集》之出版，列宁《唯物论与经验批判论》、列宁《俄国资本主义之发展》、《列宁选集》和《斯大林选集》之出版，斯大林《民族殖民地问题》之出版，《联共（布）党史》之中文版，等等。这是马列主义中国化的初步和必要的工作。

九、在马列主义的通俗化和大众化方面，虽然难免某些错误和庸俗化的毛病，但是，由于共产党人及同情者的共同努力，也做了一些工作，获得了一些成绩。

十、西欧启蒙运动者的著作和俄国古典文学、苏联和英、法、美等国无产阶级文学的翻译和介绍方面，也做了一些工作，如像黑格尔《逻辑学》和《历史哲学》的中文出版，以及其他启蒙运动者某些著作之翻译。托尔斯泰、杜思妥亦夫斯基、高尔基、夫尔曼洛夫、绥拉菲摩维支、法捷耶夫等等作家小说之中文翻译。

（二）但是，在马列主义中国化方面也正存在着严重的缺点。应当指出，中国马克思列宁主义者目前在思想和理论战线上的工作，比他们目前在政治上和军事上的工作，比他们目前伟大实际革命斗争，比目前客观历史的需要，是大大地落后的。这是目前马列主义者在思想战线上的严重的弱点与缺点。更加具体地说来，有如下的缺点：

一、在大革命失败后，关于中国社会史和中国农村经济性质的争论中，虽然说：基本上把托洛茨基主义的观点击溃了，但是，托派许多书籍，如反革命马扎尔所著《中国农村经济》、沙发洛夫的《中国历史概论》、托派关于亚细亚生产方式的理论等等还没有给以系统的批评，并且在这方面还没有积极的伟大的理论著作，如像列宁关于俄国资本主义之发展和列宁关于俄国农民土地问题那样深刻和科学的杰作，以及其他理论著作，从革命理论的建树上，去根本击溃反革命的托洛茨基主义的残余，并给托派关于这方面反革命理论的彻底袭击。

二、在哲学上，我们直到今天还没有对布哈林的机械唯物论和德波林的孟塞维克的新康德主义的唯心论，作一个总的清算，因为他们的书籍，大都翻译成中文，在俄文中他们的书籍已没有读者了，他们反革命的反马列主义的理论已在苏联读者面前揭露出来了，但在中国还做得不够。就是米定所著《辩证唯物论和历史唯物论》一书，作者自己批评了自己的错误和缺点，在中国哲学界也没有反映。

三、在政治经济学方面，波格达洛夫的错误和布哈林观点，孟塞维克卢宾的唯心主义的错误，他们的著作也翻译成中文了，并且，有许多所谓"马克思主义者"根据他们的错误观点而自行著书立说。这一批判工作在苏联和其他兄弟党内已经做了，但在我们中国还没有做，或说还做得不够。

四、在历史学上波克罗夫斯基学派的反马克思主义的意见，如像他把历史学没有看成一门科学，而当成社会学和他的"商业资本主义"的理论等错误观点，还流行于我国历史学领域之中。他的《俄国史》和其他著作，也有中文译本。但是，我们还未能对他的反历史的反马克思主义的理论作一彻底的科学的马克思主义的批判。

五、在翻译和介绍马列主义的经典著作方面，在数量上来说，尚比英、美、法、日等国兄弟党落后，如像《马恩全集》在英、法、德、俄、日文已出版，中文还没有；《列宁选集》在英、法等文中早已出齐，中文尚只出了八本；此外，如马克思和列宁的许多著作，只是到最近数年，才由苏联马、恩、列学院出版的，如马克思的《历史笔记》，马克思关于高级数学的著作，马克思的《德国意识形态》，列宁的《哲学笔记》，他的关于著《帝国主义论》一书的笔记等等，中文尚未出版。《列宁全集》还没有动手翻译成中文。就质量上来说：那么应该指出，除莫斯科外国工人出版社中文出版部和延安解放社所出版者外，其他翻译都有许多严重的错误；并且，就是我们自己出版的，也常有错误。

六、中国的马列主义者在自然科学领域中，像王明同志所说的，差不多还完全没有获得自己的阵地，在这方面，中国马列主义者不仅是对于整个马列主义没有什么贡献，并且，甚至马克思和列宁关于这方面已有的理论，也没有把它通俗化，没有把它散布到中国自然科学家中去。

七、中国马列主义者是最彻底的唯物主义者即辩证唯物主义者。但是为了反对帝国主义的奴化政策，反对封建主义的文化和反对资产阶级的唯心论，为了共同反对宗教、迷信和愚昧无知，我们应该和其他唯物主义者和自然科学家建立统一战线，并且应该大批翻译和出版17～18世纪早年西欧资产阶级启蒙运动家、思想家和哲学家的著作，如培根、斯宾诺莎、霍布士、黑格尔、霍尔巴黑、费尔巴哈等等的著作。在这方面，中国马克思列宁主义者的工作是做得太少了。但是，共产主义的叛徒如叶青之流却抛弃了黑格尔哲学中的精华——辩证法，他用诡辩学去代替了黑格尔的辩证法，并且，大干其挂羊头卖狗肉的勾当，居然大写其关于黑格尔哲学的"著作"。

八、在马列主义的通俗化方面，我们中国的马列主义者虽然做了一些工作，但是，做得太少和不太够。现在到处都喊着缺乏中级和通俗的读物，到处叫喊着看马、恩、列、斯的书籍看不懂。

关于政治经济学的中国化[*]

（1949年10月）

许涤新

一 俗流学派谈不到中国化

这里所谓中国化系指马列主义的政治经济学而言，反之，资产阶级的

---

[*] 本文原载《经济周报》第9卷第19期，《新华月报》1950年1月号转载。

俗流学派的经济思想,根本是谈不到中国化的。

中国资产阶级的经济思想是直接从资本主义先进国输入的。这些经济思想,恰如舶来的商品一般,是原封不动地被中国的御用经济学者吞进肚子去的。半殖民地的中国,处处呈现依赖性,在思想界方面,亦依然依赖"进口贸易"!在中国的经济学界中,亚丹斯密的"国富论",虽很早就被严复在"原富"的标题之下,用古文译出来,但影响并不大。一般人都把它当作"诸子百家"的一支罢了。李嘉图的学说,支持的亦寥若晨星;倒是奥国学派的边际效用说和时差利息说,在中国出尽了风头。直接从美国运入的教本和中国人自编的一些经济学原理,都是以奥国学派的学说作为根据的。奥大利学派的基本命题建立在超历史的观点之上;在奥大利派的心目中,资本主义的制度是千秋万世的。中国的奥国学派的信徒,硬把中国经济与欧美的资本主义等量齐观;硬把他们脑子中的那一套边际效用和时差利息的概念,套在中国经济的头上。在这种情形之下,他们最大的本事就只在某些不相干的地方,塞入一些有关中国的统计材料而已。这又算什么呢?庸俗派的反历史观点,根本就截断它们经济思想中国化的去路。

二 新兴经济学在中国

马列主义政治经济学之流入中国,已有二十余年的历史了,但过去二十余年中,进步的经济学者的极大部分的努力,都用在翻译介绍上。在初期的阶段中,这无疑是必要的。但,这些入门书,大部分掺杂着不正确的见解,一些比较正确的译著,却又以介绍《资本论》为任务。马克思在《资本论》中所论及的不仅仅是资本主义制度,他是一般地采用考察和比较的态度的。除了分析资本主义之外,他还考察资本主义以前的形式,把它们拿来和资本主义形式相比较。可是介绍《资本论》一些作者,为了保持《资本论》的纲要,却尽量地把那些被马克思用来同资本主义比较的前资本主义经济舍弃掉了。这么一来,这些入门书便变成干瘪的教条,或公式的本子,书中所说的尽是一些资本主义经济的问题,当然就和现实的半殖民地半封建的中国经济脱了节。如果根据这些书本去揆理中国现存的地租、人口、利息等问题,自然会使人感到格格不入。因为中国现行的地租,在实质上,并不是资本主义地租,它并不是超平均利润的那一部分剩余价值,而是剩余生产物的全部。人口之所以成为问题,亦不是由于资本有机构成之提高而来，而是由于封建剥削之加重与帝国主义侵略之加强而来的。至于中国的官僚资本和高利贷的内容，亦是与正常的资本主义国家的垄断资本和借贷资本并不一致的。在这种情形之下，马列主义政治经济学的编译，就不能满足客观的要求了。客观所要求的是马列主义政治经济学的中国化。

三　如何中国化的问题

政治经济学要中国化，那是大家都同意的，但如何"化"法呢？

（一）有一些朋友简单地以为只要依据马克思的《资本论》的体系，把中国材料装进去便行。在表面上，这些朋友或许不至于这么说，或许还要绕过一个圈子，但本质上，却无疑是抱着这种见解的。有一位朋友在批评我的现代中国经济教程的时候，曾经写道："……今天读者最需要的，乃是经济的理论与实践融成一片的基础知识。假如能有这样一本教程，从中国的商品形态分析开始，逐步演绎归纳到中国社会的经济结构，而以近代中国的经济史实作为分析的根据，那将是一本最理想的道地中国化的经济学了。"马克思的《资本论》，是从商品形态的分析开始的；所谓要从中国商品形态的分析开始，当然系指模仿《资本论》的体系，所特异的只不外是加入中国的经济史实罢了。

（二）有一些朋友，为了"要对障碍着中国经济认识的诸般理论，特别是在目前同商业资本一样猖獗的那些商人意识，加以无情的批判"；同时，为了要依据正确的经济理论，就中国经济过渡的转形的性质，采用发展的、全面的及比较的方法，以发现出中国经济的若干基本运动的倾向与规则，因而提出了"中国经济学"来。

这二种看法，在立意上是很好的，但在措理这个问题的态度及其内容上，我认为是很值得研究的。

以前一看法而言，它有它的正确的地方。这就是它指出必须以"中国的经济史实作为分析的根据"，以"中国社会的经济结构"为探讨的目标。离开中国的经济史实，离开中国社会的经济结构，当然谈不到政治经济学的中国化，所以，这种提法是正确的。但要依据《资本论》的体系，从中国的商品形态分析开始，那就成问题了。马克思的《资本论》，诚然从商品的分析开始其叙述商品的分析，对于他是揭发剩余价值的秘密一个必要手段；他之所以采用这种叙述的程序，是从"他要在科学中奠定途径"和

"拿重新改造政治经济的科学作为自己的目的"这二点出发的。因此，我们在研究这个科学的基础时，特别是学习它的基础教程时，绝不能保持同样不变的秩序。拘泥这种秩序的害处有二：第一，《资本论》是以资本主义社会为研究的对象的，马克思虽致力于把前资本主义的各种社会经济形态拿来比较研究，但在体系上，那是适应资本主义的经济机构的。资本主义社会的秘密是剩余价值的剥削，而剩余价值的产生却又以商品生产为前提，却又与劳动力转变为商品密切地联系着。所以《资本论》的体系是商品、货币、货币转形为资本，剩余价值的产生，工资及资本的蓄积过程。这是第一卷的程序；第二卷以资本的循环、周转及社会总资本的再生产与流通为对象；第三卷以剩余价值之化为利润，利润平均化，利润的分割及地租为对象。《资本论》的体系就是资本主义社会经济结构的体系，它是与实际的资本主义经济制度完全适应的，但若把这种体系照样用去分析或叙述半封建半殖民地中国经济，却显然并不切合现实。试想想吧。半自然的封建经济怎能与资本主义的工业经济混为一谈？代表剩余生产物的封建地租在封建经济中的地位，怎能把它看成作为超平均利润的资本主义地租在资本主义经济中的地位呢？如果要单纯叙述中国的资本主义的话，或许可能利用此体系，但这么一来，它是不能把中国的半封建经济包括在里面的；如果硬要把半封建半殖民地的材料塞进资本主义的结构中去，那不但不能表现中国经济的特点，而且是在对《资本论》开玩笑，在玩弄《资本论》的体系的；第二，用那种适应资本主义社会的《资本论》的体系去叙述我们这个包含半封建半殖民地和新民主主义的中国经济，不但在对《资本论》开玩笑，而且是违背马列主义政治经济学的历史原则的。我们知道，政治经济学是历史的科学，各个社会经济的结构是各有其特点的。波格达诺夫的错误之一，就是用资本主义的范畴去代表其他一切社会形态的生产关系，如果把资本主义的体系用之于包含半殖民地半封建的中国经济，不是要同波格达诺夫陷于同样的错误吗？

以第二种看法而言，它的优点是在于强调中国经济的特点。中国经济不但因为包含了半封建和半殖民地的因素而与正常的资本主义国家不同，就以封建经济而言，它亦是与欧西其他国家不同的。这种看法，分明是正确的，但是"中国经济学"的提出，就会使人感觉到中国太特别了。经济学亦有中国自己的东西。顾名思义，"中国经济学"当然是与世界其他各国的经济学不同的。这么一来，那些提倡中国有特殊国情以反对马克思主义的统治阶级，就顺手在进步的社会科学界中，取得他们所需要的论据了。这不是很危险的事情吗？我们认为中国经济有它的特点。中国的封建经济有其特异之处；中国在鸦片战争后的资本主义亦有其特异之处，但是这种特点并不是"遗世独立"，并不是与世界其他各国的社会经济发展的普遍真理绝缘的。只有和世界各国社会经济各个阶段的普遍真理联系并比较，才能显出它的特点来。何况中国的资本主义和封建经济的本身都贯穿着普遍的法则呢？以"中国经济"与政治经济学中国化的关系而言，这种提法亦是没有好处的。因为政治经济学中国化的任务是在于将中国经济发展的特殊法则和世界各国社会经济发展的一般法则相结合。反之，"中国经济学"之提出则着重在中国经济之特殊性。提倡"中国经济学"的朋友是说明这种经济学是依据正确的经济理论的。既然如此，可见它是不能与一般社会经济发展的法则脱离的了。既然不能与一般社会经济发展的法则脱离，为什么又要标出"中国经济学"来表示这一门"科学"的"独特性"呢？其实，把国籍标出来，并不一定能呈现它的特点，反而是会损害了政治经济学的科学性的。

根据上面所说，无论机械地使用《资本论》的体系去范围中国经济的材料也好，无论提出"中国经济学"也好，都是不解决政治经济学中国化的问题的。要解决这个问题，我认为只有着手于发展广义的政治经济学。为什么是这样呢？

四　在广义政治经济学中求得中国化

因为中国经济所包含的生产关系，不但有资本主义的，而且有封建的；不但有封建的，而且有新民主主义的。至于中国资本主义经济又不和先进国一样，而是带着殖民地半殖民地的。故在这种情形之下，如果单单致力于狭义政治经济学之研究，如果单单只致力于资本主义经济之研究，充其量，亦只能了解中国经济的一面而已；反过来说，所谓政治经济学中国化就是说要使政治经济学之研究，适应着中国经济的客观现实。中国经济既然包含了封建的、殖民地半殖民地的和新民主主义的种种因素，那么，政治经济学的中国化自然不能以资本主义的生产关系之阐发为满足，自然不能不以资本主义以前的及以后的各种生产关系作为对象了。这么一来，离开了广义的政治经济学，离开了以研究各种社会经济结构为任务的广义政治经济学，则所谓政治经济学中国化，自然无从谈起了。

当然，广义政治经济学并不一定就等于"中国化"，如果你只根据摩根的"古代社会"中澳大利亚人，玻里内西亚人，美国西北印第安人等材料去研究原始公社的状况；如果只根据希腊及罗马的材料去研究奴隶社会的经济关系；如果只根据中世纪的欧洲各国的材料去研究封建社会的经济关系；如果只根据英美德法诸国的材料去研究资本主义经济，那末，你所研究的政治经济学诚然是广义的，但它当然谈不到"中国化"。

广义的政治经济学给予"政治经济学中国化"以科学的前提，但要切实做到"中国化"，当然有待予以中国经济的史实为资料。这就是说，我们要根据历史原则，要根据广义政治经济学的体系，在研究每一种生产关系（现在世界只有苏联是社会主义国家，故在研究社会主义制度时，当然只有以苏联为对象）的时候，要尽量吸取中国经济的史实，要从中国经济的史实中找出它的规律性，要把中国经济的特点去和其他各国的一般状况，进行比较，互相阐发。在这种情形之下，政治经济学才有中国化之可言。

可是，政治经济学之中国化，单单这样，还是不够的。除了从中国经济的史实和事实中找出规律性，借以充实各种生产关系的研究以外，还要在措理各种生产关系的时候，要适应着中国经济。因为根据世界各国经济发展的动向，在历史上有五种基本生产关系，就是前面所述的：原始公社制、奴隶制、封建制、资本主义制和社会主义制。如果只根据这五种基本生产关系去研究广义政治经济，那末，现在正在中国，正在东欧各国蓬蓬勃勃地发展的新民主主义经济就会被看落了。所以为了适应中国经济的现实（其实，并不只限于中国），我们必须把这个过渡关系（"由一个生产关系过渡到另一生产关系形式的过渡关系"——斯大林），添加进去。同时，在研究资本主义经济的时候，还要尽量以中国经济的材料，以中国经济的规律性去充实，去扩展殖民地半殖民地经济性质的研究，去暴露帝国主义国家是如何残酷地在剥削落后民族的人民，去指示东亚十万万被压迫民族，要怎样才能获得彻底的解放和最后的胜利！

就这样，我提议在广义政治经济学的研究中，去解决政治经济学中国化的问题。

Contents

Special Edition

Re-exploration of the Historical Process of the Sinicization of
Marxism in China during the Democratic Revolution Period
by Tian Keqin / 1

Abstract: At present, there is still inconsistent understanding of the historical stages of Sinicization of Marxism in the Democratic Revolution, and the main divergence focuses on the understanding of the historical starting point of Sinicization of Marxism. The key to the Sinicization of Marxism lies in its "turn". Its starting point should be that the Communist Party of China has begun to realize that it is necessary to combine Marxist theory with the reality of the Chinese revolution, and creatively transform Marxism into Chinese Marxism on the basis of practice. After the failure of the Great Revolution, the basic formation of the theory of the Party's independent leadership of the Chinese revolution, the establishment of the People's Army and Mao Zedong's road of Encircling Cities in the countryside marked that the Party had begun a great exploration of transforming Marxism creatively into Marxism with Chinese characteristics; after the Fourth Plenary Session of the Sixth Central Committee of the CPC, dogmatism was the main principle. The errors of "Left" deviation led to the denial of the correct direction and achievements of combining Marxism with China's reality represented by Mao Zedong, which seriously frustrated the exploration of Marxism in China. The crisis saved the party and the Red Army and re-opened the historical process of Sinicization of Marx doctrine. While leading the Chinese revolution to realize the great transformation from the domestic revolutionary war to the anti-Japanese national war, the CPC has made a great breakthrough in the Sinicization of Marxism, and has successfully promoted the continuous development of this cause in guiding the practice of the whole nation's anti-Japanese war.

Key Words: Democratic Revolution, Marxism, The Sinicization of Marxism

The Study of Sinicization of Marxism

Mao Zedong and the Theoretical Innovation of Sinicization of Marx's Revolutionary Thought *by Wang Qingsong* / 19

Abstract: The theory of new democratic revolution is a combination of products of Marx's revolutionary thought and Chinese revolution practice. The Communists of China combined Marxist revolutionary thought with Chinese revolutionary practice and founded the theory of new democratic revolution. The theory of new democratic revolution answers the general basis, general line and general program of the new democratic revolution. The general basis of the New Democratic Revolution, namely the theory of semi-colonial and semi-feudal society, has solved the question of why the New Democratic Revolution should be carried out, and has realized the inheritance and innovation of the Sinicization of Marxist revolutionary thought; the general line of the New Democratic Revolution has a broad scope in answering such questions as the leadership, object, motive force and road of the Chinese revolution. Explain a series of new viewpoints, solve the problem of what is China's eclectic democratic revolution, and realize the integrated innovation of Marxism's revolutionary thought in China; the basic program of the new democratic revolution solves the problem of how to carry out the new democratic revolution, implement the new democratic life and establish a new democratic society. The transformation to socialism has achieved the original innovation of Sinicization of Marx's revolutionary ideology.

Key Words: Marxism, Revolutionary Thought, Sinicization, Theoretical Innovation

Sinicization of Party Building Thought of Marxism and its Theoretical Contribution   by Qi Weiping / 46

Abstract: Marx and Engels are the founders of the Communist Party's historical practice. Marxist Party building thought has universal value and is the ideological guide of the Communist Party's practical movement in the world. Marxist Party building thought is the theoretical source of the construction of the Communist Party of China. To guide the Chinese revolution with Marxism, we must solve the problem of the adaptable environment for the transplantation of ideas. Mao Zedong clearly pointed out that Marxism must be combined with China's reality in 1938, and that Mao Zedong Thought should be established in the period of the Yan'an Rectification with the unification of the universal truth of Marxism and the reality of the Chinese revolution. The ideological consciousness formed by the problem of the localization of Marxism in China has a milestone in the history of the construction of the Communist Party of China. The meaning of the tablet. From the historical point of view of the development and expansion of the Communist Party of China, the advance track in the sense of ideological history shows the pace of Party building on the road forever. Every achievement made by the Communist Party of China in leading the revolution, construction and reform is the result of strengthening the Party's construction. Every step of the advancement of Marxist Party building thought in China's practice has left outstanding creations of the Chinese Communists. Different times and historical tasks constitute different stages of the Party's construction. As a whole, the development of the Party's construction shows the coherent ideological logic of the unity of inheritance and innovation. In the historical practice of Sinicization of Marxist Party building thought, a series of important theories formed by the Chinese Communists have enriched Marxist Party building thought. The theory and practice of the Sinicization of Marxist Party Building Thought have been drawn into a colorful historical volume. It is the most brilliant bright spot to persist in combining Marxist Party Building Thought with the actual construction of the Communist Party of China. The Communist Party of China has made unique contributions to Marxist Party building thought in many aspects, and the most remarkable performance is outstanding. How to build the Communist Party in a semi-colonial and semi-feudal country with backward economy and culture and how to build the Communist Party under the ruling conditions have been solved. The course of Sinicization of Marxist Party building thought will continue to be difficult to extend with the practice of the Communist Party of China.

Key Words: Marxism, Party Building Thought, Sinicization Practice Field

The Academic Contribution of The "Five Elders" of the
Communist Party of China to Marxism   *by Zhou Liangshu / 67*

Abstract: Dong Biwu, Xie Juezai, Lin Boqu, Xu Teli and Wu Yuzhang are collectively referred to as the "five elders" in the Communist Party of China. Although they belong to the "1911" intellectuals, they later joined the Communist Party's leading cause. In the long-term practice of revolutionary struggle, the "Five elders" actively propagated and studied Marxism, and constantly promoted the Sinicization of Marxism. They learn to have expertise, technical specialty, so that they can lead the war in their own more flexible application of Marxism, creative development of Marxism. Among them, the study of law, Xie Juezai's politics, Lin Boqu's economics, Xu Teli's education and Wu Yuzhang's history all have their own characteristics. His ideas and viewpoints play an important role in the history of Max's academic development in China.

Key Words: "Five Elders", Marxism, Communist Party of China

Li Da and the Sinicization of Marx Doctrine Philosophy

by Ding Xiaoqiang / 82

Abstract: Li Da summed up the spread of historical materialism comprehensively, promoted the spread of materialist dialectics, promoted the Sinicization of Marxist philosophy in theory, and made great contributions to the creation of Mao Zedong's philosophy. We should pay special attention to the important role of scholars in the creation of ideological theories.

Key Words: Li Da, Marxism, Sinicization, Mao Zedong's Philosophical Thought

On the Promotion of the Three Forms of Marx's Early
Sinicization to the Sinicization Proposition　　*by Wang Gang* / 91

Abstract: Combining Marxism with China's reality, it is inevitable that the process and results of the combination of both sides will be truly manifested through a certain form, that is, the form of Sinicization of Marxism, which includes practice, theory and policy forms. The process of combining Marxism with China's reality is divided into many different stages, with different forms in different stages. 1921 - 1938 was the early stage of Marxism Sinicization, and its form was the early form of Marxism Sinicization, including practice form, theory form and policy form. Marx's Sinicization in practice is mainly manifested in the New Enlightenment Movement and Yan'an Cultural Movement, which promoted the proposition of Marx's Sinicization in practice. For a long time, the Chinese Communists have accumulated the fruits of exploring the Sinicization theory of Marxism, which has promoted the proposition of Marx's Sinicization in theoretical form. The Communist International changed its policy toward the leaders of various countries and directly promoted Mao Zedong's proposition and demonstration of Marx's Sinicization in the form of policy.

Key Words: Sinicization of Marxism, Sinicization Proposition, Communist Party of China

A Study on the Compatibility of Marx Doctrine and
Chinese Traditional Culture　　*by Li Anzeng, Wang Meilin* / 116

Abstract: The relationship between Marx doctrine and Chinese traditional culture is not only the premise that Marxism can be Sinicized, but also a major theoretical problem that China is facing at present. It is a theoretical hot spot that scholars have been paying close attention to for a long time. As the ideological framework to solve the contemporary world social problems, they have complementarities in theory and functions in reality. The key to studying Marxism is to stick to the ideological standard of Marxism and embody the guiding position of Marxism from the aspects of direction assurance, hierarchical structure and strategic guidance. In order to study Chinese traditional culture, we must deal with the value of resources and normative social ethical behavior of Chinese traditional culture. Marxism and Chinese traditional culture are unified in the Marxist ideological system, which ultimately manifests itself in the formation of the spiritual value system of the Chinese nation.

Key Words: Marxism, Chinese Traditional Culture, The Value of the Chinese Nation's Spirit

Thematic Study

Outbreak and Prevention of Nationwide "Epidemic Cerebrospinal Meningitis" from 1966 to 1967

by Zhang Xiaoli , Chen Donglin / 134

Abstract: After the founding of new China, there were four nationwide epidemic of "epidemic cerebrospinal meningitis". The epidemic of epidemic cerebrospinal meningitis was the most serious in 1966 – 1967. The large-scale and disorderly movement of the population caused by the Red Guard's "large-scale cascade" and the destruction of the epidemic prevention system caused by the "knockdown" of the social unit structure, as well as the problems of clothing, food, shelter and transportation brought about by it, are the direct causes of the outbreak of "meningitis". In order to control the epidemic, the central and local Party and government organs urgently called for a halt to the Red Guard's "big tandem" and organized leading bodies to actively carry out prevention and control work. After 1968, the epidemic of "meningitis" was gradually controlled. The outbreak of infectious diseases is closely related to social, political and scientific research. Therefore, in order to effectively prevent the invasion of infectious diseases and protect the lives and health of the people, we must maintain social and political stability, promote scientific progress and strengthen scientific research.

Key Words: "Meningitis", Red Guards "Big Company", The Great Proletarian Cultural Revolution, Epidemic Prevention

Labor Narrative in Barefoot Paradise: Yan'an's Mass Production Movement under Multiple Tension Situations

by Wang Jianhua / 148

Abstract: During the Yan'an period, the mass production movement was an emergency measure for the Chinese Communist Party to get out of its predicament. When leaders pick up hoes and bring intellectuals into the countryside, its spillover effect in political and spiritual aspects is no less than the material wealth it creates, and therefore is endowed with more additional significance. The accidental combination of large-scale production and rectification has endowed labor with the meaning of ideological discipline, and "power control" has become a new paradigm for explaining the "Yan'an Road". In fact, for the left-wing intellectuals heading to Yan'an, it is not so much labor that transforms the intellectuals as it is for them to find them in labor. To the spiritual home. The mass production movement is the best interpretation of the survival politics of the Communist Party of China, and the survival logic is also a key to understand modern and contemporary Chinese politics.

Key Words: Mass Production Movement, Yan'an, Communist Party of China

CPC's Northeast Party Affairs under the Background of International Revolution: Take Manchuria Provincial Party Committee as an Example (1927 –1936)

by He Zhiming / 169

Abstract: Due to the special geographical relationship in Northeast China, the Northeast Party of the Communist Party of China (CPC) is in an internal and external situation which is quite different from the Party organizations in the Guan-Nei area. During the period of the Manchurian Provincial Party Committee, the Party work in Northeast China has made some achievements both in organizational improvement and in the development of armed forces, but it is not satisfactory in terms of the number of Party members and the composition of groups. In addition, the Northeast Party is even more difficult in dealing with the relationship with the Northeast United Communist Party (BNP) organization and the former members of the Communist Party of Korea. The Northeast Party tried many times to establish a formal communication channel with the Communist Party of China (Bolshevik), but it failed because of the practical foreign policy of the Soviet Union. All these have made the Northeast Party a vivid example of the dilemma between internationalism and local interests faced by the local Party organizations of the Communist Party of China under the background of the international revolution.

Key Words: International Revolution, Manchuria Provincial Committee, The CPSU (Bolshevik), Korean Communist Party

On Mao Zedong's Thought of Correctly Handling Contradictions among the People and its Contemporary Enlightenment

by Wang Xingang, Hao Sijia / 182

Abstract: Correct handling of contradictions among the people is an outstanding theoretical achievement of the Communist Party of China, represented by Mao Zedong, during the period of socialist construction. However, due to the influence of many subjective and objective factors, the relevant theoretical results have not been truly implemented in the specific practice. Summing up its experience and lessons comprehensively and systematically will surely provide certain reference and guidance for us to correctly handle the contradictions among the people and realize the goal of building a well-off society in an all-round way in the new historical period.

Key Words: Mao Zedong, Contradictions among the People, Socialist Construction Period

Research Review

Commentary on the Study of the CPC's Ideology

by Chen Jiaqi / 193

Abstract: The ideological study of the Communist Party of China (CPC) began in the 1980s. Its core focus was on eliminating the ultra-left ideological trend and putting the chaos out of order. In the 1990s, it gradually turned to ideological identification, maintaining the ideological security and enhancing the ideological discourse power of the CPC. Its research contents include the ideological sources of the Communist Party of China, the historical development and changes of ideology, the ideological thinking of leaders, the ideological construction and innovation and so on. The existing achievements are mostly theoretical analysis and demonstration, and the research perspective, methods and materials are still to be expanded. The way to promote the study of ideological problems is to pay attention to ideological analysis from the perspective of historicism, draw lessons from the research methods of western ideological theory, and excavate and utilize new historical materials from the people.

Key Words: Communist Party of China, Ideology, Marxism

Subject Oral

I and International Communist Movement History Discipline Construction of Renmin University of China (Continuation)

by Gao Fang (Geng Huamin and Wu Qimin arranged) / 212

Abstract: The history of international communist movement is a new discipline established in the history of Renmin University of China in the whole country. For a long time, it has jointly reflected the glorious history and development track of Renmin University of China, together with Marxist philosophy, political economics, the history of the Communist Party of China, scientific socialism and other characteristic disciplines, and has made important contributions to the propaganda, education and research of Marxist theory in New China and the cultivation of talents, as well as to the politics of New China. The incubation and development of the two levels of Marx doctrine played an important supporting role. As one of the advocates, builders and witnesses of this subject, the author, based on his own experience of more than 60 years, has recorded the development course and lessons of this subject from the founding of Renmin University of China to the whole country, in order to commemorate the 80th anniversary of the founding of Renmin University of China and to promote the development of the subject with Marxist theoretical characteristics. It provides a reference for the research of history and the construction of the disciplinary system of philosophy and social sciences with Chinese characteristics.

Key Words: Renmin University of China, International Communist Movement History, Scientific Socialism, History of Discipline Development

Historical Materials Research

The United States Collected the United States in the History of China's War of Resistance against Japan and Kuomintang Communist Relations in Wartime　　　　　*by Dong Jia* / 237

Abstract: At present, great progress has been made in the study of the War of Resistance Against Japan, but there are still problems in the perspective of internationalization and the use of foreign materials. In order to make up for the above shortcomings, the research group of "Chinese Communist Party's Anti-Japanese War Materials from the perspective of internationalization" collected a large number of overseas wartime literature. These materials come from the US embassy and consulate in China, the State Department, the Strategic Intelligence Agency, the War Intelligence Service, the Yan'an "US Army Observation Group", "China's War Zone Headquarters", the White House, as well as

American journalists, professors, bankers, doctors and other people in China. It is noteworthy that the above-mentioned institutions and personnel are the direct sources of the US government's access to China's battlefield information in wartime. Their analysis, judgment and assessment can best reflect the interests and standpoints of the US side, and are related to the US political, diplomatic and military policies. They have important reference values for US policy makers. This will enable researchers to create these papers to better understand and understand the decision-making process of U. S. policies and the strategic considerations embodied therein.

Key Words: Historical Archives of American Holdings, China's Anti Japanese War, US Embassy, Kuomintang Communist Relations in Wartime

Historical Material Selection

Two Important Documents and Historical Materials on the Sinicization of Marxism   *Hao Sijia and Wang Xingang arranged* / 248

稿　约

一、《中共历史与理论研究》由中国人民大学中共党史党建研究院（原中国共产党历史与理论研究院）主办，中国人民大学中共党史系编辑，社会科学文献出版社出版。2015年创刊，每年出版两辑。

二、本刊为中共党史党建、中国现当代史、马克思主义中国化研究的专业学术刊物，主要刊载中共历史与理论研究领域的原创性学术成果。内容涵盖中国共产党与现当代中国范围内的政治、经济、社会、文化、外交、军事、理论、历史人物、海外中国研究等各方面。体裁包括专题研究论文、历史考证、理论阐释、治学札记、学术动态、书评、史料文献等。设有本刊特稿、主题讨论、专题研究、他山之石、书评等栏目，并适当刊载一些珍稀文献和口述史料。

三、本刊坚持以马克思主义为指导，力行"百花齐放、百家争鸣"方针，倡导原创性、实证性研究，鼓励学术争鸣，践行学术创新。热忱欢迎国内外学者赐稿，欢迎读者提出批评和建议。

四、来稿字数不限，提倡言简意赅，详略得体。来稿务请遵守学术规范，遵守国家有关著作权、文字、标点符号和数字使用的法律和技术规范以及本刊的有关规定。投稿以电子邮件或纸质打印稿形式均可。来稿请附英文题目及300字左右的中英文内容摘要和3~5个关键词。

五、来稿请注明作者姓名、职称、工作单位、通信地址及邮政编码、电话、传真、电子信箱等信息。

六、稿件寄出3个月后未收到采用通知者，请自行处理。来稿一律不退，请自留底稿。来稿发表后赠送两册样刊，并付稿酬。

联系人：耿化敏
电话：010-62514539
投稿电子信箱：modernchina@126.com

纸质稿请寄：北京市海淀区中关村大街59号中国人民大学马克思主义学院中共党史系《中共历史与理论研究》编辑部（人文楼828），邮编100872。

图书在版编目(CIP)数据

中共历史与理论研究. 2017年. 第2辑：总第6辑 / 杨凤城主编. -- 北京：社会科学文献出版社，2018.9
ISBN 978-7-5201-3294-7

Ⅰ.①中… Ⅱ.①杨… Ⅲ.①中国共产党-党史-研究②中国共产党-党的建设-理论研究 Ⅳ.①D23 ②D26

中国版本图书馆 CIP 数据核字（2018）第 182121 号

中共历史与理论研究 2017年第2辑〔总第6辑〕

主　　编 / 杨凤城
执行主编 / 王海军

出 版 人 / 谢寿光
项目统筹 / 宋荣欣
责任编辑 / 邵璐璐　刘　翠　孙连芹

出　　版 / 社会科学文献出版社·近代史编辑室（010）59367256
　　　　　　地址：北京市北三环中路甲29号院华龙大厦　邮编：100029
　　　　　　网址：www.ssap.com.cn
发　　行 / 市场营销中心（010）59367081　59367018
印　　装 / 三河市东方印刷有限公司
规　　格 / 开　本：787mm×1092mm　1/16
　　　　　　印　张：17.75　字　数：296千字
版　　次 / 2018年9月第1版　2018年9月第1次印刷
书　　号 / ISBN 978-7-5201-3294-7
定　　价 / 89.00元

本书如有印装质量问题，请与读者服务中心（010-59367028）联系

▲ 版权所有 翻印必究